高等学校汽车服务工程应用型本科系列教材

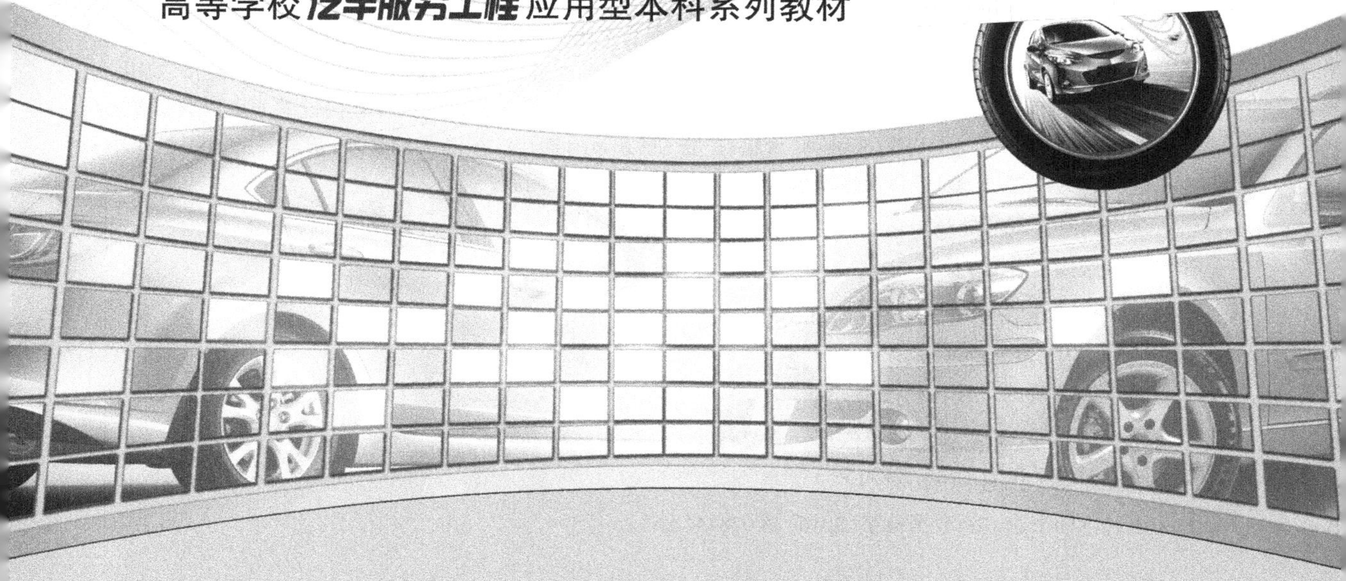

汽车消费心理学

主　编　牛艳莉
副主编　刘清云

重庆大学出版社

内容提要

本书以中国的消费心理特点及中国人的性格特征为着眼点，阐述了汽车消费者的需要和动机，汽车消费者的情绪、情感与态度，汽车消费者的认知心理，汽车消费者的群体心理等内容；分析了政治、经济、文化、社会因素及网络等因素对汽车消费的客观影响；介绍并分析了4S店内汽车营销专业岗位的职责以及相关人员对消费者的心理影响；论述了汽车品牌、价格、广告、服务等因素与汽车消费的管理；阐述并分析了汽车消费者的购买行为模式、类型、过程及汽车消费者的满意度与忠诚度问题。

本书适合作为汽车营销相关专业的教学用书及4S店销售人员的学习与参考用书。

图书在版编目(CIP)数据

汽车消费心理学/牛艳莉主编.—重庆：重庆大学出版社，2016.2(2024.8 重印)

ISBN 978-7-5624-9680-9

Ⅰ.①汽… Ⅱ.①牛… Ⅲ.①汽车—消费心理学—高等学校—教材 Ⅳ.①F766 ②F713.55

中国版本图书馆 CIP 数据核字(2016)第 028444 号

汽车消费心理学

主　编　牛艳莉

副主编　刘清云

策划编辑：周　立

责任编辑：李定群　邓桂华　　版式设计：周　立

责任校对：邬　忌　　　　　　责任印制：张　策

*

重庆大学出版社出版发行

出版人：陈晓阳

社址：重庆市沙坪坝区大学城西路 21 号

邮编：401331

电话：(023)88617190　88617185(中小学)

传真：(023)88617186　88617166

网址：http://www.cqup.com.cn

邮箱：fxk@ cqup.com.cn (营销中心)

全国新华书店经销

POD：重庆市圣立印刷有限公司

*

开本：787mm×1092mm　1/16　印张：12.5　字数：312 千

2016 年 2 月第 1 版　2024 年 8 月第 4 次印刷

印数：3 201—3 500

ISBN 978-7-5624-9680-9　定价：38.00 元

前言

根据2014年全国国民经济和社会发展统计公报,2014年全国民用汽车保有量达到15 447万辆,比2013年增长12.4%,其中私人汽车保有量12 584万辆,增长15.5%。中国已成为世界第一汽车制造大国,汽车产销量均居世界第一。汽车不再是中国老百姓不敢问津的奢侈品,它正在以惊人的速度进入中国家庭。成功的汽车营销将成为汽车行业新的利润增长点,在汽车的销售中,如何把握消费者心理是一个重要的问题。人们对于汽车的关注也必然给汽车的从业人员素质提出更高的要求,因此,迫切需要一大批既懂技术又有销售技巧;既有心理学理论又有实践技能的高素质应用型人才。这种需要既给高等学校的汽车类相关专业的学生的培养带来了机遇,也给汽车营销相关课程的教学提出了新的要求。

为了适应国家从不同层面创建应用型人才的培养模式入手,本书以国家职业标准"必需、够用"为度,根据职业岗位群所需的知识结构来确定具体内容。内容上注重以职业为导向,以能力为本位,既突出高等学校应用型技术人才培养特色,又具有一定的超前性,注重内容的实践性和可操作性。本书充分体现了高等学校转型发展为应用技术型高等教育的特色,适应新形势下汽车行业高技术人才的要求。本书适合应用型本科的汽车服务工程专业及专科汽车技术服务与营销专业学生使用。

本书在编写时内容深入浅出,理论联系实际,思路清晰,案例贴切,通俗易懂,针对性强,行之有效,更贴切实际管理,更细化工作过程。因此为方便学生自学和实践学习,本书结合相关内容采用了"任务导入""理论内容""能力训练"等模块形式,更适合学生学习、理解和巩固。

本书由黄河科技学院教授牛艳莉和郑州财税金融职业学院讲师刘清云共同编写。具体分工:牛艳莉编写单元6、单元7、单元8、单元9;刘清云编写单元1、单元2、单元3、单元4、单元5。本书在编写过程中,编者参考了大量的国内外消费心理学方面的书籍、论文及文献资料,在此谨向原作者表示谢意。

由于编者水平有限,编写时间仓促,书中疏漏之处在所难免,敬请读者批评指正。

编　者

2016年1月

目录

单元 1　消费心理学概述 …… 1
学习任务 1.1　心理学基础知识 …… 3
学习任务 1.2　消费心理学的产生与发展 …… 8
学习任务 1.3　消费心理学的研究对象与方法 …… 11
学习任务 1.4　消费心理学的研究意义 …… 13
学习任务 1.5　中国消费者的心理分析 …… 14

单元 2　汽车消费者的心理活动过程 …… 23
学习任务 2.1　汽车消费者的认知过程 …… 24
学习任务 2.2　汽车消费者的情绪情感过程 …… 37
学习任务 2.3　汽车消费者的意志过程 …… 44

单元 3　汽车消费者的个性心理特征 …… 48
学习任务 3.1　汽车消费者的个性概述 …… 49
学习任务 3.2　汽车消费者的气质特征 …… 55
学习任务 3.3　汽车消费者的性格特征 …… 59
学习任务 3.4　汽车消费者的能力特征 …… 64

单元 4　汽车消费者的购买过程心理活动 …… 72
学习任务 4.1　汽车消费者的需要 …… 74
学习任务 4.2　汽车消费者的动机 …… 83
学习任务 4.3　汽车消费者购买过程行为分析 …… 86

单元 5　汽车消费者群体与消费心理 …… 100
学习任务 5.1　社会群体概论 …… 101
学习任务 5.2　参照群体对汽车消费者的心理影响 …… 105
学习任务 5.3　年龄因素对汽车消费者的实际影响 …… 110
学习任务 5.4　性别因素对汽车消费者的客观影响 …… 112
学习任务 5.5　家庭因素对汽车消费者的常规影响 …… 114

单元 6　汽车营销策略与消费心理 …… 118
学习任务 6.1　汽车品牌与汽车消费者心理 …… 119
学习任务 6.2　汽车性能与汽车消费者心理 …… 125
学习任务 6.3　汽车价格与汽车消费者心理 …… 128
学习任务 6.4　汽车广告与汽车消费者心理 …… 131

学习任务 6.5　汽车服务与汽车消费者心理 ………… 133

单元 7　汽车 4S 店相关人员及其对消费者心理的影响 ………………………………………………………… 140

学习任务 7.1　4S 店相关人员职责 ……………………… 141
学习任务 7.2　4S 店销售流程 …………………………… 147
学习任务 7.3　4S 店相关人员对消费者的影响 ……… 153
学习任务 7.4　汽车营销人员沟通技巧与消费心理 … 155

单元 8　汽车营销环境与消费心理 ……………………… 161
学习任务 8.1　政治环境对汽车消费者的心理影响 … 165
学习任务 8.2　经济环境对汽车消费者的心理影响 … 168
学习任务 8.3　文化环境对汽车消费者的心理影响 … 171
学习任务 8.4　科技环境对汽车消费者的心理影响 … 175
学习任务 8.5　互联网快速发展对汽车消费者的心理影响 …………………………………………………… 176

单元 9　汽车营销人员心理 ……………………………… 181
学习任务 9.1　汽车营销人员的类型及影响执行力的因素 …………………………………………………… 182
学习任务 9.2　汽车营销人员应具备的能力及必克服的心理障碍 ………………………………………… 188
学习任务 9.3　优秀的汽车销售人员应具备的心态 … 189

参考文献 …………………………………………………… 193

单元 1

消费心理学概述

学习目标

知识目标：通过本章的学习，使学生了解心理学的基础知识，了解消费心理学的发展历史，明确消费心理学在人们的生活与工作中的现实意义，掌握消费心理学研究的对象与方法，掌握中国人消费心理的基本特点。

技能目标：使学生学会用心理学的方法去观察消费对象；使学生能从中国人消费心理的角度去分析与判断汽车消费对象的心理。

态度目标：使学生形成严肃认真对待科学的态度；使学生体验快乐愉悦的心理感受；使学生做好为祖国的汽车行业奋斗终生的心理准备。

任务导入

中国消费者消费心理的变化

1. 明明白白消费

在信任危机频发的今天，在知识传播便捷化的今天，中国消费者拥有了更多的选择，他们比过去任何时候都更渴望明明白白的消费。他们想了解自己究竟买了什么、钱花在了哪里。半数的消费者表示在买东西之前，即使是商标上最小的内容都不会放过，这一数据在 3 年内上涨了 14%。明白消费对消费者而言，既是眼见为实的放心消费，也是对各种信息的知情权。而对于品牌来说，则更意味着一种社会责任。

2. 我们都是极客

随着极客概念的大众化以及科技的快速发展与普及，国内越来越多的消费者开始认同并响应极客文化，追随极客精神。这群狂热的科技爱好者，会使用各种电子产品点燃生活的激情。消费者们不再满足于被科技推着走的被动体验，反而更愿意积极主动地投入科技的怀抱，成为“极客”家族的一员，去搜罗、去了解、去感知、去体验、去创造。2012 年 31% 的消费者表示他们所使用的高科技产品总是被周围人所追捧，比 2010 年增长了 35%。更重要的是，消费者用“极客”来作为展示自身优势的标签。

3. 体验消费

如今的消费者消费的不再仅仅是商品本身，还包括在购买消费过程中的各种感官刺激和消费体验。这种购买消费过程的体验需求贯穿在消费者从认知到购买的整个路径中。84%的消费者表示喜欢在环境好的地方购物，而这一数字在2010年仅为57%。消费者的这些需求促使品牌和商家需要为消费者打造多感官、多维度的整合与创新体验，以及注重表达商品或品牌背后所代表的意义、文化。

4. 渴望平衡

中国消费者越来越富裕，但工作上的激烈竞争、地球资源过度开发造成的环境污染、添加剂造成的食品安全问题给他们带来的压力也越来越大。消费者们开始反思自己的生活方式，希望自己的生活能重归平衡，返璞归真。他们开始更多地追求精神上的满足，并希望可以回馈给社会。于是，他们尝试更加环保地消费和生活，譬如，更多参加瑜伽锻炼修身养性，喝更多果汁以及去健身房锻炼等。人们开始相信并愿意为平衡生活方式的概念埋单。

5. 国货新风尚

也许以往问及中国的消费者为什么会购买国产品牌时，低廉的价格和铺货广总不言而喻成为绝大多数消费者的“理由”。可现在随着中国经济的不断强大，中国创新技术和研发的不断突破，尤其是风云人物带来的模仿效应，消费者对于“国货”的理解再也不是廉价品的代名词，反而成为潮流的风向标，成为源远流长的中国文化的象征。他们对国货的消费则更多是出于对国产品牌质量和价值的认可。阿里巴巴提供的数据显示，在2013年天猫购物狂欢节销售额前10名的商家，中国品牌独占8个席位，吸金约达15亿元，小米手机凭借创新概念稳坐第1名。

6. 越夜越精彩

节奏越来越快，生活越来越忙，可似乎属于自己的时间却越来越少，好像24小时已经不再够用，白天的活动也似乎不再那么主旋律，反当夜幕降临，城市的华灯异彩才渐渐上演。越来越多的消费者在夜晚“清醒”，夜晚盛行的消费模式悄然起步，越演越烈。希望超市晚上加长营业时间成为消费者选择超市越来越看重的因素，这类消费者的规模在3年内翻了3倍多。而2014年双十一的阿里巴巴旗下天猫商城的战绩，也让我们对夜猫子们的购买力刮目相看——他们在双十一的第一个小时（凌晨一点）内，就完成了超过67亿元的交易。消费者们越发享受自己的精彩“夜”生活，而商家以“夜”火燎原之势开始为夜猫们打造专属于他们的消费平台。

思考题：

中国消费者心理的变化给我们什么启示？

案例分析

1. 品牌需要更多地以朋友的身份与消费者沟通。

2. “极客”可以成为品牌最重要的拥趸和宣传者、支持的中心甚至是品牌的教育者。品牌需要去思考怎样帮助极客们得到肯定并传播他们的热情。

3. 品牌和企业要考虑自身怎样才能售卖产品，同时更多地售卖消费的体验。能够打造超级体验的品牌将会赢得更多忠诚和活跃的消费者。

4. 品牌需要去考虑自身如何在产品的功能和情感上都融入平衡生活方式的概念。

5. 在质量增强的基础之上，中国的传统文化、精湛工艺和创新力的提升都是很强的业务驱动力。

6. 品牌可以通过延长营业时间来增加销量,同时也可以创造夜晚进行时,采用差时段的营销方式等。

学习任务1.1 心理学基础知识

1.1.1 心理学的定义

无论在我国还是在外国,人们很早就开始研究心理现象,力图揭示心理活动的奥秘。古代的许多人,包括不少有名的学者,都把人的言行归结为一种特殊的实体,即灵魂的主宰。诸如,我国上古奇书《黄帝内经》的著者元阳真人即提出"生之来谓之精,两精相搏谓之神,随神往来者谓之魂"。

古希腊哲学家柏拉图则指出,灵魂具有理智、意志和情欲3个部分,其中理智是智慧的,起着指导作用;激情服从它,是它的助手;欲望占据最大部分,它贪得无厌,必须受到理智和激情的控制。圣奥古斯丁又进一步认为,通过对意识的内省可以接近和了解灵魂。

最早出现于1590年的心理学名词Psychology是由希腊文中Psyche与logos两词演变得来的,前者意指"灵魂",后者意指"讲述",合之则谓心理学,即"阐释灵魂之学"。从其语源来看,顾名思义,心理学是研究人的心理或精神的一门学问。

德国生理学家、哲学家冯特于1879年在联邦德国的莱比锡大学建立了世界上第一所真正的心理学实验室,心理学由此开始从哲学中分离出来,逐渐发展成为一门独立的科学。冯特的心理学是以德国的感官生理学和心理物理学为基础,吸取德国古典唯心主义哲学中的某些见解,采用心理化学的观点建立起来的。冯特提出把心理或精神作为"物",同时把那种被认为实际存在的东西看作现象,以意识的现象为研究对象,认为通过内省法和实验法相结合来分析人的意识能够解释人的心理,这就是构造派心理学。构造派心理学是科学心理学诞生后第一个应用实验法系统研究心理问题的独立心理学派别。冯特作为心理学史上第一位正式研究心理学的教授,因其卓越的研究成果大大提高了心理学的学术权威,故被誉为心理学之父。冯特在1874年出版的《生理心理学原理》被认为是生理学和心理学上的不朽之作,它的重要性有如心理学的独立宣言。

1.1.2 心理学的研究对象与内容

心理学的研究对象,就是人们的心理活动及其规律。心理学的研究内容,包括3个方面:心理过程、心理状态、个性心理。

(1)心理过程

心理过程包括认识过程、情感过程、意志过程3个方面的内容。

1)认识过程

认识过程是心理活动的起点。没有它就没有人的心理活动。认识过程包括感觉、知觉、记忆、想象、思维。

感觉是人对直接作用于感觉器官的客观事物的个别属性的反映。例如,声音、颜色、气味、味道等，都属于感觉。当然，这里所说的声音、颜色、气味、味道是最基本、最单纯的因素，而通过感觉能够判断出是什么东西的声音、什么物体的颜色、什么物体的气味、什么东西的味道，这些就属于知觉。

知觉是人对直接作用于感觉器官的客观事物的整体属性的反映。例如，我们听到了歌声，再听是男声，是“我爱五指山，我爱万泉河”，是原唱，是李双江老师唱的。这就是对这个歌声的知觉。知觉与感觉的最大差别在于，一个是“整体属性”，一个是“个别属性”。

人们感知之后，还要把它们记住。记忆就是感知过的事物在人脑中留下的痕迹。记忆过程包括识记、保持、再认、回忆等几个环节。识记就是认识并把它记住的过程；保持就是巩固记忆材料的过程；再认就是感知过的事物又出现在眼前时能把它认出来的过程；回忆就是感知过的事物不在眼前时也能把它想起来的过程。记忆分为瞬时记忆、短时记忆、长时记忆3种。

在感知和记忆的基础上，人们还会产生想象。想象是人在头脑里对已储存的表象进行加工改造形成新形象的过程。想象分为再造想象和创造想象。再造想象是根据语言的表述或非语言的描绘（图样、图解、模型、符号记录等）在头脑中形成有关事物的形象。创造想象是指不依赖现成的描述而独立地创造出新形象的过程。梦是想象的极端形式。

思维是人脑对现实事物间接的和概括的加工形式，它以内隐的或外显的动作或言语形式表现出来。思维有十分复杂的脑机制，它在脑内对客观事件的关系与联系进行多层加工，揭露事物的内在联系和本质特征，是认识的高级形式。间接性是指以其他事物为媒介来反映外界事物。例如，看到汽车在马路上走S形，那么可以判断司机基本上是醉酒驾车；看到车的前脸儿有破损，可以判断有可能是撞了车。概括性是通过建立事物之间的联系，把一类事物的共同特征抽取出来加以概括，得出概括性的认识。例如，所有的车都是由发动机、底盘、车身、电气设备4个部分构成的，这就是对汽车结构的概括。

2）情感过程

情绪和情感是人对客观事物是否符合其需要而产生的态度体验过程。人们在认识客观事物时，不是冷漠无情、无动于衷，而总是带有某种倾向性，表现出鲜明的态度体验，充满着感情的色彩。因此，情感过程是心理过程重要内容的一个方面，也就是人与动物相区别的一个重要标志。在这里，最关键的是人的需要。比如，消费者如果眼前一亮，或者停下脚步，或者盯住商品不放，或者左看右看，起码说明他感兴趣，也许进而会产生购买欲望。再如学生听课，如果是互动式的，情境式的，符合学生需要的，那他们就会积极参与，就会认真听课，就会学有所得。

3）意志过程

意志过程是指人自觉地确定目标，克服内部和外部困难并力求实现目标的心理过程。意志过程有两个特点：一是目的性；二是困难性。两者任缺其一，都构不成意志过程。例如，学习过程就是意志过程。学习有它的目的性，更有它的困难性。学生的实习过程也是意志过程。实习有其目的性，也有其困难性。那种虽然有困难，但却无目的性，或虽然有目的性，却不需要克服困难的过程，都不是意志过程。

心理过程的这3个方面，即认识过程、情感过程、意志过程三方面是相互作用、相互依存的。认识过程是基础，情感过程是关键，意志过程是动力。

（2）心理状态

心理状态是指人的心理活动在一段时间内的特点，是指人在某一时刻的心理活动水平。例如，一个人在一定时间里是积极向上还是悲观失望，是紧张、激动还是轻松、冷静等。心理状态犹如心理活动的背景，心理状态的不同，可能使心理活动表现出很大的差异性，心理状态是联系心理过程和心理特征的过渡阶段。苏联心理学家列维托夫认为人的心理活动可以分为心理过程、心理状态与个性心理特征3种形态。心理过程是不断变化、暂时性的，个性心理特征是稳固的，而心理状态则是介于两者之间，既有暂时性，又有稳固性，是心理过程与个性心理特征统一的表现。心理过程都是在一定的心理状态的背景中进行，都表现为一定的心理状态，如注意力的分散与集中，思维的明确性、迅速性和“灵感”状态，情绪的激动与沉着，意志方面的果断与犹豫等。心理状态是个别心理过程的结合、统一，是某种综合的心理现象，因此它往往又成为某种个性特征的表现，反映出一个人的个性。注意是一种典型的心理状态，它不是心理过程，但人的心理过程却处处离不开它。

(3)个性心理

俗话说，千人千面。每个人都与别人有所不同，这就是心理学上讲的“个性心理”。个性心理包括个性倾向性和个性心理特征。

1)个性倾向性

个性倾向性包括需要、动机、兴趣、爱好、理想、态度、信仰、价值观等内容。

需要就是人对某种目标的渴求或欲望。需要是人的行为的动力基础和源泉，是人脑对生理和社会需求的反映。人类在社会生活中，早期因维持生存和延续后代而形成了最初的需要，即生理的需要；人为了生存和发展还必然产生社会需求。美国人本主义心理学家马斯洛把人的需要划分为5个层次，5种需要逐级上升。这5种需要包括生理需要、安全需要、归属与爱的需要、尊重的需要、自我实现的需要。需要是人一切行为的出发点和原动力。消费者之所以有购买欲望，总是由于某种需要，汽车的消费也是如此。

动机是为满足某种需要而产生并维持行动，以达到目的的内部驱动力，它是由特定需要引起的，欲满足该种需要的特殊心理状态和意愿。动机形成有两个条件：内在需要和外在诱因。动机具有激活、指向、维持和调整功能。

兴趣是一个人积极探究某种事物及爱好某种活动的心理倾向。它是人认识需要的情绪表现，反映了人对客观事物的选择性态度。兴趣是需要的一种表现方式，人们的兴趣往往与他们的直接或间接需要有关。一个人对某种事物感兴趣，就会产生接近这种事物的倾向，并积极参与有关活动，表现出乐此不疲的极大热情。例如，偷菜的游戏，打麻将的游戏，都是某种兴趣的表现。消费者要购车，首先要对车有兴趣。

爱好是指具有浓厚兴趣并积极参加，时间长了可能成为生活习惯的心理偏好。由于人的个性不同，其爱好也不同。如果说兴趣只是入门，那么，爱好应当说达到了一定水平。比如说，车模爱好者不仅收集了大量的各种车模，而且对每一种车都有所研究，对它们的历史与现状都有所掌握。

理想是指人们希望达到的人生目标和追求、向往的奋斗前景，是对未来事物的合理设想或希望，是对某事物臻于完美境界的观念。由于人们所处环境不同，所属阶层不同，所受教育不同，主观能动性不同，人们的理想也就各异。比如，一般地说，家庭月收入基本花光，或者基本没什么积累的人家，买车可能遥遥无期，那些连吃饭都成问题的家庭，购买汽车更是连想都不敢想。

弗里德曼认为态度是个体对某一特定事物、观念或他人形成的稳固心理倾向，由认知、情感和行为倾向3个成分组成。他的定义强调了态度的组成及特性，是目前被大家所公认的较好的解释。

弗里德曼的态度定义中包含3个成分。

①认知成分。它是指人们对外界对象的心理印象,包含有关的事实、知识和信念。认知成分是态度的基础。

②情感成分。它指人们对态度对象肯定或否定的评价及由此引发的情绪情感。情感成分是态度的核心与关键,情感既影响认知成分,也影响行为倾向成分。

③行为倾向成分。它指人们对态度对象所预备采取的反应,它具有准备性质。行为倾向成分会影响到人们将来对态度对象的反应,但它不等于外显行为。

态度对人有什么意义?《态度决定一切》一书中提到,仅从书名人们就可以知道,人的一切几乎都是由态度决定的。例如,美韩要在黄海军演,你怎么看?有人说,墨西哥湾的海底石油管道爆炸,是由于中国的阀门质量不过关,你怎么看?美国、欧洲、日本因中国限制稀土的出口,便将中国告到WTO,你怎么看?等等,这都是态度问题。

价值观是指一个人对周围的客观事物(包括人、事、物)的意义、重要性的总评价和总看法。这种对诸事物的看法和评价在心目中的主次、轻重的排列次序就是价值观体系。价值观和价值观体系是决定人的行为的心理基础。价值观是人们对社会存在的反映,是社会成员用来评价行为、事物及从各种可能的目标中选择自己合意目标的准则。价值观通过人们的行为取向及对事物的评价、态度反映出来,是世界观的核心,是驱使人们行为的内部动力。它支配和调节一切社会行为,涉及社会生活的各个领域。

价值观的内容,一方面表现为价值取向、价值追求,并凝结为一定的价值目标;另一方面表现为价值尺度和准则,是人们判断事物有无价值及价值大小、是光荣还是可耻的评价标准。例如,有些消费者认为,买车有许多好处;而也有些消费者认为,买车不如坐出租车。

2)个性心理特征

个性心理特征包括能力、性格和气质3个方面的内容。

①能力就是指顺利完成某一活动所必需的主观条件。能力是直接影响活动效率,并使活动顺利完成的个性心理特征。能力分为一般能力与特殊能力。一般能力就是智力,它是人们完成任何活动所不可缺少的,是能力中最主要又最一般的部分。特殊能力是指人们从事特殊职业或专业所需要的能力。例如,音乐中所需要的听觉表象能力。人们从事任何一项专业性活动既需要一般能力,也需要特殊能力,两者的发展也是相互促进的。消费者也有其能力,即消费能力。世界历史证明,普通民众的消费能力决定经济发展能力。中国经济最根本、最严重的问题是,中国人缺少消费能力,也就是没钱消化企业生产的产品。当然,这仅仅说了一方面,就是百姓有没有钱消费;消费能力还应包括另一方面,就是有了钱怎么去消费。

②性格是指人对现实稳定的态度以及与之相适应的习惯化了的行为方式。从定义可以看出,性格包括两个方面的内容,即态度和行为方式。车降价了,你买不买?你买低档车还是中档车?这是个态度问题;上班的路不到一小时,走着去还是买辆车?这里面既有价值观问题,又有生活方式问题。作为营销工作者,需要研究这些问题。

③气质是不以人的活动目的和内容为转移的心理活动的典型且稳定的动力特征。气质是先天的、遗传的。心理学上的气质与日常生活中说的气质是两码事,后者往往指人的风度、模样、风骨,是后天养成的。心理学上讲,典型的气质类型有4种,即胆汁质、多血质、黏液质、抑郁质。胆汁质:外向好动,精力充沛,争强好胜,感情用事,脾气暴躁,说话声大,爱教训人,做事

马虎,张飞、李逵就是这种类型的代表人物。多血质:动作敏捷,灵活好动,热情开朗,兴趣广泛,善于交际,适应性强,性情浮躁,注意力易转移,贾宝玉是这种类型的代表人物。黏液质:沉着冷静,稳重踏实,善于克制,交际适度,三思后行,行动迟缓,为人拘谨,因循守旧,林冲是这种类型的代表人物。抑郁质:内向好静,敏感多疑,腼腆孤僻,不善交际,适应力差,多愁善感,情感脆弱,想象丰富,林黛玉是这种类型的代表人物。虽然现实生活中这么典型的人不多,但还是存在的。更多的人是以一种类型的特点为主,兼有其他类型的个别特点。在汽车销售中,如果销售顾问能够在较短时间内抓准顾客的气质类型,再有针对性地正确分析他的需要,那么,把车卖给他,应该没有问题。

如图1.1所示是对心理现象构成的归纳与总结。

- 心理现象
  - 心理过程
    - 认识过程(感觉、知觉、记忆、想象、思维)
    - 情感过程(需要是否得到满足的内心体验)
    - 意志过程(目的性与困难性紧密相连的过程)
  - 心理状态(心理活动在一定时段的特征)
  - 个性心理
    - 个性倾向性(需要、动机、理想、爱好等)
    - 个性心理特征
      - 能力
      - 性格
      - 气质

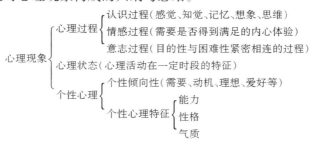

图1.1　心理现象构成的归纳与总结

1.1.3　人的心理的本质

人的心理是人脑的机能,是客观事物在人脑中的主观反映。这是人的心理的本质,是心理学的基本规律。

(1)心理是人脑的机能

心理是人脑的机能,脑是心理活动的器官。没有脑的心理,或者说没有脑的思维是不存在的。正常发育的大脑为心理的发展提供了物质基础。人的大脑是最为复杂的物质,是物质发展的最高产物。

心理现象是在动物适应环境的活动过程中,随着神经系统的产生而出现,又随着神经系统的不断发展和不断完善,才由初级不断发展到高级。无机物和植物没有心理,没有神经系统的动物也没有心理,只有有神经系统的动物才有心理。无脊椎动物的神经系统非常简单,像环节动物(蚯蚓)只有一条简单的神经链,它们只具有某种感觉器官,只能认识事物的个别属性,在它们身上只有感觉的心理现象;脊椎动物有了脊髓和大脑,它们有了各种感觉器官,能够认识到整个事物而不只是事物的个别属性,即有了知觉的心理现象;灵长类动物,像猩猩、猴子,其大脑得到了高度发展,它们能够认识事物的外部联系,有了思维的萌芽,但是还不能认识到事物的本质和事物之间的内部联系。只有人类才有思维,有意识。人的心理是心理发展的最高阶段,因为人的大脑是最复杂的物质,是神经系统发展的最高产物,所以,心理现象的产生和发展的过程,也说明了心理是神经系统,特别是大脑活动的结果。神经系统,特别是大脑,是从事心理活动的器官。

人脑是心理活动的器官,人们经历了几千年才获得这一正确的认识。现在,这一论断得到了生活经验,临床事实,以及对心理发生和发展过程、脑解剖、生理的科学研究所获得的大量资料的证明。因此,“心理是脑的机能”这一论断在今天已成为一种常识。

(2)心理是客观现实的主观反映

健全的大脑给心理现象的产生提供了物质基础,但是,大脑只是从事心理活动的器官,有反映外界事物产生心理的机能,而心理并不是大脑本身所固有的。心理现象是客观事物作用于人的感觉器官,通过大脑活动而产生的。因此,客观现实是心理的源泉和内容,离开客观现实来考察人的心理,心理就变成了无源之水,无本之木。对人来说,客观现实既包括自然界,也包括人类社会,人类自己。

20 世纪 20 年代,印度发现了两个狼孩,即让狼叼走并养大的孩子。他们有健全的人的大脑,但是,他们脱离了人类社会,是在狼群里长大的,故只具有狼的本性,而不具备人的心理。因此,心理也是社会的产物,离开了人类社会,即使有人的大脑,也不能自发地产生人的心理。

心理的反映不是镜子式的反映,而是能动式的反映。因为通过心理活动不仅能认识事物的外部现象,还能认识到事物的本质和事物之间的内在联系,并用这种认识来指导人的实践活动,改造客观世界。

心理是大脑活动的结果,却不是大脑活动的产品。因为心理是一种主观印象,这种主观印象可以是事物的形象,也可以是概念,甚至可以是体验。它是主观的,而不是物质的。正如老师讲课,客观刺激对同学们来讲是相同的,但每个同学所得到的,却不一样。用 S 代表刺激,O 代表个体心理,R 代表反应,那就是:S—O—R。意思是说,即使刺激相同,但由于每个人的个体心理加工与制作的不同,最后的反应也不同。这一点很好地说明了心理是客观现实的主观反映。

学习任务 1.2　消费心理学的产生与发展

消费心理学从产生到现在,也就百余年的历史,传到我国,只有 30 年左右,但消费心理的研究,却已有悠久的历史。在东方,中国春秋末期的著名自由商人范蠡(陶朱公)已从分析消费需要入手,以"计然七策"经营商业,荀子提出生产要"养人之欲,给人之求"(《荀子·礼论》),讲的就是满足人的消费需要;在西方,古希腊唯心主义哲学家亚里士多德已提出"欲望是心理运动的资源,一切情感、需要、动作和意志均为欲望所引发"的命题,古希腊哲人色诺芬最早提出"消费"这个术语,法国古典学派的终结者西斯蒙第提出了社会生产目的是满足消费者需要的观点。

1.2.1　消费心理学产生与发展的 3 个阶段

(1)早期萌芽阶段

19 世纪末到 20 世纪初,有关研究消费心理与行为的理论开始出现,并且得到了初步的发展。

这一阶段的主要背景是:19 世纪末 20 世纪初,各主要资本主义国家经过工业革命后生产力大大提高,生产能力超过市场需求的增长速度,市场上的商品供过于求,企业之间的竞争加剧。在这种情况下,为了争夺市场,为数不少的企业生产经营者开始注重商品的推销和刺激需求的作用,推销术和广告术也开始应用于企业的经销活动中。

1895 年,美国明尼苏达大学的盖尔首先采用问卷调查的办法,就消费者对商品广告及其所介绍商品的态度与看法进行了研究。1901 年,美国心理学家斯科特在美国西北大学作报告,提出广告应发展成一门科学,而心理学可以在其中发挥重要作用的见解,并且第一次提出了消费心理学这一新名词。1903 年,斯科特汇编十几篇论文,出版了《广告理论》一书,它标志着消费心理学的诞生。该书较系统地论述了在商品广告中如何应用心理学原理,以引起消费者的注意和兴趣。1912 年,德国心理学家闵斯特伯格出版了《工业心理学》一书,阐述了在商品销售中广告和橱窗陈列对消费者心理的影响。同时,还有一些学者在市场学、管理学等著作中也研究了有关消费心理与行为的问题,他们中比较有影响的是行为主义心理学之父约翰。华生的"刺激—反应"理论,即"S—R"理论,揭示了消费者接受广告刺激物与行为反应的关系,此理论被广泛运用于消费者行为的研究之中。

由于此时消费心理与行为的研究才刚刚开始,研究的重点是企业如何促进产品销售,而不是如何满足消费者的需要,加上这种研究基本上局限于理论阐述,并没有具体应用到市场营销活动中,因此我们说此时期为萌芽阶段。

(2)中期应用阶段

20 世纪 30 年代到 20 世纪 60 年代,消费行为研究被广泛应用于市场营销活动中,并得到了迅速发展。

这一阶段的主要背景是:1929—1933 年,西方资本主义国家发生经济大危机,生产严重过剩,商品销售十分困难,使传统的卖方市场一下子变成了买方市场。在这种形势下,企业的生产经营观点发生了重大转变,刺激消费被视为一种反危机的手段提了出来。市场学、广告学、推销学在市场营销活动中得到了广泛的运用,并取得了明显的效果。这些极大地丰富和完善了消费者行为理论的研究,使它从其他学科中分离出来,成为一门独立的学科。

第二次世界大战以后,从 20 世纪 50 年代开始,人们对消费者的心理现象及其活动规律产生了越来越大的兴趣,由于心理学在各个领域的应用都取得了重大成果,更引起了理论研究工作者和企业家们的强烈反响和关注。更多的心理学家、经济学家、社会学家都转入这一领域进行研究,并相继提出了许多理论。例如,1951 年,美国心理学家马斯洛提出了需要层次理论;1953 年,美国心理学家布朗开始研究消费者对商标的倾向性;1957 年,社会心理学家鲍恩开始研究参照群体对消费者购买行为的影响;1960 年,美国正式成立了"消费者心理学会"。可以这样说,消费心理学从此进入了发展和应用时期,它对市场营销活动的参与、影响和服务的作用也日益明显。

(3)后期变革时期

从 20 世纪 70 年代到现在,是消费心理学变革的阶段。这一时期,有关消费者心理与行为的研究论文、报告、专著不仅在数量上剧增,而且在质量上也越来越高,研究方法也越来越科学。许多新兴学科,如计算机、经济数学、行为科学等也被运用于消费行为的研究。进入 20 世纪 80 年代后,消费心理学随着社会经济的发展而不断深化,门类越来越多,与市场营销的关系也日益密切。目前,消费心理学已成为西方国家市场营销专业人员和大专院校经济专业的一门必修课。

1.2.2　消费心理学的研究现状和发展趋势

20 世纪 70 年代以来,有关消费者心理与行为的研究逐步趋于系统化,有关的研究机构和学术刊物不断增多。除了大学和学术团体外,美国等国的一些大公司也纷纷附设专门研究机构，从事消费者心理研究。综观近年来消费者心理与行为的研究现状，可以发现以下新的发展趋势。

第一，研究角度趋于多元化。长期以来，人们恪守从商品生产者和经营者的单一角度研究消费者心理与行为，关注点集中于帮助工商企业通过满足消费者需要来扩大销售，增加盈利。目前，这一单一局面已被打破，许多学者开始把消费者心理及行为同更广泛的社会问题联系在一起，从宏观经济、自然资源和环境保护、消费者利益、生活方式等多种角度进行研究。例如，研究作为买方的消费者的行为对市场变动的影响、各种宏观调控措施对消费者的心理效应，以及政府部门在制订经济规划时如何以消费者心理作为重要参考依据，等等。又如，顺应20世纪70年代以来消费者权益保护运动，许多学者注重从消费者利益角度研究消费者心理，以便帮助消费者提高消费能力，学会保护自身权益不受侵害。再如，研究不同类型消费者生活方式的特点及其与消费意识、消费态度、购买行为的关系，从而帮助消费者提高生活质量。上述各方面的探讨，为消费者心理与行为的研究提供了更广阔、更新颖的研究角度。

第二，研究参数趋于多样化。在最初的研究中，人们主要以社会学、经济学的有关概念作为参数变量，根据年龄、性别、职业、家庭、收入等来分析和解释各种消费者心理与行为的差异。随着研究的深入，与心理因素和社会心理因素有关的变量被大量引入，如需要、动机、个性、参照群体、社会态度、人际沟通等。今天，由于社会环境的急剧变化和消费者自身素质的提高，消费行为比以往任何时候都更为复杂，已有的变量已很难对此作出全面的解释。例如，为什么已成为世界富裕国家之一的日本，其国民却仍崇尚节俭，储蓄率居发达国家之首？为什么美国人却寅吃卯粮，热衷于“借债消费”，最终引起了全球性的金融危机？为什么中国目前并不富裕，但国民却热衷于高消费、奢侈消费？研究者开始引入文化、历史、地域、民族、道德传统、价值观念、信息化程度等一系列新的变量。新变量的加入为消费者心理与行为研究的精细化提供了可能性，同时也使参数、变量在数量和内容上更加丰富多样，而这一现象正是消费者心理与行为研究的多学科、综合性趋势进一步加强的反映。

第三，研究方法趋向定量化。新变量的加入使各参数变量之间的相互关系更加复杂，单纯对某一消费现象进行事实性记述和定性分析显然是不够的。为此，许多学者越来越倾向于采用定量分析的方法，运用统计分析技术、信息处理技术及运筹学、动态分析等现代科学方法和技术手段，揭示变量之间的内在联系，如因果关系、相关关系等。定量分析的结果，使建立更加精确的消费行为模式成为可能。而各种精确模型的建立，又进一步推动了对消费现象的质的分析，从而把消费者心理与行为的研究提高到一个新的水平。

1.2.3 消费心理学在我国的发展概况

(1)消费心理学传入我国

20世纪20年代，吴应国将斯科特的《广告心理学》翻译成中文，这标志着消费心理学开始进入我国。后来，孙科以“广告心理学概论”为题介绍消费心理学。从这里可以看出，从消费心理学传入我国到现在，还不足百年。

(2)消费心理学研究的空白阶段

在20世纪30年代和20世纪70年代，由于战争导致的物质匮乏，制约了消费心理学的研究，而新中国成立后的计划经济排斥消费心理学的研究。因此，我国消费心理学研究出现了半个世纪的空白。

(3)消费心理学大发展的阶段

20世纪80年代初开始的经济体制改革促进了商品经济的发展。商品的日益丰富和买方市场的形成,使企业面临着日益激烈的竞争。这一系列的变化促使企业开始注重消费者心理的研究,企业的促销活动越来越频繁,并且在20世纪90年代以后日益受到工商企业的重视。各大学营销专业纷纷开设消费心理学课程,有关消费心理学方面的专著最近10年来有十几种版本相继问世,但内容上大同小异。消费心理学的分支还很少,到目前为止,只能查到一本《饮食消费心理学》是对其分支的研究。

学习任务1.3 消费心理学的研究对象与方法

1.3.1 消费心理学的研究对象

消费心理学的研究对象包括3个方面。

(1)消费者在购买行为中以某种形式表现出来的心理现象

消费者是市场购买活动的主体,其购买行为影响着市场运行、变化的趋向。消费者购买行为中的心理现象,主要是发生在每次商品和劳务的购买和使用过程中,这一过程中所产生的心理感受,是下一次购买活动的心理起始点。在消费行为中,消费者与营业员、服务员之间的相互联系有其自身的特殊性。在商业零售企业和劳务经营企业的营销活动中,消费者是以购买者、需求者和货币持有者的身份出现的;营业员或服务员只是商品或劳务的代理者,但在消费者心目中,他们代表着所有者。在实际的购买过程中,消费者要按照自己的意图、偏好购买所需要的商品或劳务,而营业员或服务员要按照企业自身的利益行事,于是双方在提供与接受之间,在形式、内容和要求上会表现出一致、矛盾或冲突,消费者则会表现出兴奋、平淡、紧张、愤怒等各种心理活动,这正是消费心理学所要研究的基本内容之一。

(2)消费者在消费行为中所反映出的一般规律

消费者在消费行为中所反映出来的心理现象是消费者中某一个体的心理现象。它必然要受消费者的个体心理所左右,表现为消费者个体的个性。而消费者在其行为活动中所产生的感觉、知觉、记忆、想象、思维、情绪、意志等心理过程,则表现为人的心理活动的一般规律。消费者作为某一个体,不论其每次具体的消费行为是怎样形成的,他总是把自己以独特形式保持的那些稳定的、本质的心理品质,即消费者的个性心理反映出来。这种个性在市场行为中表现为各类消费者在能力、性格、气质等方面的差异,并由此构成消费行为的基础。因此,在对消费者的心理过程的分析中,可以发现并研究消费心理现象中的一致性;在对消费者个性心理的分析中,可以发现并研究消费心理现象中的差异性;而对消费心理现象的综合研究,则可以找出消费过程中消费者的一般心理规律。

(3)消费者心理发展、变化的一般趋势

对消费者购买行为中心理现象的研究,就一般规程而言,主要表现在消费品购买活动的前、中、后阶段中。而消费者在这一过程中的多种心理活动,是从对某种商品或劳务的认识开始,经评价、选择、购买决策、用后反应等阶段,所表现出的不同行为和心态。这就是说,消费行为中的各种心理现象是以商品和劳务的交换行为为基础表现出来的,作为一种社会经济现象,商品交换是一种古老的经济活动,但当今市场购买行为日益复杂,消费者不仅考虑眼前的消费,而且更多地考虑未来的消费;不仅注重有形商品的消费,而且越来越关心无形商品的消费。这样,精神生活消费、闲暇消费、储蓄与投资行为的普及化等,都成为影响消费者心理变化的重要因素。因此,消费心理发展、变化的一般趋势,便构成消费心理学研究对象的重要组成部分。

1.3.2 消费心理学的研究方法

(1)研究消费心理学应当遵循的3个原则

1)客观性原则

消费心理是由客观存在引起的。对任何心理现象,都必须按照它们的本来面目加以考察,不能脱离实际去主观臆造。心理学本身有非常抽象的特点,但心理现象却是具体的、可以观察到的。对消费心理,只能在消费者的生活和活动的外部条件中进行研究。例如,在价格体制改革中,每项物价调整政策出台后,消费者产生一些变异心理是客观存在的。正确的方法是实事求是地加以宣传,引导消费者逐步适应物价变动,以增强心理承受能力。这一原则要求研究者在消费者的消费行为过程中去研究其心理活动。只有根据消费者的所想所说、所作所为进行研究,才能正确判断其心理特点。

2)发展性原则

发展性原则就是运用动态的、连续的观点在事物产生、延续、变动的过程中研究消费者的心理现象。我国的市场发展变化很快,作为市场要素之一的消费者,在市场中的行为不可能处于静止状态或处于某种固定模式之中。消费者的消费生活,包括消费观念、消费动机、消费机构、消费趋向,都在不断变化着,因此,要在发展中去研究消费心理。例如,我国消费者的家庭生活水平由温饱走向小康,生活方式由单一物质消费转向物质和精神双重消费,在购买行为中,由持币抢购发展为持币采购再到持币待购。这一原则,研究者对已经形成的消费心理作出描述,而且要阐明那些潜在的、新的心理特点。

3)联系性原则

对消费心理的研究,还要遵循联系性原则。这首先是因为影响和制约消费心理的内部、外部因素是相互联系的。例如,企业营销环境的优劣会影响顾客的情绪,顾客的心境也制约着他们对环境的体验。其次是因为心理过程和心理状态也是相互联系的。例如,人们对商品的认知是多学科的交叉。这种交叉学科的特点,就要求我们不能孤立地而要联系其他相关学科的成果进行研究。假如我们的客户在来店途中遇到"打错门""钓鱼门"等,那他们还有什么心情买车呢?

(2)消费心理学的研究方法

1)观察法

观察法是指调查者在自然条件下有目的、有计划地观察消费者的语言、行为、表情等,分析其内在的原因,进而发现消费者心理现象的规律的研究方法。观察法是科学研究中最一般、最方便使用的研究方法,也是心理学的一种最基本的研究方法。

2)访谈法

访谈法是调查者通过与受访者的交谈,以口头信息传递和沟通的方式来了解消费者的动机、态度、个性和价值观念等内容的一种研究方法。

3）问卷法

问卷法是以请被调查的消费者书面回答问题的方式进行的调查，也可以变通为根据预先编制的调查表请消费者口头回答，由调查者记录的方式。问卷法是消费者心理和行为研究的最常用的方法之一。

4）综合调查法

综合调查法是指在市场营销活动中采取多种手段取得有关材料，从而间接地了解消费者的心理状态、活动特点和一般规律的调查方法。

5）实验法

实验法是一种在严格控制的条件下有目的地对应试者给予一定的刺激，从而引发应试者的某种反应，进而加以研究，找出有关心理活动规律的调查方法。

学习任务1.4　消费心理学的研究意义

我国现阶段的消费状况概括起来可以这么看：整个国家消费需求以较高幅度增长；城乡居民消费水平稳步提高，尤其城镇居民人均消费已开始进入到国际上认可的中等水平；商品买方市场初步形成，消费支出分流日益明显；城市居民最低生活保障制度和农村脱贫标准的制订，基本保证了贫困户的生活消费；居民消费比重逐步提高，政府消费比重逐渐下降。人们的消费观念和生活方式已经发生了巨大变化，在这种情况下，我们有必要加强对消费尤其是个人消费的引导和调节。

学习和研究消费心理学直接的实践意义在于：

①有助于政府部门协调整个国民经济的发展和正确引导我国人民的消费，就必须了解、研究消费的各个方面。我国幅员辽阔、人口众多、底子又薄，各地区间的差别较大。从北国边疆到江南水乡，从高原山区到平川大坝，消费水平和消费结构参差不齐，消费方式和消费习惯千差万别。发达地区的人们已经拥有众多的高档消费品，而某些边远地区的人们还过着贫困的生活，甚至个别地区仍停留在刀耕火种的原始阶段。普遍、经常、深入地了解，研究本国人民的消费状况，有助于政府有关部门掌握人民的消费需求，发展生产、搞活流通，协调整个国民经济，尽可能地避免决策的失误。

②有助于企业进行科学经营决策。一方面，随着我国人民消费的大变化、大发展，会出现许多新情况、新问题，迫切需要去研究解决；另一方面，随着经济体制改革的不断深入，工商企业更多地要依靠自己去谋求生产和经营的发展。而现在一些企业在生产经营中存在的突出问题，如生产结构不合理，产品销售率低，库存积压严重，从根本上讲，归结于经营决策问题。因此，深入系统地研究消费者的心理活动规律和行为方式，有助于企业科学地进行经营决策。如企业经营管理者可以利用人们消费行为的心理规律，运用广告、商标、装潢和店面陈列、橱窗设计等手段来刺激消费者的消费心理，运用心理学的规律洞察消费者心理来预测消费市场，从而达到用消费来引导生产。

③有助于营销人员提高商品销售的竞争力。商品市场由卖方市场向买方市场发展，供过于求的商品大幅度增加，使得市场竞争更加激烈，市场营销也将越来越困难。在这种形势下如何制胜，是每一个营销人员面临的严峻问题。

营销人员通过学习、了解和掌握人的一般心理过程和个性心理特征，有意识、有针对性地调节控制自己的心理和行为表现，努力发挥自己个性的优势方面，抑制消极面，可以为营销双方的心理沟通创造良好的基础。另外，根据消费者的心理需求，重视从商店设计、商品陈列、商品包装、商业广告到激发消费者购买欲望，从介绍商品、展示商品到为消费者提供良好的服务等，都有助于提高商品销售的竞争能力。

④有助于消费者自己进行消费决策。人人都是消费者，每个人认识了自己的消费行为和周围他人的消费行为，找到参照群体，会有助于他们正确地进行消费决策，使自己获得物美价廉、称心如意的商品。另外，可以防止受到商业经营者多种推销措施的诱惑，从而更好地调节自己的需要，使自己的消费行为更合理、更经济，避免盲从上当。

学习任务1.5　中国消费者的心理分析

从整体上看，中国消费者的心理，既要受到中国传统文化的影响，又要受到中国民族性格的影响。而这种整体的、群体的消费心理特征，又必然要影响到今天的每一个中国人。因此，非常有必要从整体上来分析中国人的消费心理。

1.5.1　中国传统文化的八大精髓

第一，国家民族立场上的统一意识。在我国漫长的历史发展过程中，国内诸民族经历了战争更替、聚散分合、迁徙融汇，却始终不曾割断共同的文化传统，文明认同始终如一。而能够达到这一境界，其根本因素就是国家统一的理念渗透于中华民族的血液之中，成为人们一致的价值取向与理想追求。

第二，为政治国理念上的民本要求。民本思想萌生于西周初年，当时的统治者在政治思想领域提出了“敬德保民”的命题。春秋时期，“重民轻神”“恤民为德”成为较为普遍的思潮。儒家继承这些宝贵的思想资源，形成了“以民为本”的政治主张；秦汉以后，“重民爱民”成为历代王朝宣称的基本政治原则之一，这对于缓和社会矛盾、维系社会相对稳定产生了深远的影响。

第三，社会秩序建设上的和谐意愿。和谐是中国传统文化的重要命题，儒、墨、道、法、兵等主要思想学派对和谐思想都有深刻阐发。比如，儒家提倡“中和”，强调“礼之用，和为贵”，注重人与人之间的和睦相处；道家追求人与自然相和谐，提倡遵道以行，率理而动，因势利导，合乎自然，海涵宽容，从而建立起自然和谐的治国秩序；墨家倡导“兼相爱，交相利”，主张实现个体与社会的有序一体、道德与功利的和谐一致。

第四，伦理关系处理上的仁义主张。仁义是中国古代处理人际关系、治理国家的基本理念，并以此为核心形成了一整套的伦理价值观念。这些观念可以用“仁、义、礼、智、信”5 个字来概括。以此为基础，确立了一系列解决和处理各种复杂的社会关系、满足封建社会伦理的基本需求、完成个人人格健全的道德规范。

第五，事业追求态度上的自强精神。早在《周易》中就有了“天行健，君子以自强不息”这种事业追求上的奋斗精神。孔子主张“三军可夺帅也，匹夫不可夺志也”，孟子提倡舍生取义，推崇大丈夫精神，这些都已经成为中华民族的普遍心理认同。正是这种根深蒂固的文化传统，塑造了无数志士仁人的高尚人格，磨砺了中华民族生生不息的自强精神。

第六，解决矛盾方式上的中庸选择。“中庸”就是合宜的分寸、合宜的“度”，恰到好处，收放适宜。孔子提出“中庸”的概念，在他看来，凡事都必须做到不偏不倚，无过无不及，不走极端。孔子把这种“中庸”之德定位为极高的道德境界与政治智慧，以之为人们处世接物的高明艺术。

第七，个人理想追求上的“修齐治平”。《礼记·大学》：“物格而后知至，知至而后意诚，意诚而后心正，心正而后修身，修身而后家齐，家齐而后国治，国治而后天下平。”儒家认为，自天子以至于庶人，当以修身为本。真心诚意的修养，个人道德的完善，是治家、治国、稳固天下的根本。这是一种积极向上的理想，影响了中国一代代的志士仁人，它也是古代读书人为之奋斗一生的理想追求。

第八，社会理想上追求“小康大同”。小康，最早源出《诗经》：“民亦劳止，汔可小康。”而作为一种社会模式，小康最早在西汉《礼记·礼运》中得到系统阐述，成为仅次于“大同”的理想社会模式。它相对于“大道行也，天下为公”的大同社会，是“大道既隐，天下为家”的理想社会的初级阶段。“大道之行也，天下为公”是对理想社会的描述和追求。

这八大精髓毫无疑问地要影响到中国人的民族性格，影响到中国人的心理特征。例如，“以民为本”的思想，从西周时期就有了，经过儒家的发扬光大，一直延续到今天。科学发展观中的“以人为本”的思想，就是中国传统文化精髓的体现。这种影响不但表现在国内，还影响到全世界。美国人本主义心理学家马斯洛，他的人本思想就来源于中国。在他的主要著作里，多处有“老子”“道家”的表述。再比如，和谐的思想，这也是中国传统文化的精髓，我们今天也在讲，要建设和谐社会。其实，搞市场经济，搞生产，搞销售，也同样离不开和谐。伦理关系处理上讲仁义主张，讲“仁、义、礼、智、信”，要处理好与消费者的关系，同样需要这些理论和主张。

1.5.2　中国人行为心理特征

(1)讲含蓄

几千年来，中国人逐渐形成并世代继承着含蓄保守等一系列“内向”性格：较少自我披露，对环境敏感，语言委婉曲折，行动小心谨慎。这种注重安全感的心理使中国人喜欢“深藏不露”。历史经验告诉他们，“明枪易躲，暗箭难防”，如果把自己内心的想法毫不隐蔽地展现无遗，就好像在明处完全暴露自己。

当然，中国人的这种含蓄容易引起误会和理解上的偏差，“沟而不通”的情况也就时有发生。有人认为，中国人常常同时说两句话，一句用嘴巴传达，你听得见；另一句藏在肚子里，你听不见。通常听得见的那句只能当参考，听不见的那句，才是真正的心声。搞销售工作的人，要掌握能听到“藏在肚子里”那句话的本领。只有这样，才能准确把握客户的真实需要，激发客户的购买欲望，促成客户的购买行为。

(2)爱面子

中国人最看重的就是那张“脸面”。从古至今，在民间往来、婚丧嫁娶、衣食住行等社会生活的各个方面，面子都无处不在。“打肿脸充胖子”“死要面子活受罪”就很有市场了。

中国人这种“好面子”的特点与中国人情化社会的特性不无关系。“面子”文化渐渐成为中国传统文化的重要组成部分，并且内化在中国人的行为习惯中，具备着强大的、持久的延续惯性。

从需要层次理论的角度分析，爱面子也是人的尊重需要的体现。“当面教子，背后教妻”是给足妻子面子；“扬善于公堂，归过于暗室”是给足当事人面子。作为一个销售人员，应当清楚给足客户面子所能带来的经济效益，要把中国人好面子的心理掌握得恰到好处。

(3)重人情

中国是个讲人情的国度，“人情”是维系中国封建社会的重要纽带。在一般的人际关系中，人情可以说是媒介，我们常听人说“卖个人情”“送个人情”或“讨个人情”“求个人情”，这都表示人情的交换特征。不仅如此，我们更听过人讲“我欠他个人情”“他欠我个人情”，这就明确指出人情在交换上有盈亏的情形。

先哲们针对中国人这种重人情的心理特点，早已提出“情、理、法”的构想。首先要“通情达理”，先“动之以情”，再“晓之以理”。从正面的意义上来理解，就是说人有情绪情感，有他的需要。这些应当考虑到，否则就是“不通人情”。

这个“人情”，可以说是亲情、友情、爱情的统称。对于销售人员来说，就是要抓住中国人重人情这个特点去展开销售工作。可以从亲情出发，更可以从爱情出发，把自己的商品推销出去。在情人节那天，光是卖玫瑰花就赚了几百元钱，可见重人情的潜力。

(4)讲义气

中国人向来喜欢小说中讲义气的人物。关羽是到处受到膜拜的“正神”“大帝”；宋江是个讲义气的典范。有人曾经说过，如果用一个字来代表中华民族的精神面貌，那就是这个“义”字。老人过去评价一个孩子的好，就说“这孩子真仁义！”

总的来说，中华民族是很仁义的民族，是很重义气的民族。因此，中国的所有销售人员的所作所为，也要符合中国人的道德标准和心理尺度。至于具体怎么讲义气，那要因地、因时、因人而异。

(5)推中庸

由于中国地大物博，因此，长期生活在这片土地上的中国人崇尚一种平衡的、与环境和谐相处的“中庸”思想，不卑不亢，五行平衡。北宋大儒学家程颐认为中庸是不偏之谓中，不易之谓庸。中庸即永恒恪守中正之道，它的潜台词就是“正好”，这种恰到好处就是中庸之道。中庸的三大基本原则为致中和、执两用中、和而不同。

1)致中和

一个人还没有表现出喜怒哀乐的情感时，心中是平静淡然的，称为“中”，但喜怒哀乐是人人都有而不可避免的，它们必然要表现出来。表现出来而符合常理，有节度，这就称为“和”。两者协调和谐，这便是“中和”。达到中和的境界，世间万物就各得其所了。

2)执两用中

“叩其两端”“执两用中”是中庸之道一个重要的原则，“两端”就是过和不及两个极端，“过犹不及”，是指做一件事情，如果做过头和没有做到一样不得其正，即做事须恰到好处。“中”就是恪守中正之道不偏不倚。“执两用中”与“过犹不及”合而言之，就是坚持“中”，戒其“过”，勉其“不及”。这是中庸之道所据以立论的最基本的法则。

3)和而不同

《中庸》认为，“万物并育而不相害，道并行而不相悖”，即多样性事物之间可以和谐相处、互补共进、宽容包纳。“和而不同”的原则最能体现中庸之道的精神，它是正确处理各种关系的黄金规则，具有最普遍的意义。

中庸对销售工作的最大启发是：你对顾客太热情了，他会怀疑你的产品有什么问题；你对他太冷淡了，他会以为你不尊重他，不够热情，没把他放在眼里。怎么把握这个尺度，还真得从实践中去总结。但有一点是可以肯定的："过犹不及"。

(6)爱多疑

许多中国人思想复杂，想象力丰富，再加上几千年来历史风云中的凶险与欺诈，使中国人一直没有安全感，养成了敏感多疑的性格。到了现在，我们还会经常听到这样的话："我知道他是这样看我的""他肯定在领导面前说了我的坏话""这个事我不好说，不想惹麻烦"。

针对这个特点，销售人员应当有充分的准备。除了知道对天生就有"敏感多疑"特点的林黛玉式的抑郁质类型的人该怎么应付外，还要对具有这个民族心理特点的多数人有准备。因为，在现实生活里，林黛玉式的人物毕竟是极少数，而其他人是大多数，会使你放松警惕，毫无准备。

(7)从众心

从众，是中国人日常生活和工作中常见的社会心理现象。中国人之所以"从众"，一是自己根本就不会拿主意，不会独立思考，没主见；二是不敢为天下先，不愿冒尖。这种心理的普遍性使得中国人无论做什么事，总是喜欢盲目地跟随。比如，买私家车，也跟风。2010 年上半年，光是北京市就新增了 40 多万辆私家车。其实，本来可以先不买，可是一看同事买了，邻居买了，朋友买了，同学买了，自己也就随大流了。因此有人提出要限制这种情况的意见。

(8)攀比心

中国人的封建意识、强烈的小农平均主义意识和长期的儒家思想的熏陶，由此衍生出互相攀比的心理习惯。中国的家庭是塑造攀比心理的第一场所：左邻家的孩子学钢琴了，右舍家的孩子练舞蹈呢，不行，我家孩子也不能落伍，也得学点什么，学什么呢，就学柔道吧，总比不学强，将来习得一身武艺，看谁敢欺负我们的孩子。接下来就是学校，也攀比。六中补课啦，三中上早自习了，咱们也开！不然就落下啦！从小在这样的环境里长大，都自觉不自觉地喜欢相互攀比。这种心理使得他们对同事的收入更加好奇和关心：你这月工资多少？给你多少效益奖？

(9)爱吉利

中国人的谨慎特性和直觉感性的思维特征，使得中国人做事前总要问个吉凶祸福。因此，中国人向来有"讨口彩"的习惯，希望能通过事物细节的昭显讨一个好兆头。一些数字中国人是很喜欢的，如 6，8，9；而另一些数字中国人很讨厌，首推的是 4，还有 1，7，2，5。一些人结婚选日子，一般好选 6，因为在中国人看来，6 是顺的意思。

从科学的角度看，这种好吉利怕凶兆是一种对心理暗示的敏感。暗示在我们日常生活中是最常见的特殊心理现象。它是人或环境以非常自然的方式向个体发出信息，个体无意中接受了这种信息，从而作出相应的反应的一种心理现象。其实，在汽车销售过程中，我们的客户也有这种心理。头些年我们看到有的客户买了车，把红布条拴到车轮上，后视镜上；不少客户买车也挑日子；买了车，也想要个好车牌，等等。这些心理，我们的销售代表要心中有数，并要尽可能地想得更全面，更细致些。

(10)和为贵

"和合"思想是中国文化的核心，寻求和谐共处是中华民族的价值理想。孔子主张"礼之用，和为贵"，孟子主张"天时不如地利，地利不如人和"，就是以和睦、和平、和谐，以及社会的秩序与平衡为价值目标。2008 年 8 月 8 日晚 8 时，在北京举办的第 29 届奥运会开幕式上，张艺谋导演所导的那一幕，给人们留下了极深刻的印象：那些翻板演示着各种字体的“和”字。应当说，这一幕，前无古人，后无来者。

中国人还一向认为“和气生财”，决不容忍营销人员跟顾客顶嘴、吵架，甚至动手，因此才有了“顾客是上帝”“顾客永远是对的”这样的理念。和为贵的思想应当给我们所有的营销人员以启迪：把我们的商品卖出去是第一位的，为此而遭受的误会、屈辱、委屈，都不算什么。有的商店专门设立了“委屈奖”，奖给那些在与顾客打交道的过程中，受到了各种委屈的营销人员。

(11) 重血缘

血缘是中国文化的第一要素。在任何社会中，血缘都是一个客观的存在，都是一种基本的社会现象。血缘的传统在人文资源上形成特有的亲和力。这种亲和力使一切关系都带有家族血缘关系的色彩。“打仗亲兄弟，上阵父子兵”，说的就是这种关系。重庆的文强在被执行死刑前叮嘱儿子：不要仇视社会。为什么他要跟儿子说这话？因为在中国，杀父之仇是“不共戴天”的，是第一大仇！文强的叮嘱，应当说是正面的，有积极意义的。

重血缘亲情这一中国人的心理特点对我们营销人员也有重要意义。中国人的消费，绝大多数是以家庭为基本单位的。尤其是那些耐用消费品。房子、车子与父子之间、夫妻之间，牵系着这种血缘亲情的关系。这种关系使人与人之间不设防。营销人员应当很好地利用这种关系。

(12) 守信诺

诚信，作为中华民族传统文化的精华源远流长。《春秋左氏传》里有“君子之言，信而有征”的表述；管子说过“诚信者，天下之结也”；《周易》里有“人之所助者，信也”；《东周列国志》有“信者，国之宝也，民之所凭也”。孔子说过“诚者，物之始终，不诚无物”。在许多的影视剧里也好，在现实生活中也好，有许多这方面的典型例子。为了取信于民，《大宅门》里的白七爷，一把火烧掉了药分不足的成药；为了取信于民，长春欧亚集团各店“不满意就退货”的承诺赢得了越来越多的回头客。当然，也有一些公众人物所代言的广告欺骗了许多消费者，造成了极坏的影响。消费者在对厂家、商家有怨气的同时，更对他们的代言人不满。

营销人员更要牢记：要么不说，要么说了的就一定做到！只有这样，才能赢得越来越多的顾客。那个时候，“结识新朋友，不忘老朋友”才能变成现实。

(13) 认正宗

中国人有偏爱正宗事物的习惯，对于诸如正宗的血统、正宗的文化、正宗的艺术，以及正宗的戏剧等，都有特殊的兴趣和爱好。因此，在中国，正宗的和传统的观念、正统的意识、舆论的导向，常常具有心理导向的作用。在这种心理的作用下，消费者们的衣、食、住、行都想要正宗的。比如，在长春，买面食，消费者更愿意买“中之杰”的；买熟食，更愿买“老昌”“阿满”的；吃豆腐串，就要“老韩头”的。

汽车的消费也是这个道理。国内几个大的汽车生产厂家，一般都有着十几年，几十年生产汽车的历史。它们自己生产的车，以及与外方合资生产的车，都是正宗厂家生产的，而不是小厂家、杂牌子。因此，那些经营正宗品牌、大厂家产品的 4S 店，就得天独厚，比其他 4S 店日子好过，原因恰恰就是中国人的这种“认正宗”的心理，使他们信得过正宗商品，信得过品牌，信得过大厂家。

1.5.3 中国人消费心理特征

(1)面子心理

“人争一口气,佛争一炷香”。中国的消费者有很强的面子情结,在面子心理的驱动下,中国人的消费会超过甚至大大超过自己的购买或者支付能力,甚至有产品直接打出来送得有面子。营销人员可以利用消费者的这种面子心理,找到市场、获取溢价、达成销售。脑白金就是利用了国人在送礼时的面子心理,在城市甚至是广大农村找到了市场;当年的TCL凭借在手机上镶嵌宝石,在高端手机市场获取了一席之地,从而获取了溢价收益;在终端销售中,店员往往通过夸奖消费者的眼光独到,并且产品如何与消费者相配,让消费者感觉大有脸面,从而达成销售。

(2)从众心理

从众心理指个人的观念与行为由于受群体的引导或压力,而趋向于与大多数人相一致的现象。消费者在很多购买决策上会表现出从众倾向,如曾经流行的手机挂脖子上就是因模仿“韩流”。消费者购物时喜欢到人多的商店,在品牌选择时,偏向那些市场占有率高的品牌,在选择旅游点时,偏向热点城市和热点线路。在终端销售中,店员往往通过说某种型号的产品今天已经卖出了好多套,从而促使消费者尽快作出销售决策,或者人为造成一些火爆的情境来引导潮流等,都是有效利用消费者的心理的例子。

(3)名人心理

消费者推崇名人和权威的心理,在消费形态上多表现为决策的情感成分远远超过理智的成分。这种对权威的推崇往往导致消费者对权威所消费产品无理由的选用,并且进而把消费对象人格化,从而达成产品的畅销。现实中,营销对消费者推崇权威心理的利用也比较多见。比如,利用人们对名人或者明星的推崇,大量的商家找明星代言、做广告;许多产品在广告宣传中宣传此产品是多少院士、多少专家、多少博士潜心研究的成果;引用专家等行业领袖对自己企业及产品的正面评价。在终端销售中,经常出现邀请名人出席一些活动或放大名人的宣传效应,抑或是有效利用一些行业权威与意见领袖进行宣传的现象。

(4)贪占便宜

贪占便宜和爱还价是中国消费者表现出来的普通心理,“价格太贵”是中国消费者的口头禅,其实,“便宜”与“占便宜”不一样。价值100元的东西,100元买回来,那叫便宜,价值100元的东西,50元买回来,那叫占便宜。消费者经常追求所谓的“物美价廉”,其实,消费者不仅想占便宜,还希望“独占”,这给商家可乘之机。在终端销售中,讨价还价比较普遍,许多商机经常打出“最后一件”“最后一天”等宣传语,或者是打出“跳楼价”“一折”等概念,或者是提供一些偏高价格让消费者来讨价还价,等等,这让消费者在心理上感觉物美价廉,贪占了便宜。

(5)炫耀心理

消费者的炫耀心理主要表现为产品带给消费者的心理成分远远超过实用的成分。在中国目前并不富裕的情况下,正是这种炫耀心理创造了高端市场,同时,在国内企业普遍缺乏核心技术的情况下,利用炫耀心理有助于获取市场,这一点在时尚商品上表现得尤为明显。在终端的销售过程中,许多国外奢侈品品牌纷纷抢占中国市场,许多消费者通过购买名牌来炫耀其身份与地位。一些广告直接标榜产品是“成功男人的象征”“成功的生活方式”,一些企业通过设计时尚的外观造型来彰显个性,一些消费者为了炫耀其地位与财富,也不惜花重金对自己进行包装。

(6)恐惧心理

害怕生病、害怕死亡、害怕被看不起、害怕失去……其实,每一个人在作决定的时候,都会有恐惧感,他生怕作出错误的决定,生怕花冤枉钱,消费者容易在购买之后出现怀疑、不安、后悔等不和谐的负面心理情绪,从而引发不满。在终端销售过程中,为了充分利用消费者的恐惧心理,一些广告就为此进行创意,如"买电器,到国美,花钱不后悔",如先传播痛苦,再扩大痛苦,进而让你有恐惧感,最终推出产品,云南白药牙膏就利用了消费者的恐惧进行了广告的创意,再如一些商家推出限量、限时销售,或者是以绝版吸引消费者,等等,都是利用消费者的恐惧心理。

(7)弥补心理

当你做错了某件事或感觉内疚时,首先想到的就是弥补,在营销的过程中,弥补性消费心理也经常被采用,如许多保健品一到节假日就大肆开展宣传,充分激发部分群体对长辈的内疚心理,进而想购买保健品回家赠给长辈,如某保健品的广告词:你哭的时候他们在笑,你笑的时候他们在哭,变化的是表情,不变的是亲情,回报天下父母心。

(8)习惯心理

消费者潜意识里对其所选购的产品都有价格标准,对任何一类产品都有一个"心理价格",高于"心理价格"也就超出了大多数用户的预算范围,低于"心理价格"会让用户对产品的品质产生疑问。因此,了解消费者的心理价位,有助于市场人员为产品制定合适的价格,有助于销售人员达成产品的销售。心理价位在终端销售表现得更为明显,以服装销售为例,如果消费者在一番讨价还价之后,最后的价格还是高于其心理价位,可能最终不会达成交易,甚至消费者在初次探询价格时,若报价远高于其心理价位,就会扭头就走。

(9)攀比心理

消费者的攀比心理是基于消费者对自己所处的阶层、身份及地位的认同,从而选择所在的阶层人群为参照而表现出来的消费行为。相比炫耀心理,消费者的攀比心理更在乎"有",即你有我也有,如很多商品,在购买的前夕,萦绕在消费者脑海中最多的就是谁谁都有了,我也要去买。对营销人员来说,我们可以利用消费者的攀比心理,出于对其参照群体的对比,有意强调其参照群体的消费来达成销售。

典型案例

速溶咖啡与消费心理

20世纪40年代,当速溶咖啡这个新产品刚刚投放市场时,厂家自信它会很快取代传统的豆制咖啡而获得成功。因为它的味道和营养成分与豆制咖啡相同而饮用方便,不必再花长时间去煮,也不用再为刷洗煮咖啡的器具而费很大的力气。

厂家为了推销速溶咖啡,就在广告上着力宣传它的这些优点。出乎意料的是,购买者寥寥无几。心理学家们对消费者进行了问卷调查,请被试者回答不喜欢速溶咖啡的原因和理由。很多人一致回答是因为不喜欢它的味道,这显然不是真正的原因。为了深入了解消费者拒绝使用速溶咖啡的潜在动机,心理学家们改用了间接的方法对消费者真实的动机进行了调查和研究。他们编制了两种购物单,两种购物单上的项目,除一张上写的是速溶咖啡,另一张上写的是新鲜咖啡这一项不同之外,其他各项均相同。把两种购物单分别发给两组妇女,请她们描写按购物单买东西的家庭主妇是什么样的妇女。

结果表明，两组妇女所描写的想象中的两个家庭主妇的形象是截然不同的。看速溶咖啡购物单的那组妇女几乎有一半人说，按这张购物单购物的家庭主妇是个懒惰的、邋遢的、生活没有计划的女人；有12%的人把她说成是个挥霍浪费的女人；还有10%的人说她不是一位好妻子。另一组妇女则把按新鲜咖啡购货的妇女，描写成勤俭的、讲究生活的、有经验的和喜欢烹调的主妇。这说明，当时的美国妇女有一种带有偏见的自我意识：作为家庭主妇，担负繁重的家务劳动乃是一种天职，而逃避这种劳动则是偷懒的、应遭到谴责的行为。速溶咖啡的广告强调的正是速溶咖啡省时、省力的特点，因而并没有给人以好的印象，反而被理解为它帮助了懒人。

由此可知，速溶咖啡开始时被人们拒绝，并不是由于它的本身，而是由于人们的动机，即都希望做一名勤劳的、称职的家庭主妇，而不愿做被别人和自己谴责的、懒惰的、失职的主妇。这就是当时人们的一种潜在的购买动机，这也正是速溶咖啡被拒绝的真正原因。

谜底揭开之后，厂家对产品的包装作了相应的修改，除去了使人产生消极心理的因素。广告不再宣传又快又方便的特点，而是宣传它具有新鲜咖啡所具有的美味、芳香和质地醇厚等特点；在包装上，把产品密封得十分牢固，开启时十分费力，这就在一定程度上打消了顾客因使用新产品省力而造成的心理压力。结果，速溶咖啡的销路大增，很快成了西方世界最受欢迎的咖啡。

思考题：

1. 速溶咖啡这一新产品刚上市时销售受阻的主要原因是什么？试从消费心理角度进行分析。

2. 阅读本例后，你有什么想法？

任务工单

<table>
<tr><td rowspan="3">学习任务1
项目单元1</td><td>班级</td><td colspan="3"></td></tr>
<tr><td>姓名</td><td></td><td>学号</td><td></td></tr>
<tr><td>日期</td><td></td><td>评分</td><td></td></tr>
<tr><td colspan="5">1. 人的心理的本质是什么？

2. 消费心理的发展趋势有哪些？

3. 中国传统文化的八大精髓是什么？

</td></tr>
</table>

4. 中国人消费心理的特征有哪些?

5. 案例分析题

大脑是人类智慧的象征,更是复杂精密的代名词。宝马将各种汽车零部件排列组合成人类大脑的结构图案,把自己精湛的制造技术和精密的部件组合呈现给广告受众,借此暗喻宝马令人惊叹的制造工艺。

请结合该案例分析:

宝马汽车是如何引起消费者注意的?

单元 2 汽车消费者的心理活动过程

学习目标

知识目标：明确认知、情感、意志过程，掌握影响的因素。

技能目标：会运用规律分析营销活动中人们的状态；能正确判断消费者对商品的认知心理；能用社会认知理论、情绪情感理论及意志理论去分析认知心理对营销活动中双方的影响。

态度目标：使学生能理解消费者对自己的种种误解与偏见；使学生能清楚消费者对自己所营销商品的认知心理；使学生处理好自己的情感与消费者的情感的关系；使学生能理解别人的情绪、情感与态度，使学生增强自己的意志力。

任务导入

奥利奥形象大使姚明带千万家庭回归童心

2010 年 2 月 26 日，卡夫食品（中国）日前在上海启动奥利奥"看谁能泡到"全国宣传见面会。作为奥利奥的形象大使，国际篮球巨星姚明亲临现场，与到场嘉宾共同分享"扭一扭、舔一舔、泡一泡"的奥利奥独特吃法，带领大家回归愉悦童心。卡夫食品中国董事长及总裁娜女士说："卡夫食品公司的宗旨是为消费者带来美味的食品和体验，让我们的今天更美味。"奥利奥饼干是卡夫食品全球的旗舰品牌之一，邀请姚明成为奥利奥品牌形象大使，是想将"扭一扭、舔一舔、泡一泡"的奥利奥独特品尝方式和童心愉悦，带给千千万万的中国家庭。在见面会上，姚明为奥利奥拍摄的电视广告首次公映，影片中姚明与小男孩以温馨童真方式演绎"扭一扭、舔一舔、泡一泡"的经典吃法，童趣的画面让现场笑声与掌声不断。在活动现场，姚明还和广告中小男孩操作即将推出的奥利奥"看谁能泡到"网络游戏，以虚拟的方式感受"扭一扭、舔一舔、泡一泡"的童真趣味；另外，由现场以及消费者组成的三组亲子队，进行一场"看谁能泡到"PK 大赛，最终获胜的小观众获得姚明的签名篮球。作为奥利奥的形象大使，姚明表示奥利奥饼干不仅是美味的零食，更是连接家人情感的温馨纽带，不仅可以享受美味，更让父母和孩子一起回归愉悦童心！姚明表示，未来他也会带他的孩子用"扭一扭、舔一舔、泡一泡"的方法享受奥利奥，一起享受童真般的家庭欢乐时刻。

思考题

在奥利奥饼干的“看谁能泡到”的广告中，基于消费者的何种心理状态，对产品进行了推广？

案例分析

奥利奥所传递的是：奥利奥饼干不仅是美味的零食，更是以“扭一扭、舔一舔、泡一泡”的吃法，成为连接家人情感的温馨纽带，并创造了千万家庭的童真回忆。奥利奥还会借由“扭一扭、舔一舔、泡一泡”的经典吃法，一如既往地与更多的家庭一起创造、分享专属他们的温馨童趣时刻，传递童真与快乐。让奥利奥成为联系家庭传递爱意的纽带，与更多家庭一起共享、记录并分享每一个温馨时刻。

学习任务2.1　汽车消费者的认知过程

2.1.1　汽车消费者的感知

(1)感觉的概念与特性

1)感觉的概念

感觉是人脑对直接作用于感觉器官的客观事物的个别属性的反映。

第一，感觉也符合心理学的两大基本规律，即感觉是人脑的机能，是客观现实的反映。

第二，感觉是客观事物个别属性的反映。

第三，感觉的产生离不开“直接作用”。

2)感觉的分类

心理学上将人的感觉分为5类，分别是根据人的5种感觉器官而划分的：视觉、听觉、嗅觉、味觉、触觉；换个角度，又有外部感觉与内部感觉之分。外部感觉就是前面说的那5类，内部感觉包括运动觉、平衡觉和内脏觉。

3)感觉的基本特性

一是适宜刺激。所谓适宜刺激，是指特定感觉器官只接受特定性质的刺激。例如，颜色只能通过视觉器官而不能通过听觉器官而产生刺激。

二是感受性。所谓感受性，是指感觉器官对于外界刺激强度及其变化的感受能力。它说明引起感觉不仅要有适宜刺激，还要有一定的强度要求。心理学用感觉阈限来衡量感受性。感觉阈限就是对恰好引起感觉或刚好不能引起感觉的刺激量的定义。感觉阈限分为绝对感觉阈限和差别感觉阈限。绝对感觉阈限是指刚刚能够引起感觉的刺激量；差别感觉阈限是指刚刚引起差别感觉的刺激的最小变化量。

三是适应性。所谓适应性，是指由于外界刺激物持续作用于人的感受器官而使其发生感受性变化的现象。所谓“入芝兰之室，久而不闻其香；入鲍鱼之肆，久而不闻其臭”就是这个道理。适应性还包括暗适应、光适应等。

四是关联性。人的感觉并不是彼此孤立的，而是相互联系、相互制约的。这就使得各种感觉的感受性在一定条件下出现此消彼长的现象。例如，在黑暗中，人的听觉会得到加强；在音乐声中，人的疲劳感会降低。

4)感觉在市场营销中的作用

第一,感觉使消费者获得对商品的第一印象。感觉是消费者认识商品的起点。消费者只有在感觉的基础上,才能获得对商品的全面认识。购买商品时,消费者首先相信的是自己的感觉。

第二,感觉是消费者对客观事物产生某种情感的依据。商业企业营业环境布置的优劣,商品陈列布局和颜色搭配,营业员的仪表仪容,都会让消费者产生不同的感觉,从而引起不同的心境,进而影响购买的可能性。

第三,对消费者发出的刺激信号要适应人的感觉阈限。不同的人感觉阈限是不同的,有的感觉器官灵敏,感受性高;有的感觉器官迟钝,感受性差。商业企业在调整价格和进行广告宣传时,向消费者发出的刺激信号强度就应当适应他们的感觉阈限。

(2)知觉的概念及其特性

1)知觉的概念

知觉是人脑对直接作用于感觉器官的客观事物的整体属性的反映。怎么理解这个概念?

第一,知觉也符合心理学两大基本规律,即知觉是人脑的机能,是客观现实的反映。

第二,知觉是"整体属性"的反映,这也正是它与感觉的差别。

第三,知觉也离不开"直接作用"感觉器官。

2)知觉的分类

根据知觉所反映的事物特征,可分为空间知觉、时间知觉、运动知觉。

根据某个感觉器官所起的优势作用,可分为视知觉、听知觉、触知觉等。

3)知觉的特性

①知觉的选择性。知觉选择性是指个体根据自己的需要与兴趣,有目的地把某些刺激信息或刺激的某些方面作为知觉对象而把其他事物作为背景进行组织加工的过程。

由于人每时每刻所接触到的客观事物众多,因此不会也不可能对同时作用于感觉器官的所有刺激信息进行反映,而是主动地挑选某些刺激信息进行加工处理,从而排除其他信息的干扰,以形成清晰的知觉,并迅速而有效地感知客观事物来适应环境。

②知觉的整体性。知觉的整体性是指人在过去经验的基础上,把由许多属性构成的事物知觉归为一个统一的整体的特性。

知觉的整体性是知觉的积极性和主动性的一个重要方面,可提高人们知觉事物的能力。

知觉的整体性不仅与刺激物的特性有关,也与个体的主观状态有关,过去的知识、经验可对当前知觉活动提供补充信息。

③知觉的恒常性。当知觉的客观条件在一定范围内改变时,我们的知觉印象在相当程度上仍保持着它的稳定性,这就是知觉的恒常性,如形状的恒常性、大小恒常性、明度恒常性、颜色恒常性、对比恒常性等。

这是由于人们在实际生活中建立了大小、距离、形状与角度的联系。当观察条件变化时,利用已建立的这些联系,就能保持对客观世界较稳定的知觉,如知觉物体的大小时,环境中一些因素为你提供了物体距离的线索,当视网膜成像变小时,又从其他视觉线索中得知距离变远了,两者在变化中得到了补偿,保持了知觉的恒常性。

④知觉的理解性。人在知觉过程中,不是完全依赖感觉被动地把知觉对象的特点记下来,而是以过去的知识经验为依据,力求对知觉对象作出某种解释,使它具有一定的意义,这就是

知觉的理解性,如医生对病人体态、面色的知觉。

知觉的理解性与知觉的选择性、整体性有密切的关系。理解有助于选择,理解帮助知觉对象从背景中分离出来。理解有助于知觉的整体性的形成。人们对于自己熟悉的东西,容易将其当成一个整体来感知,但在面对不熟悉的事物时,知觉的整体性常常受到破坏,但正是理解帮助人们把缺少的部分补充起来,如对不完整的图形、不完整的句子的理解。

⑤错觉。错觉是歪曲的知觉,也就是实际存在的事物被歪曲地感知为与实际事物完全不相符的事物。错觉是对客观事物的一种不正确的、歪曲的知觉。错觉可以发生在视觉方面,也可以发生在其他知觉方面,如当你掂量一公斤棉花和一公斤铁块时,你会感到铁块重,这是形状错觉。当你坐在行驶的火车上,看车窗外的树木时,会以为树木在移动,这是运动错觉。

4)知觉的特性在营销中的作用

知觉的选择性告诉所有的营销者:关键是在尽可能短的时间里尽可能准确地弄清客户的需要与兴趣,只有这样,那个被选择的对象才能从背景中分离出来。

尽管知觉有恒常性,但我们还是要设计好商品的陈列方式,考虑角度、灯光、色彩对比等因素。只有这样,才能使客户清晰地了解和掌握商品的全貌及特性。

知觉的整体性强调"过去的经验",用在营销中,那就是消费者过去的经验。消费者对欲购商品有着丰富的经验,在现场具体感知过程中,许多问题就很容易解决了。否则,营销人员即便费了不少口舌,消费者也不见得能弄明白。

知觉的理解性与过去经验有直接关系。消费者对有关商品的知识经验比较多,营销中就少了许多麻烦。消费者的有关知识经验有可能是自己学习掌握的,还有可能是同事、朋友告诉的。如果消费者缺乏这方面知识,没有这方面的经验,那营销人员就必须耐心讲解。任何时候都要牢记:把商品卖出去才是硬道理。

(3)汽车消费者的感知

汽车消费者的感知,主要包括感知形式、感知内容、感知过程 3 个方面。

1)感知形式

汽车消费者对汽车的感知有以下 3 种形式。

①通过广告感知。现在的广告,几乎是无孔不入。广播、电视有广告;报纸、杂志有广告;手机、网络有广告;走到大街上,还有人往你手里塞广告;住户的报箱里、门缝里还有广告。但是,汽车的广告,仍主要集中在电视里、报纸上、网络中。绝大多数的人天天看电视,电视里的广告铺天盖地,光是汽车广告都不下几十个。因此,汽车消费者对汽车感知的第一大形式,就是通过广告感知。

②通过同事、朋友感知。有些同事、朋友买了某个品牌的车,可以通过他们了解相关信息,而这些信息往往比较可靠。

③通过自己收集有关信息感知。主要包括主动在报纸上找,在网络里查,在大街上、停车场里看,以此来感知有关车型。

2)感知内容

感知的内容很多,主要包括价格感知、安全感知、风险感知、服务感知、性价比感知、品牌感知、经济感知、稳定感知、动力感知、舒适性感知、内饰感知、造型感知、色彩感知,等等。不同国度的人,感知的焦点也有所不同。中国人主要感知价位、外观、配置;欧洲人主要感知安全、性能、性价比。

3)感知过程

要买车的人都比较主动,他们会很主动地查资料、问朋友、找同事,他们也会去4S店实际感知,看看有没有自己要买的车,价格如何,配置如何,有无优惠,等等。汽车消费者的感知过程,要看他们是否最后决定购买。如果能定下来买,接下来的感知过程可能会提速。如果定不下来,那他们即便去了4S店,也还是处于犹豫当中,感知的诚意、细致度都要大打折扣。

(4)汽车消费者的社会认知

1)首因效应

一位心理学家曾做过这样一个实验,他让两个学生都做对30道题中的一半,但是让学生A做对的题目尽量出现在前15题,而让学生B做对的题目尽量出现在后15道题,然后让一些被试者对两个学生进行评价:两相比较,谁更聪明一些?结果发现,多数被试都认为学生A更聪明。这就是首因效应。

首因效应又称为“第一印象效应”,人们最初接触到的信息所形成的印象对其以后的行为活动和评价的影响,实际上指的就是“第一印象”的影响。初次印象包括谈吐、相貌、服饰、举止、神态,这些对于感知者来说都是新的信息,它对感官的刺激也比较强烈,这就如同在一张白纸上,第一笔抹上的色彩总是十分清晰、深刻一样。第一印象效应是一个妇孺皆知的道理,为官者总是很注意烧好上任之初的“三把火”,平民百姓也深知“下马威”的妙用,每个人都力图给别人留下良好的“第一印象”。

首因效应是一种直观的感觉,所形成的第一印象往往不太可靠,如某些青年往往凭第一次见面时对对方是否有好感,作为能否进一步深交下去的标准。印象好的就交往,印象不好的就不屑交往,导致自己陷入人际交往的误区当中。但首因效应是一种客观存在的心理现象,是不可回避的,它决定交往是否延续,并影响今后的交往质量和结果。因此,我们必须要重视人际交往中的首因效应,力求在人际交往中给人留下良好的第一印象。比如在交友、招聘、求职等社交活动中,我们可以利用这种效应,展示给人一种极好的形象,为以后的交流打下良好的基础。

作为汽车消费者的“首因效应”,可能包括第一次听到某品牌车怎么不好或怎么好;第一次去4S店受到第一个销售顾问的接待;第一次试乘试驾某品牌的车的感受;第一次去4S店给自己留下的整体印象,等等。

2)近因效应

近因效应是指最近的信息对人的认知具有强烈的影响,最后留下的印象比较深刻,这就是心理学上所谓的“后摄”作用。认知者在与陌生人交往时,首因效应起的作用较大,而与熟人交往时,近因效应的作用则较为明显。近因效应在人际交往中普遍存在,如某人平时表现很好,可一旦做了一件错事,就容易给别人留下很深的负面影响。特别是平时关系很好的同学,因为一件小事,就闹矛盾,甚至反目为仇,根本不考虑平时两人的深厚友谊。因此,我们在人际交往中应该注意克服近因效应带来的认知偏差,要学会用动态的、发展的、历史的、全面的眼光去看待他人,与他人建立良好的人际关系。

近因效应对汽车消费者的影响表现在:原来对某个牌子印象还不错,可是最近听说这款车由于刹车片失灵,在美国、中国等地被召回。这种情况下,消费者十有八九就不会再选择这个品牌了。大众品牌的汽车在中国市场上就遇到此情况。

3）晕轮效应

我们第一次与一个年轻人交往，如果他长得眉清目秀，衣冠整洁，举止有礼，我们就会对他产生一个好印象，并给予他积极肯定的评价，认为他有教养，有才能，工作一定不错，并可能预言他前程似锦。相反，如果这个年轻人衣帽不整，讲话吞吞吐吐，我们就会对他产生不好的印象，还会给予他消极、否定的评价，认为他知识浅薄，缺乏才干，甚至认为他是一个不可信赖的人，将来也不会有什么作为。这就是常发生在我们生活中的“晕轮效应”。它指人们看问题时，像日晕一样，由一个中心点逐步向外扩散成越来越大的圆圈，是一种在突出特征这一晕轮或光环的影响下而产生的以点代面、以偏概全的社会心理效应。因此，晕轮效应是先入为主、凭第一印象一锤定音的结果。人们常说的“情人眼里出西施”“爱屋及乌”“一好百好”“一俊遮百丑”，就是典型的晕轮效应。

晕轮效应所产生的认知偏见是一种明显的从已知推及未知，由片面看全面的认知现象，这往往会歪曲一个人的形象，导致不正确的评价。纠正的方法只能是告诫自己不要以偏概全，不要凭一时主观印象行事。因此，我们在人际交往中应克服晕轮效应，相信人人都有优点和缺点，在交往中多了解对方，避免以点代面，以偏概全。另外，在交往中也可利用晕轮效应，给对方留下良好的印象，这有利于良好人际关系的建立。

晕轮效应对汽车消费者也有影响，尤其是那个“先入为主”和“第一印象”。不管是什么原因，如果给汽车消费者留下一个不好的第一印象，想改很难。

4）刻板效应

刻板印象指的是人们对某一类人或事物产生的比较固定、概括而笼统的看法，是我们在认识他人时经常出现的一种相当普遍的现象。我们经常听人说法国人是浪漫的，英国人是保守的；女性是温柔的、细心的，男性是理性的、豪爽的、粗心的等。这些实际上都是“刻板印象”。

刻板印象的形成，主要是由于我们在人际交往过程中没有时间和精力去和某个群体中的每个成员都进行深入的交往，而只能与其中的一部分成员交往，因此，我们只能“由部分推知全部”，由我们所接触到的部分，去推知这个群体的“全体”。

“物以类聚，人以群分”，居住在同一个地区、从事同一种职业、属于同一个种族的人总会有一些共同的特征，因此，刻板印象一般说来还是有一定道理的。但是，“人心不同，各如其面”，刻板印象毕竟只是一种概括而笼统的看法，并不能代替活生生的个体，因而“以偏概全”的错误总是在所难免。如果不明白这一点，在与人交往时，“唯刻板印象是瞻”，像“削足适履”的郑人，宁可相信“尺寸”，也不相信自己的切身经验，就会出现错误，导致人际交往的失败，自然也就无助于我们获得成功。

4S店的销售顾问也要注意这一点。虽然刻板印象有一定的道理，但汽车消费者毕竟千人千面。简单地把他们归为几类，容易出问题。如果那些内容是你自己在工作中总结出来的，那应当可信，因为你就是那么做的。如果是书上说的，别人说的，那还要靠你在实践中去检验。

5）投射效应

投射效应也称为自我投射效应。自我投射指内在心理的外在化，即以己度人，把自己的情感、意志特征投射到他人身上，强加于人，以为他人也应如此，结果往往对他人的情感、意向作出错误评价，歪曲他人愿望，从而造成人际交往障碍。典型的投射效应就是人们常说的“以小人之心，度君子之腹”，认为别人和自己一样有着相同的好恶、相似的观点。这种情况在人际交往中表现形式是多种多样的，如有的人对别人有成见，总以为别人对他怀有敌意，甚至觉得对方的一举一动都带有挑衅色彩；自己感兴趣的东西，也以为别人同样感兴趣，便高谈阔论地讲个没完；自己喜欢议论别人，就总认为别人也在背后议论他。还有的男生或女生暗恋上自己喜欢的异性时，总认为对方也喜欢自己，在观察对方时，总觉得对方对自己有意，对方一个眼神，一个动作，一个友好的表示，甚至一句玩笑话，都会被他（她）误认为是爱的信号。投射效应是一种自我防御的反应，有时会有利于人们相互理解，有利于进行自我心理调节，但在人际交往中，主观猜测也常常会造成误会和矛盾。这应当引起4S店里所有人员的重视，尤其是销售顾问。在对各类人员都有思想准备之后，遇到困难便不至于弄得手忙脚乱，不知所措。

6）心理定式效应

心理定式指的是对某一特定活动的准备状态，它可以使我们在从事某些活动时能够相当熟练，甚至达到自动化，可以节省很多时间和精力；但同时，心理定式的存在也会束缚我们的思维，使我们只用常规方法去解决问题，而不求用其他"捷径"突破，因而也会给解决问题带来一些消极影响。

"心理定式"的影响力不可低估，原因就在于它是"定式"。"定式"就容易把人们的思路"定死"，只往一条路走，不往两边看。所谓的经验越丰富，"定式"的可能性就越大。这倒不是说不要经验了，而是提个醒：千万别被"定式"绑住手脚。

2.1.2　汽车消费者的记忆

（1）记忆的概念与品质

1）记忆的概念

记忆是人脑对过去经历过的事物的反映，诸如过去感知过的事物、思考过的问题、体验过的情绪与情感、做过的动作等，都可能保存于头脑中。它包括识记、保持、再认与重现4个过程。

怎么理解这个定义？

第一，记忆也符合心理学两大基本规律，即记忆是人脑的机能，记忆是客观现实的反映。

第二，记忆的内容包括感知过的事物、思考过的问题、体验过的情绪与情感、做过的动作。

第三，记忆的环节包括识记、保持、再认与重现。

2）记忆的品质

①记忆的敏捷性。记忆的敏捷性是指一个人在识记事物时的速度方面的特征。能够在较短的时间内记住较多的东西，就是记忆敏捷性良好的表现。记忆的这一品质，与人的暂时神经联系形成的速度有关：暂时联系形成得快，记忆就敏捷；暂时联系形成得慢，记忆就迟钝。在敏捷性方面，有的人可以过目不忘，有的人则久难成诵。各人的特点不同，有的人记得快，忘得也快，而有的人记得慢，忘得也慢。记忆的敏捷性是记忆的品质之一，但它不是衡量一个人记忆好坏的唯一标准。在评价记忆敏捷性时，应与其他品质结合起来才有意义。

②记忆的持久性。记忆的持久性是指记忆内容在记忆系统中保持时间长短方面的特征。能够把知识经验长时间地保留在头脑中，甚至终生不忘，这就是记忆持久性良好的表现。记忆的这一品质，与人的暂时神经联系的牢固性有关：暂时神经联系形成得越牢固，则记忆得越长久；暂时神经联系形成得越不牢固，则记忆得越短暂。在持久性方面，有的人能把识记的东西长久地保持在头脑中，而有的人则会很快地把识记的东西遗忘。一般来讲，记忆的敏捷性与记忆的持久性之间正相关，记得快的人，保持的时间较长，但也不尽然，有的人记得快，但保持的

时间短。

③记忆的准确性。记忆的准确性是指对记忆内容的识记、保持和提取是否精确的特征。它是指记忆提取的内容与事物的本来面目相一致的程度。记忆的这一品质,与人的暂时神经联系的正确性有关:暂时神经联系越正确,记忆的准确性就越好;暂时神经联系越不正确,记忆准确性就越差。准确性是记忆的重要品质,如果离开了准确性,则敏捷性、持久性就失去了意义。

④记忆的准备性。记忆的准备性是指对保持内容在提取应用时所反映出来的特征。记忆的目的在于在实际需要时,能迅速、灵活地提取回忆所需的内容加以应用。记忆的这一品质,与大脑皮层神经传导灵活度有关:由兴奋转入抑制或由抑制转入兴奋都比较容易、比较灵活,记忆的准备性的水平就高;反之,记忆的准备性水平就低。在准备性方面,有的人能得心应手,随时提取知识加以应用;有些人则不然。记忆的这一品质是上述三种品质的综合体现,而上述三种品质,只有与记忆的准备性结合起来才有价值。

(2)记忆的种类

可以从不同的角度对记忆进行分类。

①根据记忆中信息储存时间的不同,可以把记忆分为感觉记忆(瞬时记忆)、短时记忆和长时记忆。感觉记忆的保持时间最短。短时记忆中的信息可以保持得长久些。长时记忆指的是保持时间超过1分钟的记忆,其中不少信息可以保持多年甚至终生。长时记忆又可以分为程序记忆和陈述记忆两类。程序记忆是对习得行为和技能的记忆,包括基本条件反射和各种习得的动作,如打字、拼图、打球的动作等,这些记忆以动作来表达,也称之为动作记忆。陈述记忆是对事实信息的记忆,包括各种特定的事实,如姓名、人脸、单词、日期和观点等。陈述记忆以单词和符号来表达,它又可分为语义记忆和情境记忆。语义记忆是关于世界的基本事实知识的记忆,如我们对各种物体的名称、年月日的表达法、加减乘除、春夏秋冬、单词和语言等知识的记忆。它就像一本心理词典或一本基础知识的百科全书。情境记忆是每个人的"自传性记录",存储着个人在特定时空情境中发生的各种事件。例如,你能记起自己接到大学录取通知书的情境,记起自己第一次约会时的情境,记起上周一的早餐你吃了些什么,这些记忆都属于情境记忆。

②根据记忆的内容,可以把记忆分为形象记忆、语词记忆、情绪记忆和动作记忆。形象记忆是以感知过的事物的形象为内容的记忆,它所保持的是事物的具体形象。语词记忆是以概念、判断、推理等为形式,对事物的关系及事物本身的意义和性质等内容的记忆。情绪记忆是以个体体验过的情绪或情感为内容的记忆。运动记忆是以过去经历过的运动状态或动作形象为内容的记忆。

③根据记忆是否被意识到,可以把记忆分为外显记忆和内隐记忆。在我们的头脑里保留着许多记忆,有些是我们意识得到的,有些则意识不到。意识到的记忆称为外显记忆。例如,我们能记忆儿时背过的"九九表",记得今天早餐吃什么,记得去年植树节的活动。而无意识的记忆称为内隐记忆,即我们没有意识到但确实存在着的过去经验或记忆。例如,人们能熟练地打字,但是要求他们立刻正确地说出键盘上字母的位置,许多人往往做不到,这说明他们有字母位置的内隐记忆。

(3)记忆的过程

记忆过程包括识记、保持、再认和再现。整个记忆通常是从识记开始的。识记是保持的必要前提,保持是记忆的中心环节,再认和再现是识记的体现,而识记的水平又体现于再认和再现之中。总之,记忆的整个过程是一个不可分割的统一整体。

1)识记

识记是反复感知事物并在大脑中留下印象的过程,是记忆过程的开始和前提。人们识记事物具有选择性,根据人在识记时有无明确目的性,识记可分为无意识记和有意识记。

无意识记是事先没有自觉的目的,也没有经过特殊的意志努力的识记。在人的日常生活中,当我们进行某种活动时,如参加一个集会、看电影或戏剧时,虽然我们没有给自己提出明确的识记目的和任务,也没有付出特殊的努力和采取什么特殊的措施,但是这些活动和内容情节却可能自然而然地被识记下来。这就是无意识记,也称为不随意识记。人的相当大的一部分知识经验是通过无意识记获得的。人在生活中遇到的许多事件,所从事过的活动,看过的书报,听过的故事等,常常被无意地识记下来,甚至有的终生不忘。

有意识记也称为随意识记,是指事先有一定识记意图和任务,并经过一定努力,运用一定的方法和策略所进行的识记,有意识记的目的明确、任务具体、方法灵活,又伴随着积极的思维和意志努力,因此它是一种主动而又自觉的识记活动。通过有意识记可以有效地获得系统而又完整的科学知识,因此它在学习和工作中占主导地位。

2)保持

保持是过去经历过的事物在脑中得到巩固的过程,是一种内部潜在的动态过程。随着时间的推移及后来经验的影响,保持的内容会在数量和质量上发生明显的变化。其质的变化大致有两种倾向:一种是原来识记内容中的细节趋于消失,主要的、显著的特征得以保持,记忆的内容变得简略、概括与合理;另一种是增添了原来没有的细节,内容更加详细、具体,或者突出夸大某些特点,使其更具特色。其量的变化也显示出两种倾向:一种是记忆回溯现象,即在短时间内延迟回忆的数量超过直接回忆的数量,也有人称之为记忆恢复现象;另一种倾向是识记的保持量随时间的推移而日趋减少,有部分内容不能回忆或发生错误,这种现象称为遗忘。艾宾豪斯的研究发现了遗忘的发展变化规律,即在时间进程上,遗忘是一个先快后慢的过程。这种变化趋势可得出以下结论:①遗忘的数量随时间的推移而增加;②变化的速度是先快后慢,在识记后的第一个小时内遗忘得最快,遗忘的数量最多,随后逐渐减慢,遗忘数量也随之减少;③以后虽然时间间隔很长,但所剩的记忆内容基本上不再有明显的减少而趋于平稳。

3)回忆与再认

再现包括再认和回忆,它们都是对长时记忆所储存的信息提取的过程。再认是指过去经历过的事物重新出现时能够识别出来的心理过程。回忆是指人们过去经历过的事物的形象或概念在人们头脑中重新出现的过程。通常,能够回忆的内容都可以再认,而可以再认的内容不一定能够回忆。再认和回忆的正确程度一般取决于两方面因素:一方面是对原识记材料的巩固程度,越巩固越容易回忆或再认;另一方面是积极的思维活动,在回忆或再认时的思维活动越积极,回忆或再认的效果越好。

(4)汽车消费者的记忆

汽车消费者的记忆,包括记忆的内容、记忆的形式和记忆的过程。其中,记忆的形式、记忆的过程与消费者的注意、消费者的感知有密切关系,这里仅对汽车消费者记忆的内容重点进行阐述。

汽车消费者记忆的内容主要包括广告记忆、品牌记忆、价格记忆、车标记忆、外形记忆、色彩记忆、服务记忆、口碑记忆、安全记忆、情感记忆等。

1）广告记忆

有关汽车的广告有许多，网络里有，报纸上有，电视上更多。事实上，大多数汽车消费者也主要是通过电视来感知与记忆汽车广告的。其他途径还包括报纸、网络、停车场里。单位同事们的车都停在一起，你走过看见了，也就把车标、车型等记住了。

2）品牌记忆

汽车消费者对汽车品牌的记忆是通过电视、报纸和网络来实现的。电视上汽车的广告一晃就过去了，再想看，不知道什么时候再重播；报纸看完了就不知放哪儿去了。网络好，随时想看都能看到，想看多久就多久。网络上不但有车的报价，还有有关车型的图库、视频及其论坛。尤其是视频，有声音、图像、运动、色彩，使人看了就很难忘记。

3）价格记忆

电视上虽然有汽车广告，但一般不报价；报纸上有汽车广告，也很少直接把车的价格写在上面。唯独网络上，你想看哪款车，都有报价。网络上的报价，有厂商指导价、经销商报价，经销商报价又有区间，上限多少，下限多少，一清二楚。

4）车标记忆

车标如同人的脸，记住车标了，车的名字也就记住了。即使你不买车，总会认得几款车标：一汽的车标、红旗的车标、大众的车标、奔驰的车标、宝马的车标、海马的车标等。爱车的人，学汽车营销的人，车标记得就更多了。

5）外形记忆

每个品牌的车，都有自己独特的外形。比如，一汽大众生产的几款车：捷达，给人的感觉就是“方”；宝来给人的感觉就是“圆”；高尔夫给人的感觉就是“没屁股”（后备箱）。一汽生产的老解放（CA-15），圆头的；新解放（CA-141），扁头的；一汽的重型卡车，方头的，等等。应当说，每个车型都有自己的特点，就像人们记“甲壳虫”，那样的外形是独一无二的。汽车消费者要买的车型，是他要重点记住的车型。他有可能在路上看见过，或是在单位的停车场看见过，也许只是在网络上看见过。看过后，就出现了“知觉的选择性”，突出了那个外形，别的车也许会“视而不见”了。

6）色彩记忆

虽然每个车型都有几种色彩，但是，消费者要买的只是其中的一种。定下要买哪款车之后，接下来就是选择颜色了。这跟个人的偏好有直接的关系，也跟性别、年龄、性格等因素有关，还跟人们的已有观念有关。比如，个人很少有买红色捷达的，因为那是出租车常用的颜色。你买了，别人总会以为是出租车。一般来说，白色、乳白色、灰色、金属色等几种颜色是消费者买私家车的首选。当然，买中、高档车时，人们会偏爱深颜色，黑色、蓝色等。喜欢的颜色消费者会记得最牢。

7）服务记忆（情感记忆）

给人以美好回忆的服务，会让人永远铭记，那种记忆是很难抹去的。因为，那里面不仅仅有认知因素，更有情感因素。所以，营销人员要带着情感去营销，用积极的、快乐的情感去感染消费者，不能把自己的不快与烦恼、忧愁与焦虑传递给消费者。这里说的服务，不仅仅指售后服务，更多地是指售前与售中服务。一杯水、一个微笑、一句温暖的问候、一个善意的眼神，会让消费者永远记住你，会让消费者最终下决心买你的车。所有这些的前提只有一个，那就是真诚！不要让消费者感到你是在没笑硬挤笑，不要给人以虚情假意的感觉。如果你那么做了，还不如不做,结果会适得其反。

8)口碑记忆

口碑对一个企业来说至关重要,这就告诉所有的营销者,对所有的消费者要一视同仁,都要带着积极的情感去营销。即便买卖做不成,也还是要笑脸相送,良言相加。美国的著名推销员拉德提出了著名的250定律:每一位顾客身后,大体有250名亲朋好友。如果你赢得了一位顾客的好感,就意味着赢得了250个人的好感;反之,如果你得罪了一名顾客,也就意味着得罪了250名顾客。

2.1.3　汽车消费者的注意

(1)注意的概念及特征

1)注意的概念

注意是人的心理活动对一定事物的指向与集中,是人脑对特定事物的反映。注意伴随着所有的心理过程。怎么理解这一概念?第一,注意是心理活动对一定事物的指向与集中;第二,注意是人脑的反映;第三,注意是对特定事物的反映;第四,注意伴随着所有的心理过程。

指向性和集中性是注意的两个基本特性。指向性是指心理活动在某一时刻总是有选择地朝向一定对象。因为人不可能在某一时刻同时注意到所有的事物,只能选择一定对象加以反映。就像满天星斗,我们要想看清楚,就只能朝向个别方位或某个星座。指向性可以保证我们的心理活动清晰而准确地把握某些事物。集中性是指心理活动停留在一定对象上的深入加工过程,注意集中时,心理活动只关注所指向的事物,抑制了与当前注意对象无关的活动。比如,当我们集中注意去读一本书的时候,对旁边的人声、鸟语或音乐声就无暇顾及,或者有意不去关注它们。注意的集中性保证了我们对注意对象有更深入、更完整的认识。

注意虽然是一种非常重要的心理机制,但却不是一种独立的心理过程。注意是认识、情感和意志等心理过程共同的组织特性。注意是伴随心理过程出现的,离开了具体的心理活动,注意就无从产生和维持。我们说的“注意看黑板”,是感知活动中的注意,“注意这个问题”,则是思维活动中的注意了。人们在看一部悲剧作品时伤心落泪,说明注意既伴随着认识活动,又伴随着情感过程。反之,没有注意的指向和集中对心理活动的组织作用,任何一种心理活动都无法展开和进行。注意可以说是进入我们认知系统的门户,它的开合直接影响着其他心理机能的工作状态。因此,注意虽然不是一种独立的心理过程,但在心理过程中发挥着不可或缺的作用。

2)注意的特征

①注意的广度。注意的广度也称为注意的范围,是指在同一时间内意识所能清楚把握的对象的数量。从信息论的观点说,即指在注视点来不及移动的很短的时间(0.1 s)内,神经系统所能同时接受的信息量。

知觉活动的任务多,注意广度就小;知觉活动的任务少,注意广度就大。知识经验与注意广度成正比。

②注意的稳定性。注意的稳定性也称为注意的持久性,是指注意在一定时间内相对稳定地保持在注意对象上。注意的稳定性是注意在时间上的特征。可以用一定时间内工作效率的变化来表示。

注意的稳定性与注意对象的特点有关。内容丰富的对象比内容单调的对象,活动、变化的对象比静止、固定的对象更容易使人保持稳定的注意。注意的稳定性与人的主体状态密切相关。如果人对所从事的活动持积极的态度,高度的责任感,坚强的意志和浓厚的兴趣,就容易对对象保持稳定的注意。

与注意稳定性相反的状态是注意的分散,也称为分心。注意的分散是指注意不自觉地离开当前应当完成的活动而被无关刺激所吸引。注意分散主要是由无关刺激的干扰,单调、机械刺激的长期作用所导致。

③注意的分配。注意的分配是指人在同时进行两种或几种活动时,能够把注意指向不同的对象。

在一定的条件下,注意的分配是可能的。例如,一边口诵一首熟悉的诗,一边手写另一首熟悉的诗,是可以做到的。在教学活动中,教师一边讲课,一边观察学生听讲的情况;学生一边听课,一边记笔记,一边思考问题也都是可能的。这些都属于注意的分配。

但是,注意的分配又是有严格条件限制的。首先,同时进行的各种活动中必须每一种活动都相当熟练,甚至能达到自动化的水平,这样同时输入的两种或两种以上的信息才不会超过人脑的信息加工容量,注意的分配才可能实现。其次,同时进行的几种活动之间已经建立起联系,形成固定的反应系统,人们能很容易同时进行各种动作或活动,注意分配就能够实现。最后,注意分配还存在个体差异和年龄差异,不同的人的注意分配能力是不同的。

④注意的转移。注意的转移指人们根据新任务,主动地把注意从一个对象转移到另一个对象上。注意的转移与分心不同。注意的转移是指任务的要求随着当前的活动有意识地进行改变;分心则是指注意偏离了当前活动和任务的要求,受无关刺激干扰,被无关事物吸引,使注意中心离开了应当注意的对象。

影响注意转移快慢和难易的因素有很多。首先,注意的转移依赖于原来注意的紧张度。原来注意的紧张度越高,注意的转移就越困难、越缓慢,反之,注意的转移就比较容易和迅速。其次,注意的转移依赖于新的注意对象的特点。新的注意对象越符合人的需要和兴趣,转移注意就越容易、越快速,反之,注意的转移就越困难。最后,注意的转移也和人的神经过程的灵活性有关。一个神经过程灵活性高的人比不灵活的人,在转移注意方面要容易和迅速些。

注意的转移和注意的稳定性及注意的分配是相互联系、彼此配合的。在同一活动中,如果没有注意的转移,注意的稳定就难以保持。每一次注意的转移,注意的分配就必然发生变化。原来的注意中心的对象便转移到注意中心之外,新的对象进入注意中心,整个注意范围的图像便会出现新的情况。总之,注意的各个特征是密切相关的,活动的效率不仅取决于注意的某一特征,而且取决于注意各种特征在活动时合理的应用与有机的结合。

(2)注意的种类

注意是一种很复杂的心理倾向,可以从不同角度对它进行分类。

1)选择性注意、集中性注意和分配性注意

根据注意的功能,可以把注意分为选择性注意、集中性注意和分配性注意。

选择性注意是指个体在同一时间只对有限的信息给予注意而忽视其他信息。个体在任何时候都被无数刺激所围绕,他总是不断地关注某些刺激并作出反应,同时忽视或至少弱化某些刺激,对它们不发生反应。选择性注意使我们把注意指向于一项或一些工作和事件而不是许多工作和事件。

集中性注意是指我们的意识不仅指向于一定的刺激,而且还集中于一定的刺激。集中性注意包含警觉和搜索。警觉是指在相对较长时间内个体对某种或某些试图检测到的特定刺激保持注意。在警觉的时候，个体会警惕地注视、倾听着随时可能出现的刺激信号。特别是在特定刺激很少出现，而一旦出现就需要立即注意的情况下，就更需要警觉。在执行高风险的警觉任务时，人们最担心的是漏掉有关的信息。警觉是个体被动地等待特定刺激的出现，而搜索则是主动、积极地寻找目标。个体从许多不确定事物中寻找出特定的刺激就需要聚精会神、专心致志地集中注意。例如，从琳琅满目的货架上试图找到你所要的特定品牌的麦片。在搜索的时候，人们最担心的是搜索到的信息是否会出错。

分配性注意是指个体能对几项不同的任务给予关注或能操作几项任务。训练有素的驾驶员可以一边驾车，一边谈话，甚至摆弄门把手和吃东西。很多任务通过大量的练习就能变得简单、容易，只需稍加注意即可，这时，任务的操作已经自动化了。个人在操作自动化任务的同时还可以操作其他任务。

2）不随意注意和随意注意

不随意注意也称为无意注意，是事先没有预定的目的，也不需要作意志努力的注意。例如，在上课时，老师在讲台上展出一台新仪器，学生们自然地注意到这台仪器。在安静的阅览室内，突然传来一声巨响，大家都不由自主地转过头去注意那个声音。这些都属于无意注意。无意注意是人和动物都具有的初级注意。无意注意的产生，既来自刺激物的强度、新颖性等特点，同时也取决于主体的需要、兴趣、情绪等内部状态。

随意注意也称为有意注意，是服从于预定目的、需要作意志努力的注意。这种注意是人向自己提出一定的任务，且自觉地把某些刺激物区分出来作为注意的对象。当我们决定要做某件事（如写作、做作业）之后，在做这件事的过程中有意地把注意集中在我们认为要干的事情上。这时我们所注意的那个刺激物的特点，不论是否强烈、新颖、有趣，我们都必须集中注意，同时排除各种无关刺激的干扰。因此，有意注意必须付出意志努力。有意注意是人类独具的高级的注意形式，是在人的实践活动中发展起来的，其中言语（外部言语和内部言语）调控起着重要作用。

不随意注意和随意注意虽然有区别，但是在人的活动中往往是不能截然分开的。因为任何一件工作都需要有这两种注意的参加。倘若单凭无意注意去从事某种工作，那么，不仅工作会显得杂乱无章，缺乏计划性和目的性，而且也难以持久。同时，任何工作总会有困难或干扰，总会有单调乏味的过程，因此只有有意注意的参加，工作才能完成。然而单凭有意注意从事工作，要进行紧张的努力，付出巨大的能量，时间久了，会使人感到疲劳，因此必须有无意注意参加，工作才能持久。在人的每项具体活动中，往往既需要无意注意，也需要有意注意。

不随意注意和随意注意在活动中是可以互相转化的。例如，一个人偶尔被某种活动所吸引而去从事这种活动，后来才意识到它具有重大的意义，于是自觉地、有目的地去从事这种活动，并且在遇到困难和干扰时仍保持对该活动的注意，这就是无意注意转化为有意注意。相反，有意注意也可以转化为无意注意。例如，在刚开始做某件工作时，由于对它不熟悉，不感兴趣，往往需要一定的努力才能把自己的注意保持在这件工作上。经过一段时间后，对这件工作熟悉了，有兴趣了，就可以不需要意志努力或不要有明显的意志努力而继续保持注意，这就是有意注意转化为无意注意。但是，这种不随意注意仍然是自觉的、有目的的，只不过不需要意志努力罢了。

3）内源性注意和外源性注意

根据注意指向与集中的加工方向，可以把注意分为内源性注意和外源性注意。

内源性注意是一种自上而下的、由知觉者控制的注意,也称为目标指向控制注意。外源性注意则是一种自下而上的、自动发生的、与当前知觉目标无关的注意,称为刺激驱动注意。例如,在实验中,被试者被要求辨认出现在屏幕中央的图形时,他就会注视着屏幕中央,期待目标的出现。这种注意属于内源性注意。此时,如果在屏幕的边缘突然出现一个刺激,则该刺激会迅速、自动地引发被试者的注意,这种注意属于外源性注意。

内源性注意是根据观察者的行为目标或意图来分配注意,外源性注意是由观察者的视野外部的信息所引起的注意定向。内源性注意的发展是渐进的,一开始是宽泛的注意,然后是狭窄的集中注意。外源性注意更少受认知负荷的影响,被试者可以忽略内源性提示,但无法忽略外源性提示。外源性注意能够引起快速、狭窄的集中注意。

(3)汽车消费者的注意

从注意的定义来看,就是心理活动对一定事物的指向与集中。指向性是指心理活动在某一时刻总是有选择地朝向一定对象;集中性是指心理活动停留在一定对象上的深入加工过程。作为汽车消费者,他们在买车的时候,心理活动指向哪儿呢?以下因素,就是绝大多数汽车消费者在买车时心理活动“指向”过的“一定对象”。

1)购车目的

作为一名汽车消费者,首先要弄清楚自己为什么要买车。原因一般有3种:一是用在自己上下班代步、家庭旅游上,这就要考虑实用性、经济性;二是用在工作(生意)、上下班代步上,这既要考虑便利,又要考虑“面子”;三是纯粹用在生意上,这就是纯粹的“面子”问题。

2)品牌因素

买车要看品牌,因为品牌所代表的是企业的实力,它反映了这家企业的造车历史、生产规模、生产管理、设计水平以及零部件采购等诸多因素。

3)综合性能

汽车的性能是许多购车者非常看重的,要综合考虑汽车的性能。有些性能之间还是相互矛盾的。总的来看,汽车的性能有“几性”:动力性、舒适性、稳定性、操控性、经济性、安全性。强调动力性了,就要费油,经济性就差;强调舒适性了,空间大了,阻力也就大了,稳定性就差;强调经济性了,其他几性就跟不上了。

4)购车时机

在各厂家竞相降价时买?还是“买涨不买跌”?年初买,还是年底买?自己攒足了钱买,还是贷款买?这些问题必须事先想好,免得买了车又后悔。其实,购车时机要是选好了,能省许多钱,还能节省等待的时间,提前享受有车一族的生活。

5)汽车费用

汽车费用包括买车本身的花费、上保险等各项手续的花费、每年养车的花费、性价比问题,等等。因此,买个什么价位的车、上哪些保险、汽油的价格、买一款新推出的车是否性价比不高等,这些问题都要考虑。汽车费用是绝大多数购车者的注意所“指向”的主要对象之一。

6)内外因素

在购买新车时,消费者除了考虑上述因素外,对车的内部和外部都要仔细观察,以免留下遗憾。车的外部,主要看漆,看漆的均匀薄厚,然后还要看车身表面是否有凹陷与划痕,再看看后备箱里的备件是否齐备。车的内部,看仪表盘上是否缺少部件,看里程表是否为零公里,听听发动机是否有异常响声与噪声,等等。

学习任务2.2　汽车消费者的情绪情感过程

2.2.1　情绪、情感的概念

情绪和情感是人对客观事物是否符合自己的需要而产生的内心体验，是人脑对客观事物与人的需要的对应状态的反映。

怎么理解这个概念？

第一，情绪、情感的定义也是符合心理学两大基本规律的，即是人脑的机能，是客观现实的反映。

第二，情绪、情感是人的内心体验。

第三，情绪、情感的产生与人的需要的满足状态有直接联系。

2.2.2　情绪、情感的关系

(1)两者的区别

情绪的主要特点：外显性、冲动性、短暂性、情境性。

情感的主要特点：含蓄性、稳定性、持久性、深刻性。

(2)两者的联系

稳定的情感产生于情绪，又以情绪的形式表达出来；情绪的变化反映情感的深度，情绪的发生又蕴涵着情感；情绪是情感的外在表现，情感是情绪的本质内容。在每个人身上，它们是相互依存，融为一体的。

2.2.3　情绪、情感的基本特性

情绪、情感的基本特性，就是它的两极性。

情绪、情感不同于其他心理过程的一个重要性质是其两极性，即人的多种多样的情绪、情感都可找到与其恰好相反的情绪、情感。这些对立的情绪、情感形成两极，用3个维度研究分析情绪，那就是积极和消极、强度、紧张度。

(1)积极和消极

从愉快到不愉快。每种情绪都可从非常愉快—愉快——般—不愉快—非常不愉快这一连续体中找到位置。情绪的积极与否取决于个体需要的满足程度，只要满足个体的需要，就会产生愉快、积极的情绪，反之，则会产生不愉快的消极情绪。

(2)强度

从激动到平静。任何情绪、情感都有从弱到强的等级变化。

(3)紧张度

从紧张到轻松。紧张情绪常发生在人活动最关键的时刻。紧张的程度既取决于当时情境的紧迫性，也取决于人的应变能力及心理的准备状态。通常，紧张状态能导致人积极的行动，但过度紧张也会使人不知所措，甚至使人的精神瓦解、行动停止。

2.2.4 情绪、情感的种类

(1)情绪的种类

根据情绪发生的强度、持续时间和紧张度,可以将情绪分为心境、激情和应激。

1)心境

心境是一种比较微弱而持久的情绪状态。

心境也称为心情,如心情舒畅或忧郁,平静或烦躁等。心境具有渲染性和弥散性,它不是指向某一特定对象,而是在某一时段内,作为人的情绪的总背景将人的言行举止、心理活动都染上相应的情绪色彩,如愉快、喜悦的心境,往往使人感到"山笑水笑人欢笑",悲伤的心情又会使人垂泪伤心。所谓"忧者见之则忧,喜者见之则喜",就是指人的心境。一般说来,心境持续的时间较长,有时持续几小时,有时可能几周、几个月或更长时间。这主要取决于引起心境的各种刺激的特点和个性差异。

引起心境的原因是多方面的,如工作的成败、生活的顺逆、人际关系的好坏、个人健康及自然环境的变化,以及过去的片断回忆等都可能导致人的不同心境,而情绪中的认知因素则是心境持续的主要原因。我们的思想通过对各种引起我们情绪体验的刺激进行评价和鉴定而产生情绪。如果对某种产生情绪的刺激过于强调,这种强调的结果就可能导致某种心境。比如,个体失败后若能认识到失败的原因并知道应该继续努力,其失望情绪会很快消失。但如果太强调这次失败,把它看成是一次不可饶恕的错误,那么其失望情绪就会持续,使他处于一种不愉快的心境之中。愉快的心境也一样,主要是由我们的认知因素所决定的。

心境对人的生活、工作、学习和健康都有很大的影响。首先,心境影响个体的动机。一个人心境好的时候,他将对事物有积极的态度,对工作有较大的兴趣。我们常说,一个人心境不好,不想吃饭,不愿意跟别人说话,什么事都不想干,凡事感到枯燥乏味。也就是说,在心境不好的时候,一个人的各种积极的动机都是很低的。其次,心境影响人们记忆的选择性。我们常有这样的经验,即心情不好的时候,往往会回忆起不愉快的事情,而心情好的时候,往往会回忆起愉快的事情。再次,心境也影响利他行为。在日常生活中,我们可看到各种利他行为,比如,你的自行车坏了,有人主动帮助你把它修好;在陌生的地方有人主动为你带路;学校中成绩好的学生帮助后进的学生温习功课;为社会福利募捐,等等。国外有些研究试图找出心境与利他行为之间的关系。艾森曾做过这方面的实验研究,他指出,处于好心境中的人比处于坏心境中的人更愿意帮助别人。

保持良好心境的主要条件是:消除过重的自私心理,保持适度的名利欲望,建立积极的认知模式,建立良好的人际关系,善于宽容别人和自己,学会宣泄不良情绪。

2)激情

激情是一种迅速强烈地爆发而时间短暂的情绪状态,如狂喜、绝望、暴怒等。

激情具有爆发性和冲动性的特点,即激情产生的过程十分猛烈,强度很大,并使人体内部突然发生剧烈的生理变化,有明显的外部表现,如咬牙切齿、面红耳赤、拍案叫骂、捶胸顿足等,有时还会出现痉挛性的动作或言语紊乱。同时,当个体处于激情状态时,往往会失去意志力对行为的控制,有一种情不自禁、身不由己的感受。

激情常常是由对个体具有重大意义的强烈刺激或突如其来的意外事件所引起的,此外,过度的抑制或兴奋,相互对立的意向或愿望的冲突也容易产生激情。

激情有积极的和消极的两种。消极的激情常常对机体活动具有抑制作用，或引起过分的冲动，做出不适当的行为。积极的激情往往与冷静的理智和坚强的意志相联系，成为激发人正确行动的巨大动力。例如，在战场上为保卫祖国领土，为战友复仇所激起的对敌人怒不可遏的仇恨，会激励战士英勇杀敌。在重大的国际比赛中，为祖国争光所激起的拼搏精神，会激励运动员们克服重重难关去夺取金牌。在这些激情状态中，饱含着爱国主义、集体主义、英雄主义的情感，都是积极的激情状态。

控制激情的方法是：激情爆发前，尽量将注意转移到无关的行为上去；在激情状态中，在做或说某件事时尽量使自己的行为平缓、镇定下来。例如，合理释放、转移环境、言语宽慰等都是较好的调节方式。像找人谈心、痛哭、喊叫，可以释放怒气和怨气；下棋、散步、听音乐等可以转移当时的状态，减弱激情爆发的程度和注意力，因此，不能以激情爆发为由替自己的错误开脱。当然，控制和调节激情的最可靠的办法还在于端正自己的认知，加强自身修养和加强意志品质的锻炼。

3）应激

应激是由出乎意料的紧急状况引起的高度紧张的情绪状态。

人在突如其来或十分危急的情况下，在必须迅速果断地作出反应的时刻往往会出现应激状态。例如，司机遇到险情，人们遇到突然发生的水灾、火灾、地震等自然灾害时，刹那间人的身心都处于高度紧张状态，这时，人所产生的特殊、紧张的情绪体验就是应激状态。

应激具有超压性和超负荷性，即个体在应激状态中常常会在心理上感受到超乎寻常的压力，在生理上承受超乎平常的负荷，以充分调动体内各种机能资源去应付紧急、重大的变故。

应激的产生与个体面临的情境及其对自己能力的估计有关。当新异的情境对个体提出的要求是其从未经历过的、与以往的经验不一致，且意识到已有的经验难以应付当前情境而感觉无能为力时，就会处于应激状态。

人处在应激状态下，可能会有两种表现：一种是动员身体各种潜能，使活动积极起来，表现为情急生智、沉着果断，思维特别清晰、明确，以致能超乎寻常地应对危急局面；另一种是使活动抑制或完全紊乱，处于惊慌失措，甚至发生临时性休克的境地。应激状态中，人的行为究竟如何表现，取决于个体的适应能力、个性特征、知识经验，特别是意识水平。只要有意识地提高思想觉悟，注意在实践中锻炼，人们的应激水平就能逐渐得到提高。

应激的积极状态是可以训练的。通过训练，可以培养思维的敏捷性，提高意志的果断性，增强动作的灵活性，强化技能的熟练性，提高在意外情境下的决策水平，这样，碰到新的变故时便能当机立断，摆脱困难，转危为安，如军人的实战训练、学生的模拟考试等，目的都在于促成应激状态下的积极反应。

（2）情感的种类

情感是与人的社会性需要相联系的体验。情感的种类繁多，它渗透到社会生活的各个领域，按情感的社会内容可将其分为道德感、理智感、美感。

1）道德感

道德感是个体根据社会道德行为准则评价别人或自己的言行时所产生的情感体验。它是客观现实与主体的道德需要之间的关系在人脑中的反映。如果自己的思想、意图、行为举止符合社会公认的行为标准，就会产生愉快、满意、自豪等情感体验，会感到心安理得；反之，则感到自责、羞愧、痛苦不堪。当别人的言行符合这些准则时，就会产生爱慕、崇敬、钦佩等情感；反之,则感到厌恶、蔑视、愤怒等。因此,道德感也是对比自己和他人的言行是否符合道德需要所产生的情感。

道德感是在人的社会实践中形成与发展的,也受到社会历史条件的制约。由于不同的阶级、社会、历史时期有着不同的道德行为准则,因而也就有不同的道德感。一个人的信念、理想、世界观在人的道德感中起着决定性的作用。道德感的内容非常丰富,主要包括爱国主义与国际主义情感,集体主义情感,对公共事业的责任感、义务感,同事间的友谊感、同情感,以及正义感、是非感等。

2)理智感

理智感是在智力活动过程中,人的认识和追求真理的需要是否得到满足而产生的情感体验。它与能否满足人的求知欲、认识兴趣、解决问题的需要相联系。对新奇事物所产生的好奇心、力求认识某事物的求知欲、遇到与某种规律相矛盾的事实产生的疑惑感或惊讶感、解决了难题或有了新发现的喜悦感,以及对真理的热爱、对偏见和谬误的鄙视、憎恨等,都是理智感。

理智感是人认识世界和改造世界的动力之一,它在认识过程中产生与发展并推动人的认识进一步深入。只有在人的思想中渗透着深厚的情感时,才能激励积极的思考与探索的欲望。伟大的波兰科学家哥白尼说,他对天文的深思产生于"不可思议的情感的高涨和鼓舞"。这种情感就是在他观察和探索天体的奥秘时产生的理智感,也正是这种情感推动他创立了"日心"说。因此,理智感是激励人的智力活动的重要心理条件之一。

学生的理智感主要表现在对他们所学课程的兴趣、喜爱和好奇心上,并以此体验到获得知识的乐趣,这种对科学知识喜好的情感,是在学习过程中经常获得愉快的体验中逐渐形成与发展起来的。心理学的实验表明,当学生经过努力,成绩有所提高时,经常受到称赞与表扬会使他们更热爱学习,如果经常受到批评与惩罚,就会使他们感到失败和不愉快,甚至厌恶或放弃学习。因此,为了唤起学生对科学的热爱,在学生学习的过程中,教师应满腔热情地鼓励和满足他们的求知欲和探求真理的意向,尽量避免使他们产生不愉快的体验。

3)美感

美感是人的审美需要得到满足时产生的情感体验,这种体验是个人根据所掌握的美的标准评价客观事物时产生的。美感可以由自然景物、社会生活及艺术作品等引起。例如,秀丽的山水、绚丽的色彩、名胜古迹、历史文物、艺术珍品等都能引起人们的美感,在社会生活中,淳朴、真诚的人际关系,自我牺牲、舍己为公的良好道德品质和行为也能使人产生美的体验。总之,凡是符合人们美的需要的一切对象都能引起人的美感。

美感总是由一定对象引起的。引起美感的可以是事物的外部特点,如颜色、形状等,也可以是事物的内容。电影或文学作品《巴黎圣母院》中的神甫、军官,他们表面上衣冠楚楚,道貌岸然,但却是假、恶、丑的化身;而面貌丑陋、衣衫褴褛的敲钟人,却是品德高尚,真、善、美的代表。这说明,美感发生的源泉,并不只限于事物的外部特点,起决定作用的应是事物的内容。同时,形式上的美应当服从于内容上的美。因此,一个人的真挚、诚实和助人为乐会给人以美感,身残心不残的人也会给人以美感,如中国第一届达人秀冠军无臂小伙子刘伟,这是形式美和内容美的统一。

美感具有社会性和民族性。不同时代、不同社会制度和不同民族,对客观事物美的评价往往具有不同的标准,因而,对美的体验也会不相同。一般说来,不涉及阶级利害关系的自然现象,如体形的健美、绚丽的花卉、优雅的音韵、宏伟的建筑等都可能引起人们共同的美感;而和阶级利害关系相联系的美的感受和体验,却有明显的阶级差异。

2.2.5　情绪、情感的作用

人的情绪、情感有4大作用:认知形成、身心健康、人际关系、工作效率。

(1)情绪、情感左右认知形成

我们常说,认知是基础,情感是关键,没有认知,就不会有情感。但已经形成了的情感,却能左右人的认知。比如,孝敬父母是一种观念,是一种认知;爱父母是一种情感。尊敬父母,这对孩子来说,是一种最起码的认知,这也是爱父母的前提。只有孩子知道为什么要尊敬自己的父母了,他才能自然地、顺理成章地爱他的父母。当然,一旦爱父母的情感形成、稳定、积淀,那么这种对父母深深的情感反过来会左右人的认知。其他事情也是如此。对他人、对群体、对企业、对社会、对民族、对国家等来说,都是一个道理。

(2)情绪、情感制约身心健康

临床医学证明:人的许多生理上的疾病,都与人的情绪有直接关系。威胁人类健康的4大杀手:高血压、冠心病、糖尿病、癌症,都与人的情绪有关。有些人本来血压很正常,但是经过一个阶段的情绪紧张,血压肯定上去;不少人心脏向来很好,但由于一些事情的发生引起了情绪的波动,而且时间很长,那就保证不了心脏的健康了;有糖尿病的人都知道,只要情绪不稳,血糖肯定上去;癌症就更不用说了,有高达72%的癌症患者是由于情绪消极而患病。

生理上如此,心理上也是这样。当人的情绪、情感有问题的时候,他的心理肯定也有问题。马斯洛曾经说过:"爱的匮乏会导致疾病。越来越多的证据证实了充满感情的童年与健康的成年之间的联系。可以作这样的概括:爱对于人类的健康发展是一种基本需要。""对于一个不曾得到足够的爱的儿童,显然最好的办法是极度抚爱他,把爱洒遍他全身。"因此,情绪情感(爱)制约着人的身心健康,甚至是人的寿命。

(3)情绪、情感影响人际关系

某种意义上说,人与人之间的情感好,他们的人际关系就好。相反,情绪、情感不好的两个人,想搞好关系也很难。从营销的角度讲,我们要求营销人员"带着情感去营销",就是要让他们以积极的情绪、情感去感染消费者,去感化他们"戒备"的心,去融化他们坚硬的"防线",去同化他们的情绪、情感,最终,让他们的理念与我们同步,让他们的希望圆满实现。基于这一点,我们还要求营销人员不要把消极的情绪带到工作中来,不要让不和谐的音符影响到营销这一"交响乐"的演奏。

(4)情绪、情感控制工作效率

每个人都有这样的感受:心情好的时候,干活也利索,不知不觉中就干完了;心情差的时候,手脚也不听使唤,活就是干不完。其实,各行各业都是如此。如果是一线工人,情绪不好还有可能出事故,轻则出废品,重则危及人的生命安全。汽车营销也是这样,在其他条件差不多的情况下,情绪好的销售顾问可能销售量比较可观。

2.2.6　影响情绪情感的因素

影响人的情绪的因素主要有家庭生活、健康情况、经济情况、工作情况、夫妻关系、子女情况、房子情况等。

(1)家庭生活

本来,家庭生活应当包括很多内容,为了阐述方便起见,有些内容单独列出来谈。这里的家庭生活,主要指家务活、开门“七件事”。其实,家务活说起来也就是洗衣、做饭、收拾屋子。

(2)健康情况

应当说,人的健康状况是非常影响情绪的。人自己如果有了疾病,会影响他整天或几天的情绪;妻子、孩子、老人的健康出了问题,也会影响他的情绪。有些时候,有些同学、同事的健康状况有问题,也要影响到自己的情绪。因此,健康状况与人的情绪是密不可分的。健康状况良好,心情就好;否则,就会忧郁、烦恼、焦虑。

(3)经济情况

经济状况,在这里主要指经济收入与物价。客观地说,最近几年来,物价在不断上涨,尤其是涉及居民生活的必需品,如大米、豆油、蛋奶、肉类,“涨势”惊人。一个家庭经济状况不好,肯定要影响到家人的情绪。

(4)工作情况

人的工作情况也要影响到情绪。工作紧,任务重,人有情绪;工作任务分配不均,人有情绪;工作后人们的所得不一样,更影响到人的情绪。对于那些目前还在为找一份工作而四处奔波的人来说,这件事本身就已经影响到了他的情绪。这阵子网络上很火的那首《春天里》,两个农民工的歌声打动了许多网民。有些人从来就不愁工作的事,可真就有那么一些人,简直被工作的事愁坏了。

(5)夫妻关系

托尔斯泰有句名言:“幸福的家庭都是相似的,不幸的家庭各有各的不幸”。仿造这句话,我们也可以说:结婚的理由都是相似的,而离婚的理由各有各的不同。不管什么理由,离婚是要影响人的情绪的,不仅仅是大人的情绪,更主要是孩子的情绪,离婚很可能造成孩子的人格缺陷。

(6)子女情况

一个孩子从出生到结婚,得花多少钱?有人说,那要看这个孩子所生活的家庭处在哪个层面上。一般地,从孩子出生,到大学毕业,得20万元。大城市、沿海发达地区,可能翻一番还不够。

子女的教育是个更大的问题。在教育子女的问题上,家庭之间差距很大。民主的方法也好,专制的方法也罢,总还要管孩子,比那放任自流、撒手不管的强。“留守儿童”问题,主要是撒手不管。其实那些家长是近视眼,光顾着挣钱,不顾孩子。等钱有了,孩子也完了。城市里的孩子也不是什么事没有,而是各有各的问题。那些染上网瘾的、早恋的、抽烟喝酒的、打架闹事的、吸毒的孩子,每个学校都有。这些孩子让学校和老师头痛,在这些孩子的家里,什么时候会有笑声?

(7)物价问题

应当说,物价问题是个敏感问题,它是涉及民生的大问题。这里,我们只从物价对老百姓情绪的影响的角度分析问题。物价总是不断上涨,而工作“岿然不动”,这的确要影响人们的情绪。物价下降,即使不涨工资,老百姓也高兴。民众过日子,天天要消费,如果商品的价格不断看涨,势必会影响到他们的心情。

(8)服务问题

这个服务,是个大概念。它不仅仅是第三产业的那个服务,还包括政府机关、公务员的服务,各级领导的服务。

在这里,我们只从汽车售后服务中存在的问题看消费者的情绪。应当说,谁买辆车也不容易。买了没多久,就老出问题,送去修,没几天又出问题。这样的质量,这样的服务,哪个客户还能有好情绪?服务中的以次充好,乱收费,不开收据等问题,真真切切地影响着一大批汽车消费者的情绪。这个问题,应当引起各家4S店的足够重视。

2.2.7 影响汽车消费者的情绪和情感的因素

分析消费者情绪、情感的思路应当是:首先,他们是人,人的需要他们都有。其次,他们是消费者,消费者的需要他们都具备。再次,他们是特殊的消费者——汽车消费者。他们的情绪与情感应当与车(价格、性能)、买车(服务)有直接关系,与消费者自身的因素有直接关系。

(1)4S店的环境因素

首先,是4S店的选址。店址既不能太偏远,也不能太中心。太偏远了,购车的人不方便去;太中心了,地价又太高,寸土寸金销售成本过高。很重要的一点是,所选地址要在主要干道临街门面旁。

其次,4S店内的小环境也非常重要。一是温度,过冷了令人情绪低落,过热了又令人烦躁,适宜温度为20~22 ℃。二是音乐,轻松优美的背景音乐能让人流连忘返,并在潜移默化中影响人的心境。当然要考虑音乐的内容、音量、节奏、音响的质量等因素。三是色彩。暖色调能够使人情绪兴奋,消费者的行为在兴奋的情绪支配下比较容易进行;而冷色调则能够抑制人的情绪兴奋,不利于消费行为的进行。四是空间,4S店空间不能太小,小了会使人们产生拥挤感。

(2)汽车因素

消费者最终还是要通过商品来满足需要。汽车消费者就要通过汽车来满足自己的需要。影响汽车消费者情绪、情感变化的主要商品因素有:汽车广告、汽车造型、汽车性能、汽车质量、汽车价格等。在这里,后3个因素更突出些。价格问题还稍好些,讨价还价之后,最终,以双方都能接受的价格成交,价格问题就解决了。可要是汽车质量问题,问题就比较严重了,如果解决不好,势必会影响人的情绪。

(3)服务因素

应当说,这是汽车消费者最头痛的事。这方面的问题,我们在电视新闻里,在报纸上,在网络中,已经屡见不鲜了。有些消费者,买了车,不久就出现这样或那样的问题。其实就是质量问题。但如果4S店推来推去,解决问题不能让消费者满意的话,那得罪了一个人,其实就是得罪了250人,因为他身后,还有同学、朋友、同事、亲属,等等。

(4)汽车消费者自身因素

由于汽车消费者个人的兴趣、爱好不同,来4S店自然会有不同的情感体验。这种情感体验要受他们个人经历、教育程度、年龄、性别、性格、气质等因素的制约。比如,胆汁质的消费者走进4S店,说话快、走路快、嗓门大、性子急,容易"沾火就着";多血质的消费者热情、爱说话、好交际、自来熟;黏液质的消费者说话少、走路慢而稳、沉着冷静、控制语言和情绪的能力极强;抑郁质的消费者多疑敏感、多愁善感、腼腆孤僻。

学习任务2.3 汽车消费者的意志过程

意志是人自觉地确定目的,并支配行动,克服困难,实现目的的心理过程。即人的思维过程见之于行动的心理过程。无意识的本能活动、盲目的冲动或一些习惯动作都不含有或很少有意志的成分。

2.3.1 消费者意志过程的含义

消费者意志过程就是消费者在购买活动中有目的地、自觉地支配和调节自己的行动,克服各种困难,实现既定的购买目标的心理过程。

2.3.2 汽车消费者意志过程的基本特征

在消费者意志过程中具有两个主要特征:一是有目的的心理活动;二是有克服困难的心理活动。

(1)有明确的购买目的

消费者的意志是在有目的的行动中表现出来的,这个目的是自觉的、有意识的。有的消费者省吃俭用就是为了购买盼望已久的耐用消费品;有的消费者为了满足集邮的爱好,而把大部分工资用于购买邮票;准备结婚的青年男女大量购买结婚用品等。这些购买行为预先有明确的购买目的,并有计划地根据购买目的去支配和调节自己的购买行动,以期实现购买目的。

(2)克服困难的过程

消费者的意志行动是有明确的目的的,而目的确定和实现,是会遇到种种困难的。克服困难的过程就是消费者的意志行动过程。例如,在挑选商品时,面对几种自己都喜爱的商品,或遇到较高档的商品,但经济条件又不允许,或者自己对商品的内在质量难以判断,就会导致购买信心不足。这时必须考虑选择和重新物色购买目标,或者克服经济上的困难,去实现自己的购买目的。当消费者选择到满意的大件商品,又遇到商店不送货上门时,就要考虑解决运输问题。总之,消费者的意志过程总是与克服困难相联系的。

2.3.3 汽车消费者意志过程阶段

(1)采取决定阶段

采取决定阶段是意志行动的开始阶段,它决定着意志行动的方向和行动计划。任何消费行为都是由一定的需要、动机引起的。但在同一时间或期间内,消费者同时有多种需要,也就会同时产生多种购买动机。对于多数消费者来说,不可能在同一时间内满足所有需要,因而就会发生购买动机的冲突。意志活动的第一表现就是解决这种冲突,根据需要的重要程度和轻重缓急,确定出最主要的购买动机。消费者在购买动机确定之后,还有一个具体购买对象的确定问题。因为同类商品会有牌号、质量、档次、价格等方面的差异。消费者选择、确定购买对象的过程,就是把市场上现有的商品与自己的要求进行比较的过程。消费者购买对象确定之后,还要制订购买行动计划,保证购买目标的实现。例如,购物时间的确定,购买场所的选择,经济开支有多少,所需物品哪些先购,哪些后购,等等,这些都需要在意志活动的参与下进行。

(2)执行决定阶段

执行决定是消费者意志过程的完成阶段,它是根据既定的购买目的购买商品,把主观上的观念上的东西变为现实的购买行动的过程。在执行过程中,仍然有可能遇到种种困难和障碍。因此,执行购买决定是真正表现意志的中心环节,它不仅要求消费者克服自身的困难,还要排除外部的障碍,为实现购买目的,付出一定的意志努力。

(3)体验执行效果阶段

购买商品后,消费者在消费过程中的自我感觉和社会评价。

2.3.4 意志在汽车营销中的作用

在现实生活中,意志品质对消费者的行为方式具有重要作用。例如,在采取决定购买阶段,有时会发生激烈的思想冲突,主要表现在当消费者购买那些有异于传统观点、习惯,具有强烈时代感的商品时,常要承担很大的风险,即购买这种商品是否会遭到别人的非议。能否冲破传统观念的束缚和社会舆论的压力,常常取决于消费者的勇气和意志,而这与消费者自己的意志品质有直接关系。又如,具有意志果断性的消费者,往往能抓住时机,及时作出购买决策;而缺乏意志果断性的消费者则优柔寡断,缺乏主见,坐失良机。

典型案例

三菱汽车广告——《回家的路》

——父爱如山,更如路,永远牵引着我们向家的方向

那些在成长中渐渐被淡忘的记忆总是会在不经意间被想起,我应该感激这些记忆吧。

记得小时候家里也有一辆又大又破的自行车,那是家里唯一的交通工具。小时候我特别爱生病,小学的时候,第一次进县城就是在爸爸的自行车上,爸爸用一双又大又结实的脚板在前面用力地蹬着,那时候觉得爸爸的背真是好宽啊,以至于都遮挡了我看前面的路,不过心里是欢喜和愉悦的,对外面的世界充满了好奇。也许真是年纪太小了,以致回忆起来都是模模糊糊的,只记得那条长长的柏油路和爸爸宽大的后背。

再之后就是读初中,爸爸又用那辆自行车带我去镇上的中学,这次,我也有了一辆自己的自行车,爸爸在前面骑,我在后面紧跟着骑,第一次来镇上,第一次自己骑自行车走这么远的路,前面还有即将面对的寄宿生活,只记得当时高兴得不得了,青春的叛逆吧,终于可以离开家了,那么远的路,骑过来竟一点儿都不觉得累。

很深的一次记忆,还是那次不知道是初中几年级的暑假,放假后都要把自己被褥拿回家。从来没想过家里会来人接我,但是爸爸却来了,不知道我几点考完试,就在外面一直等着。最后等我考完都已经是下午了,爸爸却连午饭都没有吃,爸爸的胃又不好,回到家肯定饿得胃又疼了吧。后来听妈妈说,那天爸爸本来是去集上卖棉花的,没想到他却去学校接了我,连棉花都没卖。这件事使我深深地内疚着,如果当时我知道爸爸来了,哪怕是买个包子先给他吃,也不至于让爸爸挨着饿等我啊!

还有一次,是让我最心酸的一次记忆。在我即将升高中的那年暑假,正好有个亲戚在县城教高中,于是爸爸又一次骑着那辆越来越破的自行车带我去那个亲戚家,走的还是小时候的那条路,不过路已经不知道翻修过多少次了,但自行车还是那辆自行车,爸爸的背却越来越弯了,我却已经比小时候长高了也变重了。那个炎热的夏天,我的爸爸,为了他的小女儿,骑着破旧的自行车,顶着炎炎烈日去给他的一个晚辈送礼,却还要看别人的脸色。人生中我第一次看人

脸色，我不觉得怎样，心里确实深深地酸涩，这样的场景，爸爸不知经历过多少次了吧……

等我大二那年“五一”，我回家办助学贷款，爸爸又一次用那辆已经更破的自行车接我。现在再跳上那辆自行车再也不会觉得它那么大了，甚至突然觉得从前那么高大的父亲竟然变矮了？还是我长高了？春天的季节，阳光温暖，坐在父亲自行车的后座上，虽然爸爸的背再也遮挡不住我看风景了，但眼里还是忍不住湿湿的。路上碰见熟人，父亲就热情地和人打着招呼“接闺女去了？”父亲不住地笑着，招呼着。我想上大学的女儿回来了，父亲的心里应该是很开心的吧，我的心里也是开心的，真希望父亲永远都不要老去，永远都那么高大，永远都能骑自行车能驮得动我……

广告的最后，开着车的女儿含着泪看着前面蹒跚着骑车的老父亲，我的泪也跟着一直流着，但愿有一天我也能有辆自己的车，能让爸爸坐在车里看窗外的风景，不用再辛苦，也不用看别人的脸色，并且一直健健康康的……

任务工单

<table>
<tr><td rowspan="3">学习任务2
项目单元2</td><td>班级</td><td colspan="3"></td></tr>
<tr><td>姓名</td><td></td><td>学号</td><td></td></tr>
<tr><td>日期</td><td></td><td>评分</td><td></td></tr>
<tr><td colspan="5">1. 感觉的基本特征是什么？

2. 记忆的基本过程有哪些？

3. 情绪和情感有哪些不同的表现？

4. 消费者的意志过程有哪些阶段？</td></tr>
</table>

5. 实战演练

调查3位同学的手机分别属于哪个品牌？他们为什么选择使用这个品牌？

(1)同学1:品牌

选择原因:

(2)同学2:品牌

选择原因:

(3)同学3:品牌

选择原因:

(4)自己:品牌

选择原因:

单元3 汽车消费者的个性心理特征

学习目标

知识目标：掌握个性倾向性的主要构成部分在营销中的作用和应用；掌握个性心理特征主要构成部分在营销中的作用和应用；掌握消费者的自我意识、生活方式对消费行为的影响。

技能目标：能根据消费观、消费习惯来判断消费者的消费行为；能根据消费者言行举止判断其气质类型并预测购买行为；会运用自我意识的知识去分析消费者的心理与行为。

态度目标：使学生把工作内容视为自身需要，养成爱岗敬业的职业道德；使学生树立"不干则已，干就干好"的信念。

任务导入

Don't cry

小沈很偶然地打开了收音机，也很偶然地听到了这首"Don't cry"，熟悉的节奏与嘶吼，在这个夜里让他想起了那一年的冬日，这首老歌竟然帮他卖出了人生第一辆车。记得那时，小沈刚刚踏上工作岗位，有一日，前台接待员介绍了一位想买 A6L 2.4 的客户给他，并且约好了第二天来店里看车。根据接待员给出的信息，该客户姓江，现在一家影视公司工作，想在近期购买一辆新车。在对客户有了基本的了解后，小沈为与客户的第一次接触作了充分准备。

第二天，客户来到了展厅，小沈即刻上前接待。在大致了解了江先生的需求后，小沈就陪同江先生参观了新车。江先生很明显地对 A6L 的尺寸表现出了较大的兴趣。但他对加长车是否会影响操纵性表示出了怀疑。小沈作了解释，并建议他进行一次试乘试驾，江先生欣然接受了试驾。试驾时，江先生提出了试一下音响的要求。

寒冬中，小沈跑回展厅拿出了珍藏在抽屉里的那张专辑，当枪花乐队"Don't cry"的旋律响起时，小沈明显地感觉到江先生有点激动。这首歌，让江先生打开了话匣子。他年轻时也跟好友组建了一支乐队，但他们找不到属于自己的音乐。就在他们准备解散的时候，枪花乐队推出了最新专辑，主打歌就是"Don't cry"，瞬间就红遍了世界各地。而江先生他们的乐队也就是在这首歌里找到了自己的方向。

试完车的江先生还沉浸在刚才的回忆中，而江先生对车子的性能也感到非常满意。不等小沈开口，就抢先说道："小沈啊，谢谢你，你让我重新忆起了当年的岁月，当年的年少轻狂。真的很谢谢你，车子我很满意，你的服务我也感到非常满意。"

在交车的那天，小沈把那张枪花乐队的专辑送给了江先生，江先生也从此跟小沈成为了好朋友。一首歌，帮助小沈卖出了他人生中的第一辆车，4个闪亮的环，照耀着交车时小沈和江先生的笑脸。

思考题：

1. 小沈参加工作卖出的第一辆车竟然跟一首歌有关，他的成功是巧合吗？
2. 小沈送出那张专辑的同时，他得到了什么？
3. 你从本案例中，得到了哪些启发？

案例分析

小沈的成功绝非巧合与偶然。我们可以在案例中看到，接待员给了小沈有关客户的信息，客户在影视公司工作，小沈对第一次接触作了充分的准备。小沈很清楚，在影视公司工作的人，又是年轻人，不爱音乐的少。根据客户的年龄计算，客户应当是生活在"Don't cry"那个年代。因此，小沈就有针对性地作好了"充分的准备"。小沈虽然送出了那张专辑，但他却得到了友情，结识了朋友。俗话说，有舍才有得。小沈的得，远远大于他的舍。本案例给人的启发是：无论做什么工作，如果你压根就不爱这份工作，那就肯定做不好。过去总说干一行，爱一行，现在则是"爱一行，干一行"，不爱这行，就干不好这行。另外，做任何事，事先的准备工作非常重要。小沈的充分准备，使他获得了成功。

学习任务3.1 汽车消费者的个性概述

3.1.1 个性的概念

简单地说，个性就是一个人的整体精神面貌，即具有一定倾向性的心理特征总和。

个性一词最初来源于拉丁语 Personal，开始是指演员所戴的面具，后来指演员——一个具有特殊性格的人。一般来说，个性就是个性心理的简称，在西方又称为人格。

个性，在心理学中的解释是：一个区别于他人的，在不同环境中显现出来的相对稳定的影响人的外显和内隐性行为模式的心理特征总和。

由于个性结构较为复杂，因此，许多心理学者从自己研究的角度提出个性的定义，美国心理学家奥尔波特曾综述过50多个不同的定义。例如，美国心理学家吴伟士认为："人格是个体行为的全部品质。"美国人格心理学家卡特尔认为："人格是一种倾向，可借以预测一个人在给定的环境中的所作所为，它是与个体的外显与内隐行为联系在一起的。"苏联心理学家彼得罗夫斯基认为："在心理学中，个性就是指个体在对象活动和交往活动中获得的，在个体中表现社会关系水平和性质的系统的社会品质。"

就目前西方心理学界研究的情况来看，根据其内容和形式分类，人性主要有下面5种定义。

第一，列举个人特征的定义，认为个性是个人品格的各个方面，如智慧、气质、技能和德行。

第二,强调个性总体性的定义,认为个性可以解释为“一个特殊个体对其所作所为的总和”。

第三,强调适应社会、保持平衡的定义,认为个性是“个体与环境发生关系时身心属性的紧急综合”。

第四,强调个人独特性的定义,认为个性是“个人所有有别于他人的行为”。

第五,对个人行为系列的整个机能的定义。这个定义是由美国著名的个性心理学家阿尔波特提出来的,认为“个性是决定人的独特行为和思想的个人内部的身心系统的动力组织”。

目前,西方心理学界一般认为阿尔波特的个性定义比较全面地概括了个性研究的各个方面。首先,他把个性作为身心倾向、特性和反应的统一。其次,提出了个性不是固定不变的,而是不断变化和发展的。最后,强调了个性不单纯是行为和理想,而且是制约着各种活动倾向的动力系统。阿尔波特关于个性的上述定义至今仍被西方的许多心理学教科书所采用。

苏联心理学家一般是从人的精神面貌方面给个性下定义的。一部分心理学家把个性理解为具有一定倾向性的各种心理品质的总和。目前,我国的一些心理学教材也持这种观点。另一部分心理学家只从心理的差异性方面把个别心理特征理解为个性。应该说,前一种看法是比较恰当的。他们认为人的能力、气质和性格等个性特征并不孤立存在,而是在需要、动机、兴趣、信念和世界观等个性倾向的制约下构成的整体。而后一种看法过于狭窄,没有看到个性倾向在个性中的作用,没有将个性各个特征作为有机的整体看待,它显然没有揭示出个性的实质。

由于个性的复杂性,我国心理学界对个性的概念和定义尚未有一致的看法。我国第一部大型心理学词典——《心理学大词典》中的个性定义反映了多数学者的看法,即“个性,也可称人格,指一个人的整个精神面貌,即具有一定倾向性的心理特征的总和。个性结构是多层次、多侧面的,由复杂的心理特征的独特结合构成的整体。这些层次有:第一,完成某种活动的潜在可能性的特征,即能力;第二,心理活动的动力特征,即气质;第三,完成活动任务的态度和行为方式的特征,即性格;第四,活动倾向方面的特征,如动机、兴趣、理想、信念等。这些特征不是孤立存在的,是凭借错综复杂、相互联系、有机结合的一个整体对人的行为进行调节和控制的。”

也有少数学者提出将“个性”和“人格”加以区别,认为个性即个体性,指人格的独特性。人格是一个复杂的内在组织,它包括人的思想、态度、兴趣、气质、潜能、人生哲学,以及体格和生理等特点。两者并不是完全相同的,只是互相交错在一起,共同影响着人的行为,人格的形成更多是由教育决定的。

综上所述,尽管心理学家们对个性的概念和定义所表达的看法不尽相同,但其基本精神还是比较一致的,即“个性”内涵非常丰富,是人们的心理倾向、心理过程、心理特征及心理状态等综合形成的系统的心理结构。

现代心理学一般认为,个性就是个体在物质活动和交往活动中形成的具有社会意义的稳定的心理特征系统。

心理学中的个性概念与日常生活中所讲的“个性”是不同的。在日常的人际交往中,我们会发现有的人行为举止令人难以忘怀;而有的人则很难给别人留下什么印象。有的人虽只见过一面,却给别人留下长久的回忆;而有的人尽管长期与别人相处,却从未在人们的心目中掀起波澜。出现这种现象的原因就是个性在起作用。一般来说，鲜明的、独特的个性容易给人以深刻的印象，而平淡的个性则很难给人留下什么印象。

在日常生活中，人们对个性也容易产生一些误解，往往认为一个"倔强""要强""坦率""固执"的人很有个性；而"文雅""平和""斯文""柔弱"的人没有个性。这种看法是不对的，至少是不全面的。"倔强""要强""坦率""固执"是一种人在其生活、实践中经常的、带有一定倾向性的个体心理特征，是一个人区别于其他人的精神面貌。由于这种倾向的个性特征比较鲜明、独特，往往容易给人留下深刻的印象。而"文雅""平和""斯文""柔弱"是性格温和、希望与他人和睦相处的人所带有的倾向性的个体心理特征和区别于其他人的精神面貌，只不过这种倾向性的个性特征比较平淡、不鲜明，不容易给人留下深刻的印象罢了。由此可知，不管是哪一种倾向性的个性特征，不管这种特征是鲜明的还是平淡的，它都表明了一种个性。心理特征人人都有，精神面貌人人不可缺少。从这种意义上来说，世界上不存在没有个性的人。个性对于一个人的活动、生活具有直接的影响；对于一个人的命运、前途有直接的作用。

3.1.2 个性的结构

从构成方式上讲，个性其实是一个系统，由3个子系统组成。

(1)个性倾向性

个性倾向性指人对社会环境的态度和行为的积极特征，它是推动人进行活动的动力系统，是个性结构中最活跃的因素，决定着人对周围世界的认识和态度的选择和趋向，决定人追求什么，包括需要、动机、兴趣、理想、信念、世界观等。个性倾向性是人的个性结构中最活跃的因素，它是一个人进行活动的基本动力，决定着人对现实的态度，决定着人对认识活动的对象的趋向和选择。个性倾向性是个性系统的动力结构。它较少受生理、遗传等先天因素的影响，主要是在后天的培养和社会化过程中形成的。个性倾向性中的各个成分并非孤立存在的，而是互相联系、互相影响和互相制约的。其中，需要又是个性倾向性乃至整个个性积极性的源泉，只有在需要的推动下，个性才能形成和发展。动机、兴趣和信念等都是需要的表现形式。而世界观处于最高指导地位，它指引着和制约着人的思想倾向和整个心理面貌，它是人的言行的总动力和总动机。由此可知，个性倾向性是以人的需要为基础、以世界观为指导的动力系统。

(2)个性心理特征

个性心理特征指人的多种心理特点的一种独特结合。所谓个性心理特征，就是个体在其心理活动中经常地、稳定地表现出来的特征，主要是指人的能力、气质和性格。其中，能力总是和人完成一定的活动联系在一起的，离开了具体活动既不能表现人的能力，也不能发展人的能力；气质一部分取决于先天因素，大部分取决于一个人所处的环境及后天的教育，就像各种不同阶级有着不同气质的人一样；性格指一个人对人、对己、对事物(客观现实)的基本态度及相适应的习惯化的行为方式中比较稳定、独特的心理特征的综合。气质无好坏、对错之分，而性格有。

(3)自我意识

自我意识指自己对所有属于自己身心状况的意识，包括自我认识、自我体验、自我调控等方面，如自尊心、自信心等。自我意识是个性系统的自动调节结构。有的学者还把自我意识称为自我调控系统。

个性结构的这些成分或要素又因人、时间、地点、环境的不同而互相排列组合，结果就产生了在个性特征上千差万别的人和一个人在不同的时间、地点环境中的个性特征的变化。而心理过程是个性产生的基础。

3.1.3 个性的特性

一般而言，个性具有下列特性。

(1) 个性的倾向性

个体在形成个性的过程中，时时处处都表现出每个个体对外界事物的特有的动机、愿望、定式和亲和力，从而发展为各自的态度体系和内心环境，形成了个人对人、对事、对自己的独特的行为方式和个性倾向。

(2) 个性的复杂性

个性是由多种心理现象构成的，这些心理现象有些是显而易见的，别人看得清楚，自己也觉察得很明显，如热情、健谈、直爽、脾气急躁等，有些非但别人看不清楚，就连自己也感到模模糊糊。

(3) 个性的独特性

每个人的个性都具有自己的独特性，即使是同卵双生子也同样具有其个性的独特性。

(4) 个性的积极性

个性是动力倾向系统的结构，不是被客观环境任意摆布的消极个体。个性具有积极性、能动性，并统率全部心理活动去改造客观世界和主观世界。

(5) 个性的稳定性

从表现上看，人的个性一旦形成，就具有相对稳定性。

(6) 个性的完整性

如前所述，个性是个完整的统一体。一个人的各种个性倾向、心理过程和个性心理特征都是在其标准比较一致的基础上有机地结合在一起的，绝不是偶然性的随机凑合。人是作为整体来认识世界并改造世界的。

(7) 个性的发展性

婴儿出生后并没有形成自己的个性，随着其成长，其心理不断丰富、发展、完善，逐渐形成其个性。从形式上讲，个性是心理发展的产物。

(8) 个性的社会性

个性是社会关系的客体，同时它又是一定社会关系的主体。个性是一个处于一定社会关系中的活生生的人和这个人所具有的意识。个性的社会性是个性的最本质特征。

从个性的发展性与个性的社会性来看，个性的形成一方面有赖于个人的心理发展水平，另一方面有赖于个人所处的一定的社会关系。研究人的个性问题，必须以马克思主义关于人的本质的学说为基础和出发点。马克思曾经指出："人的本质并不是单个人所固有的抽象物，实际上，它是一切社会关系的总和。"因此，只有在实践中，在人与人之间的交往中考察社会因素对人的个性形成的决定作用，才能科学地理解个性。

研究个性，就是研究人，就是研究人生。个性理论就是关于人的理论，就是关于人生的理论。人人都有个性，人人的个性都各不相同。正是这些具有千差万别个性的人组成了我们这个生动活泼、丰富多彩的大千世界和各种各样的既相互联系又相互制约的人类群体，推动着历史的前进和时代的变迁。

1)自然性与社会性

人的个性是在先天的自然素质的基础上,通过后天的学习、教育与环境的作用逐渐形成起来的。因此,个性首先具有自然性,人们与生俱来的感知器官、运动器官、神经系统和大脑在结构与机能上的一系列特点,是个性形成的物质基础与前提条件。但人的个性并非单纯自然的产物,它总是要深深地打上社会的烙印。初生的婴儿作为一个自然的实体,还谈不上有个性。个性又是在个体生活过程中逐渐形成的,它在很大程度上受社会文化、教育内容和方式的塑造。可以说,每个人的人格都打上了他所处的社会的烙印,即个体社会化的结果。正如马克思所说:"'特殊的人格'的本质不是人的胡子、血液、抽象的肉体本性,而是人的社会特质。""人的本质并不是单个人所固有的抽象物,实际上,它是一切社会关系的总和。"由此可知,个性是自然性与社会性的统一。

2)稳定性与可塑性

个性的稳定性是指个体的人格特征具有跨时间和空间的一致性。在个体生活中偶然表现出的心理特征,不能认为是一个人的个性特征。例如,一个人在某种场合偶然表现出对他人冷淡,缺乏关心,不能以此认为这个人具有自私、冷酷的个性特征。只有一贯的、在绝大多数情况下都得以表现的心理现象才是个性的反映。

在学校教育中,我们经常可以看到,每个学生都具有一些不同的、经常表现的心理特征,如有的学生关心集体,热情帮助同学,活泼开朗;有的学生对集体的事也关心,但不善言谈,稳重,踏实,埋头苦干,这不同的行为表现不仅是在班集体中,在其他场合也是如此,因此,才能把某个学生同其他学生在精神面貌上区别开,也才能预料某学生在一定情况下会有什么样的行为举止。总之,一个人的个性及其特征一旦形成,我们就可以从他儿童时期的人格特征推测其成人时期的人格特征。

尽管如此,个性(或称为人格)绝不是一成不变的。因为现实生活非常复杂,随着社会现实和生活条件、教育条件的变化,以及年龄的增长,主观的努力等,个性也可能会发生某种程度的改变。特别是在生活中经受过重大事件或挫折,往往会在其个性上留下深刻的烙印,从而使其个性发生变化,这就是个性的可塑性。当然,个性的变化比较缓慢,不可能立竿见影。

由此可知,个性既具有相对的稳定性,又有一定的可塑性。教育工作者要充分认识到这一点,履行教育职责时才能有耐心和信心。

3)独特性与共同性

个性的独特性是指人与人之间的心理和行为各不相同。因为构成个性的各种因素在每个人身上的侧重点和组合方式不同,在认识、情感、意志、能力、气质、性格等方面能反映出个人独特的一面。有的人知觉事物细致、全面,善于分析,有的人知觉事物较粗略,善于概括,有的人情感较丰富、细腻,而有的人情感较冷淡、麻木等。这如同世界上很难找到两片完全相同的叶子一样,也很难找到两个个性完全相同的人。

强调个性的独特性,并不排除个性的共同性。个性的共同性是指某一群体、某个阶级或某个民族在一定的群体环境、生活环境、自然环境中形成的共同的典型的心理特点。正是个性具有的独特性和共同性构成了一个人复杂的心理面貌。

3.1.4 影响个性形成的因素

(1)性别

每个社会都规定了男女角色的行为标准。儿童在成长过程中逐渐地获得了社会所规定和认可的男性和女性的价值、动机、性格特征、情绪反应和行为态度。这个过程也称为区分性别角色的过程或性别化的过程,它是个性社会化的重要方面。

由于社会为两性规定了行为发展标准,两性儿童就遵循着这一标准来形成和发展自己的个性特征,而许多稳定的个性特征与它们本身符合社会所需要的性别角色标准有关。如果某些个性特征与社会要求的性别角色标准发生冲突,就可能由另一些更加合乎社会要求的行为来代替。反之,某个个性特征与社会所要求的性别角色标准是一致的,那么这个个性特征就会一直被保持下去,这是性别行为发展的规律。

虽然由于社会历史和社会性质的差异,各个社会所规定的男女性别角色的标准不同,但是上述性别行为发展的规律则可通用于各个社会。即凡是与社会所要求的性别角色标准相一致的行为,若在儿童的社会实践中不断得到强化,就有可能被保持下来,成为比较稳定的个性特征,而那些与社会性别角色不相符合的行为,则因得不到强化,甚至受到谴责而可能逐渐消退。

虽然男女两性行为与特定的文化传统密切相关,但随着社会历史的变迁与生产力的发展、各民族文化的交流,社会性别行为标准会发生一定的变化,从而男女角色的个性特征也会随着社会的发展而发生变化。

(2)民族

不同民族有不同的个性,正所谓"一方水土养一方人"。而不同民族的个性又一代代被传承下来。这个传承的过程,就是每个民族的下一代的社会化过程。不同民族的孩子,他们的个性形成是与本民族的文化传统、风俗习惯分不开的,是与每个民族的文化积淀分不开的。目前,世界上有 2 000 多个民族,在每个民族特殊的文化与教育背景下,他们的儿童形成了有着本民族烙印的个性。

(3)出生环境

出生环境虽然只是儿童个性形成与发展的一个点,一个开端,但它却是非常重要的。因为除了极特殊的情况,绝大多数新生儿要在这个环境里度过童年时代。那么,这个环境里的文化因素、人际关系、人员结构等诸因素,都会对儿童的个性形成产生影响。

(4)童年及青年生活环境

许多成年人在回忆自己童年及青年生活时,有许多感慨。童年生活的确令人难忘,生活的酸甜苦辣咸五味都深深地印在每个人的心灵深处。儿童时期及青年时期的生活环境,对每个人的个性形成都是非常重要的。这个阶段对儿童个性的影响,很有可能在他们成年之后,反映在他们的家庭生活中。

(5)成年生活环境

在我国,通常所指的成人是年龄在 18 岁以上的人。成年的生活环境,主要是指大学与家庭的生活环境。如今的大学生活与 30 年前的大学生活相比有非常大的区别,主要是人们的生活方式变了,生活观念变了。

(6)父母

都说父母是孩子的第一任老师,一点儿也不假。孩子的个性往往就是在家庭日常生活中,通过父母对孩子态度的疏离或亲密，对孩子行为的赞许或责备而逐渐形成的。父母通过一定的养育态度，使孩子选择或保持了某些行为倾向，排除或改变了另一些行为倾向，这些在很多情况下都是在无意识中进行的，但是孩子却在这一过程中领悟到什么是好，什么是坏，并形成和发展了他独特的个性。父母对孩子的养育态度，大体上可以归纳为两大类：一类是爱；一类是管。

家庭环境对孩子个性的影响又可分为积极影响和消极影响。这就要涉及父母两人个性的相互影响、配合问题。首先，父母个性的和谐对孩子个性的形成、发展和丰富具有积极的促进作用。比如，父母中有一位是黄胆汁质气质，另一位是黑胆汁质或黏液质气质，这样两种个性刚好形成互补，这样的父母一唱一和，松弛有致，孩子就能从父母的言行举止中感受到家庭的魅力、生活的乐趣、人生的幽默感。生活在这类家庭中的孩子往往会形成乐观、开朗的个性。相反，若是父母的气质类型相同，发脾气时两人大动干戈，温柔起来，两人情意绵绵，家庭环境也随之形成夏日型环境：一会儿狂风暴雨，一会儿晴空万里。这样的个性组合对孩子个性的形成往往具有消极影响。他们通常对父母的行为感到不知所措，很可能使开朗、乐观的孩子会变得沉默、抑郁、苦恼、少年老成。

此外，父母对孩子个性的影响还表现在父母本身的个性影响力上。一般说来，多血质和胆汁质气质的父母比较能吸引孩子的注意力，这两种“外向型”的气质，极大地影响了孩子的说话方式和行为方式，从而使他们很容易形成类似父母的个性。如果父母性格比较沉郁，孩子在沉寂的家庭环境中找不到多少快乐，就会把目光投向外界，从周围的环境中寻找欢乐，从而丰富自己的个性内涵，使孩子形成与父母相差甚远的个性。

(7)朋友

朋友因素对人的个性的影响对大多数人来说不是主要的，但是对一部分人来说，影响却非常大。同龄人之间，彼此的影响很大，许多时候，影响就在举手投足之间，潜移默化之中。从沟通的角度来说，同龄人没有代沟这个障碍，因此，相互之间的影响是非常容易的，是无声无息的。这些影响对人的个性的形成有时是至关重要的。

影响一个人个性形成的因素有很多，据科学抽样研究表明，影响一个人的个性的最重要时期是青年时期，自古英雄出少年是有一定道理的。而影响一个人的个性的最重要的人是父母。

学习任务3.2　汽车消费者的气质特征

3.2.1　气质的概念

气质是先天的心理活动的典型而稳定的动力特征。怎么理解这一概念？

第一，气质是先天的(与日常生活里说的气质是两码事)。

第二，气质是典型的、稳定的。

第三，气质是心理活动的动力特征(强度、平衡性、灵活性)。

气质是人的个性心理特征之一，它是指在人的认识、情感、言语、行动中，心理活动发生时力量的强弱、变化的快慢和均衡程度等稳定的动力特征。主要表现在情绪体验的快慢、强弱，表现的隐显及动作的灵敏或迟钝方面，因而，它为人的全部心理活动表现染上了一层浓厚的色彩，它与日常生活中人们所说的“脾气”“性格”“性情”等含义相近。

3.2.2 气质类型理论

(1)体液说

希波克拉底是古希腊著名的医生，他认为气质的不同是由人体内不同的液体决定的。他设想人体内有血液、黏液、黄胆汁、黑胆汁4种液体，并根据这些液体在混合比例中哪一种占优势把人分为不同的气质类型：体内血液占优势属于多血质，黄胆汁占优势属于胆汁质，黏液占优势属于黏液质，黑胆汁占优势属于抑郁质。可见，他把人的气质分为多血质、胆汁质、黏液质、抑郁质4种类型。

(2)体形说

体形说由德国精神病学家克雷奇默提出。他根据对精神病患者的临床观察，认为可以按体形划分人的气质类型。根据体形特点，他把人分成3种类型，即肥满型、瘦长型、筋骨型。例如，肥满型产生躁狂气质，其行动倾向为善交际、表情活泼、热情、平易近人等；瘦长型产生分裂气质，其行动倾向为不善交际、孤僻、神经质、多思虑等；筋骨型产生黏着气质，其行动倾向为迷恋、认真、理解缓慢、行为较冲动等。他认为3种体形与不同精神病的发病率有关。

(3)激素说

激素说是生理学家柏尔曼提出的。他认为，人的气质特点与内分泌腺的活动有密切关系。此理论根据人体内哪种内分泌腺的活动占优势，把人分成甲状腺型、脑下垂体型、肾上腺分泌活动型等。例如，甲状腺型的人表现为体格健壮，感知灵敏，意志坚强，任性主观，自信心过强；脑下垂体型的人表现为性情温柔，细致忍耐，自制力强。现代生理学研究证明，从神经—体液调节来看，内分泌腺活动对气质影响是不可忽视的。但激素说过分强调了激素的重要性，从而忽视了神经系统特别是高级神经系统活动特性对气质的重要影响，有片面倾向。

(4)血型说

血型说是日本学者古川竹二等人的观点。他们认为气质是由不同血型决定的，血型有A型、B型、AB型、O型，与之相对应，气质也可分为A型、B型、AB型与O型4种。A型气质的特点是温和、老实稳妥、多疑、顺从、依赖他人、感情易冲动。B型气质的特点是感觉灵敏、镇静、不怕羞、喜社交、好管闲事。AB型气质的特点是上述两者的混合。O型气质的特点是意志坚强、好胜、霸道、喜欢指挥别人、有胆识、不愿吃亏。这种观点也是缺乏科学根据的。

(5)活动特性说

活动特性说是美国心理学家巴斯的观点。他用反映活动的特性，即活动性、情绪性、社交性和冲动性作为划分气质的指标，由此区分出4种气质类型。活动性气质的人总是抢先迎接新任务，爱活动，不知疲倦。婴儿期总是表现为手脚不停乱动，儿童期表现为在教室坐不住，成年时显露出一种强烈的事业心。情绪性气质的人觉醒程度和反应强度大。婴儿期表现为经常哭闹，儿童期表现为易激动、难于相处，成年时表现为喜怒无常。社交性气质的人渴望与他人建立密切的联系。婴儿期表现为要求母亲与熟人在身旁，孤单时好哭闹，儿童期表现为易接受教育的影响，成年时与周围人相处很融洽。冲动性气质的人缺乏抑制力。婴儿期表现为等不得母亲喂饭等，儿童期表现为经常坐立不安，注意力容易分散，成年时表现为讨厌等待，倾向于不假思索的行动。用活动特性来区分气质类型是近年来出现的一种新动向，不过活动特性的生理基础是什么，却没有揭示出来。

(6)高级神经活动类型说

俄国生理学家巴甫洛夫根据动物实验,得出了高级神经活动的3种特性,这3种基本特性是:①基本神经过程的强度,即兴奋和抑制过程的强度,大脑神经细胞经受长时间强有力的兴奋和抑制的能力。②基本神经过程的平衡性,即兴奋过程和抑制过程强度上的相互关系。③基本神经过程的灵活性,即兴奋过程和抑制过程相互交替的容易程度和速度。这3种基本特性的不同组合就构成了高级神经活动的不同类型,其中最常见的是这4种类型:①强、不平衡、兴奋过程占优势型。②强、平衡、灵活型。③强、平衡、不灵活型。④弱、抑制过程占优势型。他认为,在动物身上发现的高级神经活动的类型差异,在人类身上同样存在。上述4种高级神经活动类型分别与传统的人类4种不同气质中的胆汁质、多血质、黏液质和抑郁质相当。

3.2.3 气质类型特征

(1)胆汁质

气质特点:情绪易激动,反应迅速,行动敏捷,暴躁而有力;性急,有一种强烈而迅速燃烧的热情,不能自制;在克服困难上有坚韧不拔的劲头,但不善于考虑能否做到,工作有明显的周期性,能以极大的热情投身于事业,也准备克服且正在克服通向目标的重重困难和障碍,但当精力消耗殆尽时,便失去信心,情绪顿时转为沮丧而一事无成。

(2)多血质

气质特点:灵活性高,易于适应环境变化,善于交际,在工作和学习中精力充沛而且效率高;对什么都感兴趣,但情感兴趣易于变化;有些人投机取巧,易骄傲,受不了一成不变的生活。

(3)黏液质

气质特点:反应比较缓慢,坚持而稳健地辛勤工作;动作缓慢而沉着,能克制冲动,严格恪守既定的工作制度和生活秩序;情绪不易激动,也不易流露感情;自制力强,不爱显露自己的才能;固定性有余而灵活性不足。

(4)抑郁质

气质特点:非常感性,主观上习惯把很弱的刺激当作强作用来感受,常为微不足道的小事而动感情,行动表现迟缓,有些孤僻;遇到困难时优柔寡断,面临危险时极度恐惧。

3.2.4 气质与性格的关系

性格与气质的区别主要表现在3个方面:第一,从起源上看,气质是先天的,性格是后天的。第二,从可塑性上看,气质的可塑性小,性格的可塑性大。第三,气质所指的典型行为是它的动力特征,与行为内容无关,因此气质没有好坏之分。性格主要是指行为的内容,它表现为个体与社会环境的关系,有好坏、善恶之分。

两者的联系:第一,气质会影响个人性格的形成。第二,气质可以按照自己的动力方式渲染性格特征,从而使性格特征具有独特的色彩。第三,气质会影响性格特征的形成或改造的速度。第四,性格可以在一定程度上掩盖或改变气质,使它服从于生活实践的要求。

3.2.5 气质的意义

气质不影响活动的性质,但可以影响活动的效率。如果在学习、工作、生活中考虑到这一点,就能够有效提高自己和他人的效率。

人的气质本身无好坏之分,气质类型也无好坏之分。在评定人的气质时不能认为一种气质类型是好的,另一种气质类型是坏的。每一种气质都有积极和消极两个方面,在这种情况下可能具有积极的意义,而在另一种情况下可能具有消极的意义,如胆汁质的人可成为积极、热情的人,也可发展成为任性、粗暴、易发脾气的人;多血质的人情感丰富,工作能力强,易适应新的环境,但注意力不够集中,兴趣容易转移,无恒心等。气质相同的人可有成就的高低和善恶的区别。抑郁质的人工作中耐受能力差,容易感到疲劳,但感情比较细腻,做事审慎小心,观察力敏锐,善于察觉到别人不易察觉的细小事物。气质不能决定人们的行为,是因为人们可以自觉地去调节和控制。

气质不能决定一个人活动的社会价值和成就的高低。据研究,俄国的 4 位著名作家就是 4 种气质的代表,普希金(代表作:《上尉的女儿》)具有明显的胆汁质特征,赫尔岑(代表作:《谁之罪》)具有多血质的特征,克雷洛夫(代表作:《会模仿的猴子》)属于黏液质,而果戈理(代表作:《钦差大臣》)属于抑郁质。类型各不相同,却并不影响他们同样在文学上取得杰出的成就。气质只是属于人的各种心理品质的动力方面,它使人的心理活动染上某些独特的色彩,却并不决定一个人性格的倾向性和能力的发展水平。因此气质相同的人可以成为对社会作出重大贡献、品德高尚的人,也可以成为一事无成、品德低劣的人;可以成为先进人物,也可以成为落后人物,甚至反动人物。反之,气质极不相同的人也都可以成为品德高尚的人,成为某一职业领域的能手或专家。

气质虽然在人的实践活动中不起决定作用,但是有一定的影响。气质不仅影响活动进行的性质,而且可能影响活动的效率。例如,要求作出迅速灵活反应的工作对于多血质和胆汁质的人较为合适,而黏液质和抑郁质的人则较难适应。反之,要求持久、细致的工作对黏液质、抑郁质的人较为合适,而多血质、胆汁质的人又较难适应。在一般的学习和劳动活动中,气质的各种特性之间可以起互相补偿的作用,因此对活动效率的影响并不显著。对先进纺织工人所作的研究证明,一些看管多台机床的纺织女工属于黏液质,她们的注意力稳定,工作中很少分心,这在及时发现断头故障等方面是一种积极的特性。注意的这种稳定性补偿了她们从一台机床到另一台机床转移注意较为困难的缺陷。另一些纺织女工属于活泼型,她们的注意力比较容易从一台机床转向另一台机床,注意力易于转移就补偿了注意力易分散的缺陷。

走进 4S 店,汽车消费者们主要有 4 种类型的气质特征。

(1)胆汁质(现实生活中一般为 O 型血)

这类消费者的主要特点是:说话快,走路快,性子急,嗓门大,说话还爱以教训人的口吻说:"你知道不""你明白不"。这类人的精力充沛,好像有使不完的劲儿。他们做事容易粗枝大叶,马虎。作为 4S 店的销售顾问,只要你细心观察,就会准确地把他们从人群中区分开来。你看,他们来了:不管是几个人,首先听到的,是他的大嗓门。他们走起路来都有风。他们不但说话快,走路快,还控制不了情绪。他们在 4S 店里观察汽车,没有黏液质和抑郁质两类人那么仔细认真。

这要求营销人员在提供服务时要头脑冷静、充满自信、动作快速准确、语言简洁明了,能热情接待,态度和蔼可亲。这样会使顾客感到营业员急他所急,想他所想,全心全意地为他服务。

(2)多血质(现实生活里一般为 B 型血)

这类消费者比较外向,爱说话,好交际,适应能力强。他们比较热情,爱帮助人,走到哪儿都有说有笑。他们是到 4S 店里最爱说话和最先说话的一类人。他们也有自己的弱点,即注意力很难在一件事情上保持很长时间,多血质的情感也容易转移。多血质虽然与胆汁质都属于外向型,却不像胆汁质那么急,那么快,那么大嗓门。由于他们爱交际,适应力强,不管他们走到哪儿,都是最先适应环境的人。由于他们爱交往,他们比较容易与别人搞好关系。在4S店里,跟别人发生争执的,可能会是胆汁质的人,而一定不是他们。

这类人走进4S店,也比较容易被辨别出来。一般来说,他们话多,脸上的表情丰富,爱搭讪。主动跟营销人员打招呼的,那就得首推多血质的人了。由于注意力不那么集中,他们对车的观察不是很细致。这类人许多时候还容易优柔寡断,拿不定主意。这车买还是不买,往往最终还要听别人的。

这类人对营销人员没有特殊要求,但要求营业人员在提供服务时要热情周到,尽可能提供多种信息,为顾客当好参谋,以取得顾客的信任与好感,从而促使购买行为的顺利完成。只要营业员态度不冷淡、不恶劣就行。

(3)黏液质(现实生活中属于A型血的那类)

这类人的主要特征是:内向好静,稳重,三思后行,交际适度,克制力强。他们说话慢,走路慢,不爱说话,脸上的表情也很少。他们的弱项是:因循守旧,固执己见,爱钻牛角尖。

他们进4S店,跟平时一样,话少,他们从不主动跟营销人员搭讪,不容易受别人的影响。

这就要求营销人员在提供服务时要注意掌握“火候”,如不要过早地接触顾客,过于热情会影响顾客观察商品的情绪,也不要过早阐述自己的意见,应尽可能让顾客自己了解商品,并注意提供心理服务。

(4)抑郁质(现实生活里他们一般属于AB型血,偏A的那类)

这类人也内向,但与黏液质那种内向是截然不同的两种类型。他们腼腆孤僻,敏感多疑,不善交际,适应力差。他们感情丰富,细腻,多愁善感。

这要求营业员在提供服务时要耐心,体现出细致、体贴、周到,要熟知商品的性能、特点,及时正确地回答各种提问,增强他们购物的信心,从而促使购买行为的实现。

学习任务3.3　汽车消费者的性格特征

3.3.1　性格概述

(1)性格的概念

性格是人对现实的稳定的态度以及与之相适应的习惯化了的行为方式。

怎么理解这一概念?

第一,性格是人的态度(稳定的)。

第二,性格是人的行为方式(习惯化的)。

第三,这里的“态度”与“行为方式”相适应。

(2)性格的类型

心理学家们曾经以各自的标准和原则,对性格类型进行了分类,下面是几种有代表性的观点。

①按心理机能划分,性格可分为理智型、情感型和意志型。

②按心理活动倾向性划分,性格可分为内倾型和外倾型。

③按社会生活方式划分,性格分为理论型、经济型、社会型、审美型、宗教型。

④按个体独立性划分,性格分为独立型、顺从型、反抗型。

(3)性格的特征

1)性格的态度特征

性格的态度特征主要指的是一个人如何处理社会各方面的关系的性格特征,即他对社会、对集体、对工作、对劳动、对他人,以及对待自己的态度的性格特征。

性格的态度特征,好的表现是忠于祖国、热爱集体、关心他人、乐于助人、大公无私、正直、诚恳、文明礼貌、勤劳节俭、认真负责、谦虚谨慎,等等;不好的表现是没有民族气节、对集体和他人漠不关心、自私自利、损人利己、奸诈狡猾、蛮横粗暴、懒惰挥霍、敷衍了事、不负责任、狂妄自大,等等。

2)性格的意志特征

性格的意志特征指的是一个人对自己的行为自觉地进行调节的特征。

良好的意志特征是有远大理想、行动有计划、独立自主、不受别人左右,果断、勇敢、坚韧不拔、有毅力、自制力强;不良的意志特征是鼠目寸光、盲目性强、随大流、易受暗示、优柔寡断、放任自流或固执己见、怯懦、任性,等等。

3)性格的情绪特征

性格的情绪特征指的是一个人的情绪对他的活动的影响,以及他对自己情绪的控制能力。良好的情绪特征表现为善于控制自己的情绪。情绪稳定,会常常处于积极乐观的心境状态。不良的情绪特征是事无大小都容易引起情绪反应,而且情绪对身体、工作和生活的影响较大,意志对情绪的控制能力又比较薄弱。情绪波动,心境较容易消极悲观。

4)性格的理智特征

性格的理智特征是指一个人在认知活动中的性格特征,如认知活动中的独立性和依存性。独立性者能根据自己的任务和兴趣主动地进行观察,善于独立思考;依存性者则容易受到无关因素的干扰,愿意借用现成的答案。再如想象中的现实性。有人现实感强,有人则富于幻想。还有思维活动的精确性。有人能深思熟虑,看问题全面,有人则缺乏主见,人云亦云或钻牛角尖等。

(4)性格的形成

1)生理因素

性格的形成与发展有其生物学的根源。遗传素质是性格形成的自然基础,它为性格形成与发展提供了可能性。具体表现在4个方面。

第一,相貌、身高、体重等生理特征。一个人会因受到社会文化对自己这些方面的评价与自我意识的作用,影响到其自信心、自尊感等性格特征的形成。

第二,生理成熟的早晚也会影响性格的形成。一般地,早熟的学生爱社交,责任感强,较遵守学校的规章制度,容易给人良好的印象;晚熟的学生往往凭借自我态度和感情行事,责任感较差,不太遵守校规,很少考虑社会准则。

第三,某些神经系统的遗传特性也会影响特定性格的形成,这种影响表现为或起加速作用或起延缓作用。这在气质与性格的相互作用中可以得到印证:活泼型的人比抑制型的人更容易形成热情大方的性格;在不利的客观情况下,抑制型的人比活泼型的人更容易形成胆怯和懦弱的性格特征,而在顺利的条件下,活泼型的人比抑制型的人更容易成为勇敢者。

第四,性别差异对人类性格的影响也有明显的作用。一般认为,男性比女性在性格上更具有独立性、自主性、攻击性、支配性,并有强烈的竞争意识,敢于冒险;女性则比男性更具依赖性,较易被说服,做事有分寸,具有较强的忍耐性。

2)家庭环境

家庭因素对性格的形成与发展有重要的影响。家庭是儿童出生后接触到的最初的教育场所,家庭所处的经济地位和政治地位、家长的教育观念和教育水平、家长的教育态度与教育方式、家庭的气氛、儿童在家庭中扮演的角色与所处的地位等,都对儿童性格的形成有非常重要的影响。从这个意义上讲,“家庭是制造性格的工厂”,体现在以下3个方面。

①家庭气氛与父母的文化程度对儿童性格的影响。家庭成员之间特别是父母之间的相互关系处理得好与坏,会直接影响儿童性格的形成。一般来讲,家庭成员之间和睦、宁静、愉快的关系所营造的家庭气氛对儿童的性格有积极的影响;家庭成员之间相互猜疑、争吵、极不和睦的关系所造成的家庭紧张气氛,尤其是父母离异的家庭对儿童性格有消极的影响。大量研究表明,离异家庭的儿童比完整家庭的儿童更多地表现出孤僻、冷淡、冲动、好说谎、恐惧、焦虑甚至反社会等不良的性格特征。

②家长的教育观念、教育态度与方式的影响。家长的教育观念是指家长对家庭教育的作用与在家教问题上所承担的角色与职能的认识的教育观,家长对儿童的权利与义务、地位及对子女发展规律的看法的儿童观,家长在子女成才问题上的价值取向的人才观,以及家长对自己同子女有什么样的关系的看法的亲子观。研究发现,家长教育观念的正确与否,决定家长对儿童采取何种教育态度与方式,而家长的教育态度与方式又直接影响着儿童的发展,特别是性格的形成与发展。有许多心理学家对父母的教养态度与方式对子女性格的影响进行了研究,其结果表明,在父母不同的教育态度与方式下成长的儿童,其性格特点有明显的差异。

③儿童在家庭中的地位与角色的影响。儿童在家庭中所处的地位及扮演的角色也会影响其性格的形成与发展,如父母对子女不公平时,受偏爱的一方可能有扬扬自得、高傲的表现,受冷落的一方则容易嫉妒、自卑。艾森伯格研究认为,长子或独生子比中间的孩子或最小的孩子具有更多的优越感。孩子在家庭中越受重视,其性格发展越倾向自信、独立、优越感强。如果其地位发生变化,原有的性格特征往往会随之产生不同程度的变化。苏联一位心理学家对同卵双生的姐妹进行研究,发现姐姐处事果断、主动勇敢,妹妹较为顺从、被动。经了解,在这对双胞胎出生后,她们的祖母指定一个为姐姐,一个为妹妹。从童年时起,姐姐就担当起保护、照顾妹妹的责任,因此形成了前面所说的性格特征,而妹妹由于被照顾和保护,就形成了依赖、顺从的性格特征。

目前,我国独生子女在儿童总数中占大多数,独生子女在家庭中有着特殊的地位,扮演着特殊的角色,家长在教育态度与方式上稍有放纵或不一致就很容易造成子女性格上的不良后果。现在,独生子女的教育问题已引起教育界的关注,并成为人们探讨的热门话题。

3)学校环境

首先是班集体的影响:学校的基本组织是班集体,班集体的特点、要求、舆论、评价对学生都是一种无形的巨大的教育力量。在教师的指导下,优秀的班集体会以它正确而又明确的目的、对班集体成员严格而又合理的要求,以及自身强大的吸引力感染着集体成员,充分调动所有成员的主动性、自觉性,从而促进学生良好性格的形成。与此同时,学生在集体中通过参加学习，劳动及各种文艺、体育及兴趣小组等活动，通过同学之间的交往，增强了责任感、义务感、集体荣誉感，学会了互相帮助、团结友爱、尊重他人、遵守纪律，也培养了乐观、坚强、勇敢、向上等优秀品质。优秀的班集体不仅可以促进学生良好性格的形成，还可以使学生一些不良的性格特征得以改变。日本心理学家岛真夫曾挑选出在班集体里地位较低的8名学生担任班级干部，并指导他们工作。一学期后，岛真夫发现他们在学生中的地位发生了很大变化，表现得自信、有责任心，整个班级的风气也有所改变。

其次是教师的性格、态度与师生关系的影响：教师在学生性格的形成与发展中所起的作用是至关重要的，特别是对小学生来说，其影响更为显著。教师的性格往往在他们的性格上打下深深的烙印。教师的性格是暴躁还是安静，兴趣是广泛还是狭窄，意志坚强还是薄弱，情绪高昂还是悲观低落，办事果断还是优柔寡断等，教师的这些心理品质对学生性格会产生积极或消极的影响。

教师对学生的态度、师生关系也会直接影响学生的性格。有人曾把教师的态度分为3种，即放任型、专制型、民主型。

放任型：表现为不控制学生的行为，不指导学生学习。学生则表现为无集体意识、无团体目标、纪律性差、不合作。

专制型：表现为包办学生的一切学习活动，全凭个人的好恶对学生赞誉、贬损。学生则表现为情绪紧张、冷漠、具有攻击性、自制力差。

民主型：表现为尊重学生的自尊心和人格。学生则表现为情绪稳定、态度积极友好、开朗坦诚、有领导能力。

可见，教师在学生中是很具有权威性的，教师是学生学习、效仿的榜样，其言传身教对学生性格特征的发展是潜移默化的，作用是不可估量的。

另外，学校如忽视对学生思想品德的教育或采取一些违反教育原则的教育方式与方法，如体罚、不尊重学生等，或学校与家长的教育不一致，就会使学生形成不良的性格。现实生活中是不乏其例的，对此必须引起重视。

总之，学校教育对学生性格的影响是方方面面的，主要是通过学校的传统与校风，教师的性格、态度与行为，师生关系，学生所在班集体，同学之间的关系，学校组织的团队活动、体育活动、课外活动等渠道实现的。

4）社会因素

社会因素对学生性格的影响主要通过社会的风尚、大众传媒等得以实现，如电脑、电视、电影、报纸杂志、文学作品等。电视对儿童性格的影响是巨大的。美国的心理学家在1971年进行的实验证明，电视节目里的许多攻击性行为对年幼无知的孩子的行为发展影响很大。实验是这样的：让一组8～9岁的儿童每天花一些时间看具有攻击性行为的卡通节目；而另一组儿童则在同样长的时间里观看没有攻击性行为的卡通节目。在实验中，同时对这两组儿童所表现出的攻击性行为加以细致的观察记录。结果发现，观看含攻击性行为的卡通节目的儿童，其攻击性行为增多；但是，那些看不含攻击性行为的卡通节目的儿童，在行为上却没有改变。经过10年的追踪研究发现，以前参与观看含攻击性行为节目的男性，即使到了19岁，仍然比较具有攻击性，只是女性没有这种相关现象存在。

随着信息时代的到来，通过因特网传播的各种信息会对儿童性格的形成产生正面或负面影响，而且其影响是广泛而深刻的。这给教育工作者提出了新的研究课题，即如何引导、教育学生正确选择、利用网上信息，提高抵制不健康信息的能力。此外，报纸杂志、文艺作品中的典型人物或英雄榜样也会激起学生丰富的情感和想象，引起效仿的意象，从而影响其性格的形成与发展。

5）自我教育

自我教育是良好性格形成与发展的内在动力。人与动物最本质的区别就是人有主观能动性，有自我调控能力，因此每个人都可以通过自我教育塑造自己良好的性格。俄国伟大的教育家乌申斯基认为，人的自我教育是性格形成的基本条件之一，因为一切外来的影响都要通过自我调节起作用。从这个意义上讲，每个人都在塑造自己的性格。

在儿童成长过程中，自我意识明显影响着性格的形成。儿童把自己从客观环境中区分出来是性格形成的开始。从此，就开始了自己教育自己、自己塑造自己的努力，当然，这种努力是在成人的指导、帮助下实现的。随着儿童自我意识的发展，这种自我教育、自我塑造的力量越来越强。儿童的性格形成也就从被控者变为自我控制者，而且也就能产生一种“自我锻炼”的独特动机。因此，教育者要鼓励和指导学生自我意识的发展，创造各种机会，加强他们自身性格的锻炼与修养。

（5）性格的意义

1）性格对学习的意义

性格属于非智力因素，但它对智力因素的发展所起的作用不可低估。自尊心、自信心、好胜心与责任心属于性格因素，它们与成功密不可分：自尊心是成功的起点，自信心是成功的秘诀，好胜心是成功的动力，责任心是成功的保证。

2）性格对生活的意义

性格对生活有着不可替代的作用。夫妻性格如果不和，很难生活到一起；即便生活在一起，也会经常发生矛盾。父母与孩子的性格不合，也很难发挥教育的作用。

3）性格对工作的意义

不同性格的人，完成工作的方式方法不尽相同；不同性格的人，在处理工作中的人际关系时，也会有不同的角度。从旁观者的角度看，有的人，干起工作来得心应手，有条不紊，顺理成章，一气呵成；而有的人，则是没有头绪，无章可循。

4）性格对健康的意义

美国杜克大学医学中心博伊尔教授与其同事对性格与健康的关系进行了研究，认为性格对健康的影响很大。他们特别指出6种性格对健康的影响是致命的。一是“厚颜无耻”。这种人是前期心血管和糖尿病的高发人士。二是“漫无目标”。生活没有目标，寿命就会缩短。三是“神经质”。这种人往往把不足挂齿的小事耿耿于怀，很容易英年早逝。四是“杂乱无章”。据统计，生活规律者的生命比行事冲动、缺乏规律者长4年。五是“郁郁寡欢”。这种人很容易出现高血压。六是“无法放松”。长期处于高压状态下容易导致死亡，这类人首先会出现血压异常，心脏出毛病，抵抗力下降，容易感冒。

3.3.2　汽车消费者的性格特征

（1）汽车消费者的态度特征

汽车消费者的态度特征，体现在他们对社会、对集体、对工作、对劳动、对他人、对自己等各个方面。在对社会方面，他们很清楚他们的消费（购买汽车的行为）就是对社会的贡献，正是由于许许多多汽车消费者的购买行为,才支持了汽车企业的生产,也支持了国家的税收。在对集体方面,自己买了车,以后集体里有什么事,自己也能尽一份力。在对工作和劳动方面,自己买了车,更能保证上班不迟到。在对他人方面,有了车,谁家有个事,能很方便地去帮忙。在对自己方面,买车可以使自己和全家人更好地享受生活。

(2)汽车消费者的情绪特征

一般来说,汽车消费者控制情绪的能力还是可以的,情绪对他们的购买行为虽然有影响,但还能控制。他们不是心血来潮,脑子一热,就去买车,过后又后悔。如果在4S店,他们没有受到不良情绪的刺激,一般不会改变主意,会完成购买行为。这就给营销人员提出了一个问题:怎样做,才能不使消费者产生消极情绪,从而失去了一次良好的销售机会;怎样做,才能使消费者产生积极的情绪,从而促成购买行为,实现销售任务。

(3)汽车消费者的意志特征

汽车购买者的行为,一般都是有计划的,是独立自主的,不受别人左右的。他们去4S店,很少一个人去,很多时候是一家人,或者跟几个朋友、同事去。营销人员要想左右他们,最终促成购买行为,是要下一番功夫的。

(4)汽车购买者的理智特征

在购买汽车的认知活动中,他们一般表现为主动观察,而不是被动接受;在思考问题时,他们是先分析,再综合;在感知方面,他们是快速感知汽车的全貌,再精细感知某一部分;在记忆方面,他们更多的是主动记忆、形象记忆;在思维方面,他们是主动思维与被动思维兼而有之,以主动为主,独立思考与依赖他人兼而有之,以独立思考为主。

学习任务3.4　汽车消费者的能力特征

3.4.1　能力的概述

(1)能力的概念

能力是直接影响活动效率,使活动顺利完成的个性心理特征。怎么理解这一概念?

第一,能力与活动紧密相连。离开了具体活动既不能表现人的能力,也不能发展人的能力。

第二,能力直接影响活动效率。一般地说,效率与能力是成正比的。

第三,能力属于个性心理特征。个性心理特征包括能力、性格、气质。这三者相互联系、相互影响、相互作用。

(2)能力的种类

1)一般能力和特殊能力

一般能力是指观察、记忆、思维、想象等能力,通常也称为智力。它是人们完成任何活动都不可缺少的,是能力中最主要且最一般的部分。特殊能力是指人们从事特殊职业或专业需要的能力。例如,音乐中所需要的听觉表象能力。人们从事任何一项专业性活动既需要一般能力,也需要特殊能力。两者的发展也是相互促进的。

2）晶体能力和流体能力

晶体能力是以学得的经验为基础的认知能力，如人类的语言文字能力、判断力、联想力等，与流体能力相对应。晶体能力受后天的经验影响较大，主要表现为运用已有知识和技能去吸收新知识和解决新问题的能力，这些能力不随年龄的增长而减退，只是某些技能在新的社会条件下变得无用了。流体能力指基本心理过程的能力，它随年龄的衰老而减退。晶体能力在人的一生中一直在发展，它与教育、文化有关，并不因年龄增长而降低，只是到25岁以后，发展的速度渐趋平缓。

3）模仿能力和创造能力

模仿能力是指通过观察别人的行为、活动来学习各种知识，然后以相同的方式作出反应的能力，而创造力则是指产生新思想和新产品的能力。

能力与大脑的机能有关，它主要侧重于实践活动中的表现，即顺利地完成一定活动所具备的稳定的个性心理特征；能力是运用智力、知识、技能的过程中，经过反复训练而获得的。能力是人依靠自我的智力和知识、技能等去认识和改造世界所表现出来的心身能量。各种能力的有机结合，起质的变化的能力称为才能。才能的高度发展，创造性地完成任务的能力称为天才。

4）认识能力、操作能力和社交能力

能力按照它的功能可划分为认知能力、操作能力和社交能力。

①认知能力。认知能力指接收、加工、储存和应用信息的能力，它是人们成功地完成活动最重要的心理条件。知觉、记忆、注意、思维和想象的能力都被认为是认知能力。美国心理学家加涅提出3种认知能力：言语信息（回答世界是什么的问题的能力）、智慧技能（回答为什么和怎么办的问题的能力）、认知策略（有意识地调节与监控自己的认知加工过程的能力）。

②操作能力。操作能力指操纵、制作和运动的能力。劳动能力、艺术表现能力、体育运动能力、实验操作能力都被认为是操作能力。操作能力是在操作技能的基础上发展起来的，它又成为顺利地掌握操作技能的重要条件。

认知能力和操作能力紧密地联系着。认知能力中必然有操作能力，操作能力中也一定有认知能力。

③社交能力。社交能力指人们在社会交往活动中所表现出来的能力。组织管理能力、言语感染能力等都被认为是社交能力。在社交能力中包含有认知能力和操作能力。

3.4.2　汽车消费者的能力

（1）消费者的能力

消费能力是指直接决定消费活动的有无、效率和质量，使消费活动得以顺利进行的能力。怎么理解这一概念？

第一，消费能力直接决定消费活动的有无。这其实说的是购买力的问题。你想买一辆车，可是没钱，或者钱不够，那买车这一消费活动对于你来说就不可能产生。

第二，消费能力还决定消费活动的效率和质量，这是指买得快不快，买得好不好，会不会买的问题。

第三，消费能力影响消费活动的顺利进行。消费能力差，消费活动就不那么顺利；消费能力强，消费活动就能得以顺利进行。

(2)汽车消费者的消费能力

1)汽车消费者的购买力

我国绝大多数汽车消费者买车不用贷款。他们或者全部用自己的钱,或者向亲戚朋友少借点,就能完成买车的任务。

2)汽车消费者的买车能力

买车的人对车的价格、品牌、性能、服务、广告等,可能知道的不是很多,这就需要4S店里的销售顾问恰到好处地向他们介绍他们需要的车型及新品车的情况,并要弄清楚他们要买的车的价位,买车的用途,最强调的配置、功能,等等。这里的关键,是弄清他们的需要,因为这是消费者消费行为的起点、动力、归宿。

典型案例

上汽O2O电商平台上线　实现线上卖车及服务

2015年3月27日,由上汽集团打造的中国汽车市场首个OTO电子商务平台"车享平台"(www.chexiang.com)宣布正式上线。上汽集团领导、整车厂、经销商代表和广大关注车享平台的用户共同见证车享网上线、车享汇启动仪式。

作为国内汽车企业O2O业务的先行者,上汽整合了旗下各大品牌及数千家经销商网络。据介绍,"车享平台"将通过线上线下无缝对接的电子商务模式,为用户提供一站式解决方案,100%品质保证及全方位的汽车生活服务。首批进驻"车享平台"的有上汽集团乘用车品牌荣威(微博)、MG(微博)、别克、雪佛兰、凯迪拉克、大众、斯柯达、宝骏和上汽集团商用车品牌上汽大通。同时,选择上海、南京、杭州、苏州、宁波、天津、成都、深圳8个城市超过120家经销商率先试点。而此次与车享网同步启动的"车享汇",是上汽旗下各整车厂品牌俱乐部的会员联盟合作载体。通过与整车厂、经销商伙伴及其他汽车服务提供商的合作,"车享汇"将开发创新型的后市场服务产品,逐步为消费者提供全方位的汽车生活服务。

在车联网热度日益高涨的背景下,上汽集团依靠超过2 000万车主用户,拥有巨大线下资源优势,这次的"OTO破局"在战略层面、在打破汽车行业固有的售卖及服务方式的方面,相当引人注目。

任务工单

<table>
<tr><td rowspan="3">学习任务3
项目单元3</td><td>班级</td><td colspan="3"></td></tr>
<tr><td>姓名</td><td></td><td>学号</td><td></td></tr>
<tr><td>日期</td><td></td><td>评分</td><td></td></tr>
<tr><td colspan="5">1.影响个性形成的因素有哪些?</td></tr>
</table>

2. 影响汽车消费者消费观的因素有哪些？

3. 汽车消费者对汽车的哪些方面感兴趣？

4. 性格形成的影响因素主要有哪些？

5. 实战演练

(1)按照以下气质类型测试表对自己的气质类型进行测试，你测试的结果是属于什么气质类型？

(2)邀请一位你最信任的同学或朋友对你的气质进行评价，他认为你属于何种气质类型？

(3)以上测评与朋友的评价是否一致？如有差距，你认为产生差距的原因是什么？

气质类型测试量表

指导语：下面这些问题都和你在学校、在家里的行为有关，请你回忆自己过去半年以来的表现，与下面的102种情形比较一下，每题后面有5个数字，它们的意思是：

“1”表示该题所说情况与你自己完全不符合；

“2”表示该题所说情况与你自己情况的符合程度是20%～30%；

“3”表示该题所说情况与你自己情况的符合程度是50%左右；

“4”表示该题所说情况与你自己情况的符合程度是70%～80%；

“5”表示该题所说情况与你自己情况的符合程度是100%。

请你根据这个标准，在每题后面选择一个数字，用一个圆圈把它圈起来。

	完全不符合				完全符合
1. 遇到可气的事就怒气冲天,想把心里话全说出来。	1	2	3	4	5
2 到一个新环境很快能适应。	1	2	3	4	5
3. 做事力求稳妥,不做无把握的事。	1	2	3	4	5
4. 讨厌那些强烈的刺激,如尖叫、噪声和危险镜头等。	1	2	3	4	5
5. 和别人争吵时爱先发制人,喜欢挑衅。	1	2	3	4	5
6. 善于和人们交往。	1	2	3	4	5
7. 喜欢安宁的环境。	1	2	3	4	5
8. 遇到陌生人感到拘谨。	1	2	3	4	5
9. 羡慕那些善于克制自己感情的人。	1	2	3	4	5
10. 感兴趣的事情干起来劲头十足,否则就不想干。	1	2	3	4	5
11. 生活有规律,很少违反作息制度。	1	2	3	4	5
12. 遇到问题优柔寡断,举棋不定。	1	2	3	4	5
13. 做事有旺盛的精力。	1	2	3	4	5
14. 在人群中不觉得拘谨。	1	2	3	4	5
15. 遇到生气的事能很好地克制自己。	1	2	3	4	5
16. 遇到危险情况感到非常恐惧。	1	2	3	4	5
17. 情绪高干什么都有趣,情绪低干什么都没劲。	1	2	3	4	5
18. 理解问题比别人快。	1	2	3	4	5
19. 能控制自己的感情,不发脾气。	1	2	3	4	5
20. 一点小事就引起情绪波动。	1	2	3	4	5
21. 对学习、工作有热情。	1	2	3	4	5
22. 讨厌那些需要耐心、细致的工作。	1	2	3	4	5
23. 能长时间做枯燥、单调的工作。	1	2	3	4	5
24. 爱看感情细腻、描写人物内心活动的文学作品。	1	2	3	4	5
25. 喜欢参加气氛热烈的活动。	1	2	3	4	5
26. 做事不沉着,缺乏耐性。	1	2	3	4	5
27. 走到哪里都能遵守纪律。	1	2	3	4	5
28. 经常感到闷闷不乐。	1	2	3	4	5

	完全 不符合				完全 符合
29. 喜欢坦率、大声地和别人谈话,不喜欢窃窃私语。	1	2	3	4	5
30. 疲倦时只要短时间休息就能恢复过来。	1	2	3	4	5
31. 不喜欢长时间谈论一个问题,喜欢动手干。	1	2	3	4	5
32. 心里有事宁愿自己想,不愿说出来。	1	2	3	4	5
33. 认准一个目标就希望尽快实现,不达目的不罢休。	1	2	3	4	5
34. 能很快地忘掉那些不愉快的事情。	1	2	3	4	5
35. 理解问题比别人慢。	1	2	3	4	5
36. 学习、工作一段时间后比别人更疲倦。	1	2	3	4	5
37. 做事有些莽撞,不考虑后果。	1	2	3	4	5
38 喜欢讲笑话和滑稽有趣的事。	1	2	3	4	5
39. 老师讲新课时,希望他讲慢些,多重复几遍。	1	2	3	4	5
40. 做事情比别人花的时间多。	1	2	3	4	5
41. 喜欢运动量大的剧烈体育文娱活动。	1	2	3	4	5
42. 能同时注意几个事物。	1	2	3	4	5
43. 能很快地把注意力从一件事转移到另一件事。	1	2	3	4	5
44. 对不愉快的事情总是忘不掉。	1	2	3	4	5
45. 是个勇敢而精力充沛的人。	1	2	3	4	5
46. 愿做变化大、花样多的数学习题。	1	2	3	4	5
47. 认为墨守成规比冒风险强。	1	2	3	4	5
48. 喜欢复习学过的知识,重复做已经掌握的工作。	1	2	3	4	5
49. 喜欢参加各种活动并在活动中当“头儿”。	1	2	3	4	5
50. 情绪经常是乐观、开朗的。	1	2	3	4	5
51. 对学习一向持认真严谨、始终一贯的态度。	1	2	3	4	5
52. 是个腼腆、害羞、爱脸红的人。	1	2	3	4	5
53. 无意中常常出语伤人。	1	2	3	4	5
54. 假如学习枯燥无味,马上就情绪低落。	1	2	3	4	5
55. 做事善始善终。	1	2	3	4	5
56. 遇事常常感到惊慌失措。	1	2	3	4	5
57. 遇到兴奋的事,比别人更容易失眠。	1	2	3	4	5
58. 反应敏捷,头脑机智。	1	2	3	4	5
59. 喜欢不太复杂但推理严密的数学题。	1	2	3	4	5
60. 老师讲新概念常听不懂,但懂了以后很难忘记。	1	2	3	4	5

记分方法

1. 把 60 题的得分填入表 1

表 1　气质量表记分表

气质类型	题号和得分															总分
胆汁质	1	5	9	13	17	21	25	29	33	37	41	45	49	53	57	
多血质	2	6	10	14	18	22	26	30	34	38	42	46	50	54	58	
黏液质	3	7	11	15	19	23	27	31	35	39	43	47	51	55	59	
抑郁质	4	8	12	16	20	24	28	32	36	40	44	48	52	56	60	

2. 量表的常模

在每个人身上都可能表现出 4 种气质类型的某些特征，这 4 种类型是不能截然分开的，实际上，从巴甫洛夫对 4 种神经类型的特点描述中也可看出，4 种类型之间有某种程度的互相交叉。因此，我们不能说，“某个人绝对属于某种气质类型”，我们只能说，某个人在 4 种气质类型的某一种或某两种上面表现比较突出，比较明显。

根据这一原则以及我们对 2 466 名大、中、小学生的测试，得出以下的常模（表 2）：

表 2　气质量表常模

气质类型		很不明显	比较不明显	中等	比较明显	很明显胆
胆汁质	男	15 ~ 40	41 ~ 47	48 ~ 54	55 ~ 61	62 ~ 75
	女	15 ~ 41	42 ~ 47	48 ~ 54	55 ~ 60	61 ~ 75
多血质	男	15 ~ 37	38 ~ 44	45 ~ 52	53 ~ 59	60 ~ 75
	女	15 ~ 37	38 ~ 44	45 ~ 52	53 ~ 59	60 ~ 75
黏液质	男	15 ~ 42	43 ~ 48	49 ~ 55	56 ~ 61	62 ~ 75
	女	15 ~ 41	42 ~ 47	48 ~ 54	55 ~ 60	61 ~ 75
抑郁质	男	15 ~ 43	44 ~ 49	50 ~ 56	57 ~ 62	63 ~ 75
	女	15 ~ 44	45 ~ 50	51 ~ 56	57 ~ 62	63 ~ 75

3. 根据常模对受测者得分的评价

每个受测者都可以得到 4 个分数，即胆汁质分数、多血质分数、黏液质分数和抑郁质分数。如果这 4 个分数中，有一个达到了“比较明显”或“很明显”水平，而其他 3 个分数都未达到这个水平，就可以说，他的气质类型在第一个类型上比较突出。如我们样本中的 303 号被试（男，18 岁），4 个得分分别是胆汁质 44 分，多血质 40 分，黏液质 43 分，抑郁质 58 分，前 3 个得分都处于“比较不明显”水平，而抑郁质得分处于“比较明显”水平，因此他的抑郁质特点最为突出。

如果受测者在两种类型上的得分都达到了“比较明显”或“很明显”水平，另外两种类型上的得分未达到“比较明显”或“很明显”水平，则可以说他的气质属于两种类型的混合型。较常见的混合型有：胆汁质—多血质混合型，胆汁质—抑郁质混合型，多血质—黏液质混合型和黏液质—抑郁质混合型，多血质—抑郁质混合型比较少见。如我们样本中的498号被试（女，17岁），胆汁质得分60（比较明显），多血质得分48（中等），黏液质得分54（中等），抑郁质得分57（比较明显），可以认为她属于胆汁质和抑郁质的混合型，但胆汁质特征稍明显。

如果受测者的4个分数都没有达到“比较明显”或“很明显”水平，但是有3种类型的得分都达到了“很不明显”或“比较不明显”水平，第四种达到了“中等”水平，我们也可以认为他属于第四种类型。

如果受测者的4个得分都处于“比较明显”及“很明显”水平，或者4个得分都达到“中等”水平，而且4个得分的绝对值差别很小（不超过4分），一般情况下，其原因是受测者本人错误地报告，他应该认真地重新填写每题的得分，或者由他周围的、熟悉他的人帮助他判断。如一个被试（837号，女，18岁）胆汁质得分45（比较不明显），多血质得分49（中等），黏液质得分48（中等），抑郁质得分49（中等），我们就很难判断她属于哪种类型，一般来说这样的填写是无效的。

单元 4 汽车消费者的购买过程心理活动

学习目标

知识目标：明确需要、动机是人们购买行为的根源和动力；掌握马斯洛的需要层次理论，掌握基本动机的主要类型，掌握消费者购买行为过程。

技能目标：会运用层次理论分析现实社会中人们的需要状况；能正确判断人们的当前需要；能把消费者的基本动机归类。

态度目标：使学生处理好自己的需要与企业的需要的关系；使学生能理解别人的正当、合理的需要。

任务导入

阿雯选车的故事

阿雯是上海购车潮中的一位普通的上班族，35 岁，月收入万元。以下真实地记录了在 2004 年 4 月至 7 月间，她在购车决策过程中如何受到各种信息的影响。阿雯周边的朋友与同事纷纷加入了购车者的队伍，看他们在私家车里享受如水的音乐而不必用力抗拒公车的拥挤与嘈杂，阿雯不觉开始动心。另外，她工作地点离家较远，加上交通拥挤，来回花在路上的时间有近 3 h，她的购车动机越来越强烈。只是这时候的阿雯对车一无所知，除了坐车的体验，除了直觉上喜欢漂亮的白色、流畅的车型和几盏大而亮的灯。

初识爱车

阿雯是在上司的鼓动下上驾校学车的。在驾校学车时，未来将购什么样的车不知不觉成为几位学车者的共同话题。

"我拿到驾照，就去买一部 1.4 自排的波罗。"一位 MBA 同学对波罗情有独钟。虽然阿雯也蛮喜欢这一款小车的外形，但她怎么也接受不了自己会同样购一款波罗，因为阿雯有坐波罗 1.4 的体验，那一次是 4 个女生（在读 MBA 同学）上完课，一起坐辆小波罗出去吃中午饭，回校时车从徐家汇汇金广场的地下车库开出，上坡时不得不关闭了空调才爬上高高的坡，想起爬个坡都要关上空调实实在在地阻碍了阿雯对波罗的热情，虽然有不少人认为波罗是女性的首选车型。

问问驾校的师傅吧。师傅总归是驾车方面的专家，"宝来，是不错的车"，问周边人的用车体会,包括朋友的朋友,都反馈过来这样的信息:在差不多的价位上,开一段时间,还是德国车不错,宝来好。阿雯的上司恰恰是宝来车主,阿雯尚无体验驾驶宝来的乐趣,但后排的拥挤却已先入为主了。想到自己的先生人高马大,宝来的后座不觉成了胸口的痛。如果有别的合适的车,宝来仅会成为候选吧。

不久,一位与阿雯差不多年龄的女邻居,在小区门口新开的一家海南马自达专卖店里买了一辆福美来,便自然地向阿雯作了“详细介绍”。阿雯很快去了家门口的专卖店,她被展厅里的车所吸引,销售员热情有加,特别是有这么一句话深深地打动了她:“福美来各个方面都很周全,反正在这个价位里别的车有的配置福美来都会有,只会更多。”此时的阿雯还不会在意动力、排量、油箱容量等抽象的数据,直觉上清清爽爽的配置,配合销售人员正对阿雯心怀的介绍,令阿雯在这一刻已锁定海南马自达了。乐颠颠地拿着一堆资料回去,福美来成了阿雯心中的首选。银色而端正的车体在阿雯的心中晃啊晃。

亲密接触

阿雯回家征求先生的意见。先生说,为什么放着那么多上海大众和通用公司的品牌不买,偏偏要买“海南货”?它在上海的维修和服务网点是否完善?两个问题马上动摇了阿雯当初的方案。

阿雯不死心,便想问问周边驾车的同事对福美来的看法。“福美来还可以,但是日本车的车壳太薄”,宝来车主因其自身多年的驾车经验,他的一番话还是对阿雯有说服力的。阿雯有无所适从的感觉。好在一介书生的直觉让阿雯关心起了精致的汽车杂志,随着阅读的试车报告越来越多,阿雯开始明确自己的目标了,8万至15万的价位,众多品牌的车开始进入阿雯的视野。此时的阿雯已开始对各个车的生产厂家,每个生产厂家生产哪几种品牌,同一品牌的不同的发动机的排量与车的配置,基本的价格都已如数家珍。上海通用的别克凯越与别克赛欧、上海大众的超越者、一汽大众的宝来、北京现代的伊兰特、广州本田的飞度1.5、神龙汽车的爱丽舍、东风日产的尼桑阳光、海南马自达的福美来、天津丰田的威驰,各款车携着各自的风情,在马路上或飞驰或被拥堵的时时刻刻,向阿雯亮着自己的神采,阿雯常用的文件夹开始附上了各款车的排量、最大功率、最大扭矩、极速、市场参考价等一行行数据,甚至于4S店的配件价格。经过反复比较,阿雯开始锁定别克凯越和本田飞度。

特别是别克凯越,简直是一款无懈可击的靓车啊!同事A此阶段也正准备买车,别克凯越也是首选。阿雯开始频频地进入别克凯越的车友论坛,并与在上海通用汽车集团工作的同学B联系。从同学的口里,阿雯增强了对别克凯越的信心,也知道了近期已另有两位同学拿到了牌照。但不幸的是,随着对别克凯越论坛的熟悉,阿雯很快发现,费油是别克凯越的最大缺陷,想着几乎是飞度两倍的油耗,在将来拥有车的时时刻刻要为这油耗花钱,阿雯的心思便又活了。还有飞度呢,精巧、独特、省油,新推出1.5 VTEC发动机的强劲动力,活灵活现的试车报告,令人忍不住想说就是它了。何况在论坛里发现飞度除了因是日本车系而受到抨击外没有明显的缺陷。正巧这一阶段广州本田推出了广本飞度的广告,阿雯精心地收集着有关广本飞度的每一个文字,甚至于致电广本飞度的上海4S店,追问其配件价格。维修成员极耐心的回答令飞度的印象分又一次得到了增加。

到此时,阿雯对电视里各种煽情的汽车广告却没有多少印象。由于工作、读书和家务的关系,她实在没有多少时间坐在电视机前。而地铁里的各式广告,按道理是天天看得到,但受上下班拥挤的人群的影响,阿雯实在是没有心情去欣赏。

只是纸上得来终觉浅,周边各款车的直接用车体验对阿雯有着一言九鼎的说服力,阿雯开始致电各款车的车主了。

朋友 C 已购了别克凯越，问及行车感受，说很好，凯越是款好车，值得购买。

同学 D 已购了别克赛欧，是阿雯曾经心仪的 SRV，质朴而舒适的感觉，阿雯常常觉得宛如一件居家舒适的棉质恤衫，同学说空调很好的呀，但空调开后感觉动力不足。

朋友 E 已购了飞度(1.3)，她说飞度轻巧，省油，但好像车身太薄，不小心用钥匙一划便是一道印痕，有一次去装点东西感觉像“小人搬大东西”。

周边桑塔纳的车主、波罗的车主，等等，都成为阿雯的“采访”对象。

花落谁家

阿雯的梦中有一辆车，漂亮的白色、流畅的车型、大而亮的灯，安静地立在阿雯的面前，等着阿雯坐进去。但究竟花落谁家呢？阿雯自己的心里知道，她已有了一个缩小了的备选品牌范围。但究竟要买哪一辆车，这个“谜底”不再遥远……

思考题

1. 根据消费者介入度与购买决策分类理论，阿雯选车是属于哪一类购买决策？为什么？

2. 试运用消费者决策过程的 5 阶段模型分析阿雯选车所经历的相关阶段。

案例分析

阿雯的消费决策属于复杂性的购买决策。因为阿雯买车属于初次选购价格昂贵、购买次数较少的、冒风险的和高度自我表现的商品，她对于该商品的性质、行情都不熟悉。选购的时候品牌差异性较大，介入程度较高，需要收集大量的信息加以整合，并经过认真的学习，产生对这一产品的信念，形成对品牌的认识，才能作出慎重的选择。

阿雯在学车的时候有了对买车的需求，而且，一起学的同事对买车的热情也激起了阿雯对买车的兴趣。在这个过程中，处于决策的第一阶段，需求认知。信息的收集和处理：阿雯周边的邻居、同事们对其所拥有的车的见解与评价，加上驾校师傅的经验信息，以及阿雯在汽车 4S 店里询问的各种和汽车有关的配置数据使得阿雯对汽车有了一定的了解。不仅如此，阿雯还关注了很多汽车的广告、杂志，等等；评价与选择：一开始，阿雯想要波罗的车，但因为车的排量太小，以至于上个坡都要关空调，打消了她对波罗的热情。了解到宝来车的后座空间较小，考虑到丈夫的因素，宝来也被删掉了。当阿雯兴致勃勃地想买福美来时，又被丈夫的质疑和邻居反映的情况打消了念头。对车有了系统的认识后，阿雯又对各种牌子车的车款进行了解，把价位定在 8 万～15 万元，作出了一个属性筛选的模式。

从阿雯的决策类型和购买方式来看，阿雯是属于一般性的计划购买，她的购买因素受到产品的本质与质量、定价、消费者的知识等因素的影响。

学习任务 4.1　汽车消费者的需要

4.1.1　需要概述

(1)需要的概念

需要是人脑对内外环境的客观需求的反映，是人脑对生理需求和社会需求的反映。它既是一种主观状态，也是一种客观需求的反映。

怎么理解需要的概念?

①需要也是符合心理学两大基本规律的:是人脑的反映,是客观现实的主观反映。

②需要的产生离不开两个条件:一是主体内部的缺乏感;二是客观环境的刺激。

③需要既是客观的,又是主观的。说它是客观的,是说需要的满足离不开客观条件,需要产生的两个条件之一,也来自客观,即客观刺激。说它是主观的,是说需要在每个人身上的表现不同,即“缺乏感”不同。有的人强烈些,有的人一般化;有的人能忍耐,有的人却忍耐不了。

(2)需要的特征

1)生产决定性

人的需要最终是要由生产决定的,或者说是由生产力发展水平决定的。秦皇汉武、唐宗宋祖那个时候不可能有电话,更没手机;毛泽东、朱德、周恩来那个年代也不可能有高速铁路、互联网+、GPS定位。

2)丰富性

人的需要是多方面的,丰富多彩的。人有物质需要,也有精神需要。物质需要又包括很多,精神需要同样包括很多。严格地说,光是“吃”这一条,人这辈子也吃不完所有种类的食物。

3)无限性

需要的无限性,是说人的需要是无边无际的。满足人的需要,其实只不过是相对地满足。就说钱吧,没钱的时候,心里边想,什么时候我要有1万元钱就好啦。等他有了1万元,他又会想,什么时候我有10万元才好。

4)社会性

人需要的满足,离不开社会。生理需要,衣食住行,离不开人的生产与销售;精神需要,就更离不开其他人。亲情、友情、爱情,哪一种情都离不开人,离不开社会。在唐山大地震发生后的第32年,冯小刚导演的同名电影《唐山大地震》与全国观众见面了。这部电影能够满足人们什么需要?主要还是归属与爱的需要——马斯洛第三层次的需要。其实整部电影就一个字:情。听说看了这部电影,要想不流泪,很难!

5)发展性

人的需要是发展的。满足了低层次的需要后,就会向更高层次发展。生理需要满足后,心理需要就会走到前台。当然,单说生理需要,今天的吃,与30年前的吃也有根本的不同,与30年后的吃,还是不同。时代在发展,人的需要也在发展,需要也是与时俱进的。

6)层次性

需要是分层次的。马克思那个时候,把人的需要分为两大类:物质需要和精神需要,也就是两个层次。后来,又有人把需要分为5个、7个、9个层次。但仔细分析看来,还是马斯洛的5个层次最恰当。太少了,显得笼统;太多了,显得烦琐。把手伸出来,正好5个指头,左手、右手都是,5个层次的需要,不多不少,正好可以把人类的所有需要都概括进来。其实,马斯洛的需要层次理论开始的时候,是7个层次。后来,他把“认知的需要”与“审美的需要”概括到“自我实现的需要”里面去,这样做非常恰当。

7)伸缩性

需要是可以随着客观条件的好与坏伸缩的。吃穿好一点儿,能行;吃穿差一些,也能行。20世纪60年代初,我国遇上了自然灾害,又碰上苏联让我国还债,天灾人祸,中国人都挺过来了。改革开放前,人们的衣食住行怎么样?现在又怎么样?假设现在又要遇上什么天灾人祸,中国人照样还会挺过去的,因为人的需要的满足是可以随着客观条件伸缩的。

8)周期性

人们的衣、食、住、行的满足,有一定的周期性。先说穿衣,唐装在旧中国的时候盛行过;但新中国成立后,基本上就没再流行。2001 年,上海 APEC 会议上,由中国政府给每个与会的国家领导量身定做了一件唐装,每个领导人穿起来都那么舒适、端庄、合身、大方。不久之后,整个中国,自上而下,东西南北都开始流行唐装了。穿,由最初的纯棉,到化纤,又返回到纯棉;吃,由粗粮,到细粮,又回到粗粮;住,由农村,到城市,又回到农村;行,由步行,到骑车、坐车、开车,又回到步行。

(3)需要的作用

1)需要能激励人的行为

从管理心理学的角度看,要调动人的积极性就要激励人的行为,满足人的正当的、合理的需要,这样才能产生管理者预期的行为。从消费心理学的角度看,要想使消费者产生购买行为,就要想方设法地满足他们的需要。

2)需要能保障人的健康

人的需要得到了满足,人就能健康。这里所说的健康,是身心的健康。马斯洛说过:"人的基本需要的满足,可以避免疾病,避免人性的萎缩。""如果人们的这个基本核心(基本需要)遭到否定,或者受到压抑,那么他就会得病,有时以明显的方式,有时以微妙的方式,有时马上得,有时以后得。"

3)需要能促进人的和谐

人际关系的和谐与否,跟彼此的需要是否得到了满足有直接的关系。你尊重我,我的自尊心得到了满足,给足了我面子,我就高兴,就愉悦,接下来我也会去满足你的需要。我满足了你的需要,你也高兴、愉悦,这样,彼此就和谐了。"官儿不打送礼的",那是因为这"礼"满足了他的物质需要;你称呼他的官衔儿,他心里美滋滋,因为这满足了他的尊重需要。

4)需要能提高经济效益

企业之间也好,国家之间也好,如果彼此能满足对方的需要,那么,双方的经济效益就会有所提高,甚至是很大的提高。当然,这种需要的满足是双向的,只有这样,经济效益的提高也才能是双向的。

5)需要能给人带来快乐

营销心理学的教科书里有个案例,说的是美国的一家公司的经理,开着一辆旧车去买新车。第一家经销店的服务人员可能是以衣帽取人,对其很怠慢。经理很生气,来到了第二家经销店。第二家经销店的服务人员很热情,又在交谈中得知今天是那位经理的生日,就暗中跟别的店员说了点什么。不一会儿,另一位店员手里捧着一束鲜花,走到那位顾客跟前,并说:"祝您生日快乐!"客户非常高兴,并马上决定在这家经销店买一辆新车,车的价格远远超过了原来的预期。

6)需要能使人享受幸福

幸福是什么?从一定意义上说,就是吉祥如意,心想事成。要什么,来什么;想什么,到什么,你能说不幸福吗?其实,这里的关键,在于需要的满足。老公上得厅堂,下得厨房,票子、房子、车子、儿子都有了,一个心眼儿跟老婆过日子,老婆能不幸福吗?

(4)需要的类型

①从需要的内容结构的角度,可以把需要分为物质需要与精神需要。物质需要是人对物质资料的需要,也是人的物质生活的愿望和要求,如人对衣服的需要、对房屋的需要、对劳动工具的需要,等等。精神需要是人对精神财富的需要,也是人的精神生活的愿望和要求,如对知识的需要、对美的需要、对音乐的需要、对娱乐的需要,等等。人的物质需要和精神需要都是人必不可少的需要。物质需要给人以血肉,精神需要给人以灵魂。

②从需要的存在形态的角度,可以把需要分为生存需要与发展需要(生理需要与心理需要)。生理需要是人类最原始、最基本、最迫切的需要。我们的祖先说:“食色,性也。”意思是说,食欲和性欲,是人的本性、本能。用现在的话说,生理需要就是衣、食、住、行的需要。心理需要又称为精神需要,是人的高层次需要,是人脑对社会需求的反映。人活着,除了吃喝,还要与人交往;还要有自尊心,受到别人的尊重;还要有所成就,为社会作出贡献。这些需要的满足,离不开社会。

③从需要的主体角度,可以把需要分为个体需要和群体需要(社会需要)。个体需要指的是每一个自然人的需要。前边分析的那些需要,首先存在于每一个个体身上。从哲学角度看,没有个别,就没有一般。没有个体需要,也就谈不上群体需要。要明确群体需要,首先要明确群体。群体是相对于个体而言的,但不是任何几个人就能构成群体。群体是指两个或两个以上的人,为了达到共同的目标,以一定的方式联系在一起进行活动的人群。可见,群体有其自身的特点:成员有共同的目标;成员对群体有认同感和归属感;群体内有结构,有共同的价值观等。群体需要就是以一定的方式联系在一起进行活动的人群的需要,如教师的群体需要、医生的群体需要、律师的群体需要、公务员的群体需要,等等。

(5)马斯洛的需要层次理论

马斯洛,美国人本主义心理学家。主要著作有《动机与人格》《存在心理学探索》《人性能达的境界》《妇女心理学》等。他最著名的理论当推“需要层次理论”,是在《动机与人格》一书中提出的。马斯洛在谈到人的需要的时候指出:“这是一个分层次的价值系统,存在于人性的本质之中。它们不仅是全人类都需要和渴望的,从必须用它们来避免一般疾病和心理病变的意义上来说,也是不可缺少的。”

马斯洛认为,人类有 5 种基本需要,即生理需要、安全需要、归属与爱的需要、尊重的需要、自我实现的需要。他说,生理需要在所有需要中占绝对优势,在长期得到满足时,生理需要就不再是行为的活跃的决定因素和组织者了,它们只是以潜能的方式存在。

安全需要包括安全,稳定,依赖,免受恐吓、焦躁和混乱的折磨,对体制、秩序、法律、界限的需要,对于保护者实力的要求,等等。安全需要通俗地说有 3 个内容,即人身安全、财产安全、就业安全。现在看,就业安全的问题大一些。

在谈到“归属与爱的需要”时,马斯洛指出,他一般渴望同人们有一种充满深情的关系,渴望在他的团体和家庭中有一个位置,他将为达到这个目标而作出努力。当美韩嚷嚷着要在南海军演的时候,中国政府一次次地严正表态:南海问题涉及中国的核心利益。中国的广大网民也表示了极大的愤慨。迫于官方和舆论的压力,美韩不得不改地方去军演。这个时候,作为一个中国人,都有强烈的归属感。既对于自己是中国人而感到自豪;也更加清楚一个道理:落后了就要挨打!不能总示弱!

尊重需要是第四个层次的需要。马斯洛指出,这种需要可以分为两类:第一,对于实力、成就、优势、自信、独立和自由等欲望。第二，对于名誉或威信（来自他人对自己的尊敬或尊重）的欲望。尊重的需要，大致可以分为3个方面的内容：对人的隐私的尊重，对人的劳动的尊重，对人格的尊重。如果我们真的是对人尊重，就不会出现有些娱乐记者手持相机，瞪大眼睛，等着盼着那些女明星不慎走光的意外发生；更不会有那些所谓的狗仔队专门去挖别人的隐私的事件。

自我实现的需要，是需要层次理论里最高层次的需要。“它可以归入人对于自我发挥和完成的欲望，也就是一种使他的潜力得以实现的倾向。”“在这一层次上，个人间的差异是最大的。”不少人的心态是：知足者常乐。有事做，有口饭吃，就行了，还奋斗什么。在北京，中产阶级还得奋斗25年才能买套房子，咱在自己家这儿不错啦，有套房。

怎么理解马斯洛的需要层次理论？

第一，基本需要满足的先决条件。马斯洛指出：“有一些条件是基本需要满足的前提，对于它们的威胁似乎就是对基本需要本身的威胁。它们包括言论自由，在无损于他人的前提下的行动自由、表达自由，调查研究和寻求信息的自由，防卫自由，以及集体中的正义、公平、诚实、秩序等。”这段阐述再清晰不过了。如果在我们身边，还在不断发生“打错门”，那就根本谈不上基本需要的满足。

第二，“相对满足的不同程度”。马斯洛解释说：“事实上，对于我们社会中的大多数正常人来说，其全部的基本需要部分地得到了满足，同时又在某种程度上未得到满足，要想更加真实地描述这个层次序列，就应该在这个优势层次序列中逐级减小满足的百分比。例如，满足了85%的生理需要，70%的安全需要，50%的爱的需要，40%的尊重需要，10%的自我实现需要。”

第三，需要的文化特性和普遍性。马斯洛认为，它（基本需要）比表面的意识欲望更重要、更普遍、更根本，并且更加接近人类共同的特性，基本需要与表面的欲望或行为相比更加为人类所共有。这就是说，马斯洛虽研究的是美国这样的资本主义国家，但基本需要是人类所共有的。不论你的身高、性别、年龄、肤色，也不论你身处哪个国家、哪个年代、哪种文化背景下。我们的祖先早就认识到了这一点——“食，色，性也”。

第四，“已经满足的需要的作用”。马斯洛指出，需要一旦满足，就不再起积极的决定或组织作用。“需要中的任何一个受到挫折的人完全有理由被设想成一个病人。这相当于我们把缺乏维生素或者无机物的人称为病人。”其实，这段话是以另一个角度阐述需要的作用，需要没能得到满足的危害。

第五，需要满足的程度与心理健康的程度的关系。“很明显，在其他因素相同的条件下，一个安全、归属、爱的需要得到满足的人，比安全和归属需要得到满足，但在爱的感情上遭受拒绝、挫折的人更健康。”“因此，似乎需要满足的程度与心理健康的程度有确定的联系。”其实，马斯洛的这段话，给了我们明确的结论：人的心理健康离不开需要的满足。学生的心理健康也离不开需要的满足。接下来的课题是：满足学生的哪些需要？怎么去满足？

第六，主导性需要。马斯洛指出，任何一个需要的满足后，随着它的逐渐平息，其他曾被挤到一旁的较弱的需要就登上突出的地位。需要永不停息。一个需要的满足产生另一个需要。其实，汽车的消费者也是这样。买车是他的需要；买车后的各项服务同样是他的需要。

第七，高级需要的重要性及其实现的外部条件。“高级需要的满足能引起更合意的主观效果，即更深刻的幸福感、宁静感，以及内心生活的丰富感。”“追求和满足高级需要代表了一种普遍的健康趋势，一种脱离心理病态的趋势。”“那些两种需要都得到过满足的人们通常认为高级需要比低级需要具有更大的价值。”“高级需要的追求与满足具有有益于公众和社会的效果。在一定程度上，需要越高级，就越少自私。对爱及尊重的追求必然涉及他人，而且涉及他人的满足。”这些阐述，明明白白地告诉我们，高级需要非常重要。马斯洛说的高级需要，就是生理需要、安全需要之外的其余那 3 种需要。高级需要这么重要，它的实现也是需要一定条件的。“高级需要的实现要求有更好的外部条件。要让人们彼此相爱，而不仅是免于相互残杀，需要有更好的环境条件（家庭、经济、政治、教育等）。”

以上这几点，是我们更好地理解需要层次理论不可缺少的内容。

4.1.2　消费需要的概念、特征及类型

(1) 消费需要的概念

消费需要，是指消费者为了实现自己生存、享受和发展的要求所产生的获得各种消费资料（包括服务）的欲望和意愿。人们的消费需要包括吃、穿、住、用、行、文化娱乐、医疗等方面的需要。

(2) 消费需要的特征

1) 多样性

由于不同消费者在年龄、性格、工作性质、民族传统、宗教信仰、生活方式、生活习惯、文化水平、经济条件、兴趣爱好、情感意志等方面存在不同程度的差异，消费者心理需求的对象与满足方式也是纷纭繁杂的，对主导需要的抉择是不一致的。我国人多地广，消费习惯多种多样。以吃来说，处于牧区的蒙古族、维吾尔族、藏族等习惯食奶制品，如奶豆腐、奶干、奶酪、酸奶等，品种十分丰富。回族出于信仰的原因，只食牛、羊、鸡、鸭、鹅等肉食。我国东北地区的居民习惯食豆类、面类。云南有的少数民族喜欢吃生的或半生不熟的肉食。在满足基本物质需要的前提下，青年知识分子在结婚时一般有购置写字台、书橱的习惯，而青年工人结婚较少购买这些家具，代之以装饰橱和梳妆台。再如，青年人喜欢电影、舞蹈这种现代化的艺术形式，而大多数老年人则偏爱地方戏。

2) 发展性

消费需要的内容，从静态分布上看就是多样化，从动态观点看就是由低到高，由简到繁，不断向前推进的过程。随着商品经济的发展和精神文明的提高，心理需要会不断地产生新的对象，消费者的某项需要一旦满足以后，就不再受该项需要激励因素的影响，而渴望并谋求其他更高一级的需要，并不断向新的需要发展。

从“三大件”的历史变迁可以看出人们消费需要的发展性。20 世纪 70 年代，中国百姓将手表、自行车、缝纫机视为家庭“三大件”。跨入 20 世纪 80 年代，新的“三大件”：彩电、冰箱、洗衣机给我们的生活带来了又一个惊喜。到了 20 世纪 90 年代，中国人注重提高生活质量，此时的“三大件”是什么呢？有人概括为空调、电脑、电话，有人说是私人住宅、小轿车和现代通信设备，更多的人则认为，今日中国人消费走向了多元化，很难再对“三大件”作出一致的判定。回顾家庭耐用消费品发展变化的轨迹，我们可以看到这样一个事实：短短 30 年间，中国城镇家庭消费走完了“旧三件”到“新三件”的历程，正在全力追求更有质量和品位的生活。“三大件”这种烙有年代印痕的俗称也会从人们的记忆中消失。从 20 世纪 60 年代到 20 世纪 90 年代，城乡居民的衣着状况也发生了较大变化，单调的蓝色、灰色、黑色，已逐渐消失，羽绒服、

裘皮服、羊毛裤、夹克衫、健美裤、呢大衣、风雨衣和西服兴起。与时装配套的各种皮鞋、旅游鞋和运动鞋，以及领带、头巾、袜子、眼镜等消费品也成倍增长。服务性消费中的旅游、照相等也有了较快的发展，给人们的生活增添了新的色彩。

3）可诱导性

消费者决定购买什么样的消费品，采用何种消费方式，怎样消费，既取决于自己的购买能力，又受到思想意识的支配。周围环境、社会风气、人际交流、宣传教育、文学艺术等，都可以促使消费者产生新的需要，或者由一种需要向另一种需要转移，或者由潜在的需要变成现实的需要，或者由微弱的欲望变成强烈的欲望。因此，消费者的需要可以引导、调节而形成，也可以因外界的干扰而消退或变换。广告在商品经济发达的社会可能“泛滥成灾”，是消费者不可缺少的生活向导。一部电影能使某种时尚家喻户晓，风靡世界；一则新闻又能置某种商品于十八层地狱，永世不得翻身。例如，一般人都喜食新鲜活鱼，讨厌冷冻鱼，科普文章摆出道理，说明合理冷冻的鲜鱼其食用价值不低于未经冷冻的鲜鱼，这就打消了消费者的顾虑。又如，一个时期，我国领导人倡导服装的新颖、鲜艳，要求改变过去的沉闷局面，还提倡人们穿西装。这些倡导加上服装部门的配合，使中国人民的衣着习惯发生了变化。可见，消费者需要的可诱导性是确实存在的。

4）周期性

每个消费者都有一些需要在获得满足后，在一定时间内不再产生，但随着时间的推移还会重新出现，显示出周而复始的特点。不过，这种重复出现的需求，在形式上总是不断翻新的，也只有这样，需要的内容才会丰富、发展，如女性头巾，多少年来总是在长形、方形、三角形的式样间变化；皮鞋总是在方头、圆头、尖头，平跟、中跟、高跟之间翻来覆去地变花样。这种周期性往往和生物有机体的功能及自然界环境变化的周期相适应，也同商品寿命、社会风尚、购买习惯、工作与闲暇时间、固定收入获得时间等相关联。例如，许多商品的销售淡旺循环变化是由自然季节决定的；商店业务忙闲因与消费者的工作日、发薪日相关而形成周期；服装流行周期与社会风尚变化相呼应，等等。因此，研究周期性，对企业加强生产、经营的计划性有着重要意义。工商企业可以根据需要周期的发展变化规律，安排好包括商品种类、销售时间、销售方式、销售对象及销售地点等在内的产、供、购、销、调、存。一般而言，精神产品往往不具备重复消费的周期规律，尽管旅游可以“故地重游”，读书可以“爱不释卷”，但精神产品的生产不宜重复和仿造，否则就会滞销。比如电影，如果都是一个题材，且演员形象雷同、导演手法雷同、情节内容雷同，消费者（观众）就感到乏味了。

5）伸缩性

伸缩性表现在消费者对心理需要追求的高低层次、多寡项目和强弱程度。在现实生活中，消费者的需要，尤其是以精神产品满足的心理需要，具有很大的伸缩性，可多可少，时强时弱。当客观条件限制了需要的满足时，需要可以抑制、转化、降级，可以滞留在某一水平上，也可以是以某种可能的方式同时或部分地兼顾满足几种不同性质的需要。在有些情况下，人还会只满足某一种需要而放弃其他需要，如成千上万的革命者为了全人类的解放，放弃了个人及家庭的许多需要；高考复习阶段的学生为了能学好知识，迎接高考，放弃了旅游，看电影、电视、小说，打球及休息的需要。

6）时代性

消费者的心理需要还会受时代风气、环境的影响，时代不同，消费者的需求和消费习惯也会不同。不甘落后于时代,随周围环境变化而变化,是一般人常有的心理特征,如20世纪50年代,中国与苏联关系密切,苏联姑娘习惯穿的布拉吉连衫裙在中国极为流行。20世纪80年代,牛仔裤、旅游鞋传入中国,迅速影响我国人民的消费习惯。再如,随着经济条件的普遍好转和科学知识的普及,我国消费者现在越来越重视身体健康,对有利人体健康的消费习惯一般总是积极地吸收、采纳,对不利于人体健康的消费习惯则采取坚决摒弃的态度。在这方面,科学的消费知识宣传极大地左右着人们消费习惯的取舍。上述情况的出现,无不表明了时代的特征。

(3)消费需要的类型

①按消费者购买目的划分,可以分为生产性消费和生活性消费。生产性消费需要是指为满足生产过程中物化劳动和活劳动消耗的需要;生活性消费需要是指为满足个人生活的各种物质产品和精神产品的需要。

②按需要满足的对象划分,可以分为个人消费需要和社会公共消费需要。个人消费需要主要是指居民有货币支付能力的生活消费需要;社会公共消费需要主要是指为实现社会的集体消费而统筹安排的、用来满足公共消费的需要。

③按消费需要的实质划分,可以分为物质消费需要和精神消费需要。物质消费需要是指人们对物质生活用品的需要;精神消费需要是指为改善和提高本身素质而对文化教育、科学技术、艺术欣赏等方面的需要。

④按消费需要的层次划分,可以分为基本生存消费需要、发展消费需要、享乐消费需要。基本生存消费需要是指个人为维持生存、延续生命而产生的对物质资料的需求,如食品、饮料、衣物、住房等;发展消费需要是指个人为提高生活质量、提高自身能力和个人素质而产生的需求,如接受教育、追求理想、发挥才智等的需要(表现在对电脑、书籍、文化用品的需求上);享乐消费需要是指对文化娱乐、旅游、社交、物质享受等商品或劳务的需求。

4.1.3　汽车消费需要的概念、特征及类型

(1)汽车消费需要的概念

汽车消费需要是指购买各类汽车的意向在消费者头脑中的反映。“各类汽车”是针对各类消费者而言的,购买意向是表明目前缺乏且有能力购买,“需要是反映”表明这个概念也是符合心理学两大基本规律的。

(2)汽车消费需要的特征

这里所要分析的汽车消费需要的特征,仅涉及我国目前的状况。我国改革开放30余年来,人民群众生活水平有了长足的进步。按照一般的汽车市场规律,当人均GDP处于1 000～3 000美元时,汽车市场需求迅速上升。具体地说,当人均GDP处于1 000美元时,汽车开始进入家庭,我国是2001年开始的;当人均GDP处于3 000美元时,私人购车将出现爆发性增长,我国是2008年出现的。还是人均GDP处于3 000美元时,小汽车开始成为人们的首选目标。在这样的历史背景下,我国汽车消费需要的主要特征有哪些呢?

第一,从以购买中低档车为主向以中高档为主发展。根据我国目前的消费水平,在绝大多数地区,消费者首选车型的价格大多在20万元以下。随着轿车消费总量的逐年增加,其消费的金字塔特征也趋向明显,一般说来,15万元以下的位于金字塔的底部,占一半左右;15万～30万元的车型位居金字塔中部,30万元以上的车型在顶尖。现在买车在10万元以下的,以及

10 万~20 万元的,占总数的 60% ~70%。今后一个时期,购买 10 万元以下车型的人数会减少,而超过 20 万元的会逐渐增加。

第二,汽车消费还需要相关政策来支撑。所谓的相关政策,主要指汽车购置税、汽车下乡、汽车以旧换新等政策。应当说这些政策在最近两年来对刺激汽车消费起到了不可替代的作用。在 2009 年 12 月召开的国务院常务会议上,在研究促进消费的若干政策措施中,就包括将减征 1.6 L 及以下小排量乘用车车辆购置税的政策延长至 2010 年底,减至按 7.5% 征收。汽车以旧换新的单车补贴金额标准由 5 000 元提高至 1.8 万元。

第三,买车会同时注重品牌、价格和安全性。正如在分析中国人的行为心理特征时总结过的那样,中国人有偏爱正宗事物的习惯。正宗常常具有巨大的心理导向作用。这个"正宗"就相当于汽车销售中的品牌。汽车消费者在买车的时候,很少有人不看品牌,只要经济条件允许,都要买好牌子的车。当然,品牌车一般价格都不菲。一分价钱一分货,品牌车的安全性能会更加过关。从整体看,消费者给这三者的排序为:第一是价格,第二是品牌,第三才是安全。

第四,汽车消费"买涨不买跌"。说来也怪,有时汽车销售商在竞相降价的时候,消费者反而"冷静"了,其心理活动是:再等等。因此他们就持币待购了。可当汽车销售商都往上提价的时候,他们却沉不住气了。有专家认为,"按照经济学边际效用递减的理论,经历了数次大大小小的价格战后,一跌再跌的车价已经很难有效地触动消费者。"而涨价则不同,消费者怕今天不买,明天还要涨,后天涨得更厉害。涨价也好,跌价也罢,都要看整个宏观经济环境,2008 年下半年,由于美国引起了全球性的金融危机,各行业都不景气,包括汽车业。有不少业内人士认定,中国车市进入了冬眠期。谁能想到,转过年来,由于国务院相关政策的出台,极大地刺激了汽车生产,中国车市不但没有进入"冬眠期",反而进入了"旺销期"。

第五,环保车、新能源车是今后汽车消费的主流。低碳经济是一个新名词。发展低碳经济、构建低碳城市不仅是政府、专家的事,积极树立低碳生活理念也是每一个公民的责任。"低碳经济"不仅意味着制造业要加快淘汰高能耗、高污染的落后生产能力,推进节能减排的科技创新,而且意味着引导公众反思那些习以为常的消费模式和生活方式是浪费能源、增排污染的不良嗜好,从而充分发掘服务业和消费生活领域节能减排的巨大潜力。由此,我们可以得出结论:环保车、新能源车肯定是今后汽车消费的主流,而那些高耗油、高污染的车必定会被淘汰。

第六,汽车消费在不同地区有所差别。登上"中国汽车网",会发现不少关于不同地区汽车消费差异比较的信息,如"宁波喜中档,厦门爱实惠""宁波重服务,厦门重方便""宁波好实战,厦门听经验"。上海人购车基本选择本地车,即上海大众或上海通用。而北京的汽车消费没有这种"地方主义"的特色,无论是自主品牌还是合资品牌,无论是低端的夏利还是高端的奥迪,只要有口碑,都能卖得很火。可见,城市的发展和人文特征能深刻地影响当地居民的消费观念。

(3)汽车消费需要的类型

就目前我国消费者的情况看,他们的汽车消费需要类型主要包括以下 5 种。

1)代步工具型

多数私家车买来是要代步的。有的因家离单位远,有的因要送孩子上幼儿园、上学。周末和节假日,一家人还可以乘车去郊游甚至到另一个城市去玩。此类消费者需要的是代步工具。

2)享受生活型

买私家车除了为代步,还有就是为了要享受生活。车的方便、快捷性使车主能尽情地享受生活。送孩子是享受生活,出去郊游、旅游更是享受生活。私家车真可谓给人带来了无尽的快乐。此类消费者买车就是为了满足享受生活的需要。

3)显示地位型

有些人买车,主要不是代步,也不是享受生活,而是为了彰显地位。上班也不远,身体也挺好,但由于自己的身份地位的缘故而不能没有车。此类消费者买车是为了显示地位,为了满足第四层次的需要(尊重需要)。

4)开展业务型

有的人自己家有买卖,有业务,为了开展业务,需要有车。属于这种类型的也不在少数。正由于有了车,业务才开展得更方便、快捷,才争取了更多宝贵的时间,赢得了信誉,赢得了合同,也赢得了经济效益。

5)结交朋友型

此类基本上属于从属的类型。自己有辆车,平时上下班用。朋友有急事也可以一用。

学习任务4.2　汽车消费者的动机

4.2.1　消费动机的概念与特征

(1)消费动机的概念

消费动机是指消费者为了满足一定的消费需求而引起购买行为的愿望或意念,是推动人们购买活动的内部动力,是内外诱因和主客观需要在人脑中的反映。

怎么理解这个概念?

第一,消费动机是由消费需求引起的。

第二,消费动机是一种动力,能直接引起人的购买行为。

第三,内外诱因也是产生消费动机的主要因素之一。

第四,消费动机也是“人脑中的反映”,符合心理学的两条基本规律。

(2)消费动机的特征

①目的性。消费者头脑中一旦形成了具体的动机就有了购买商品和消费商品的目的,即“我为什么要买这个”。

②指向性。消费者会对将要购买的商品有明确、清晰的要求,即“我要买什么,到哪儿去买。”

③主动性。动机的形成可能源于消费者本人的因素(消费需要、消费兴趣、消费习惯),也可能源于外部条件的诱发(广告的宣传、购物场所的提示)。消费者会自觉地搜集有关商品的信息,会推掉其他事情而专门去购买所需商品。主动性即“我要买”,而不是“要我买”。人们往往都有种逆反心理,你让我买,我偏不买。我想买了,你拦也拦不住。

④动力性。在动机的支配下,消费者可能随时会购回商品,且做好了克服各种困难的准备。动力性有点像“兴奋剂”“强心剂”,总有股强大的劲儿推着你往“磁场”走,这个“磁场”就

是你所要购买的商品所在的商场。

⑤多样性。不同的消费者有不同的消费动机，同一个消费者在不同时期、不同场合、不同情况下，也会有不同的消费动机。多样性就如同“抽奖箱”一样，手伸进去，摸出哪个来有多种可能，而不是仅仅一两种可能。

⑥组合性。消费者购买某一种商品时，可能是出于一种消费动机，也可能是出于多种动机，这种现象称为消费动机的组合性。这种情况有点像“彩票抽奖”，一排小黄球，究竟哪几个小球组合，不一定。

4.2.2 消费动机的类型

(1)主导动机

主导动机在具体的商品消费中起着直接的推动作用。消费者的主导动机主要包括4种。

1)食品消费

当前食品消费中表现的主导动机包括追求新鲜的动机、追求营养的动机、追求健美的动机、追求美味的动机、追求营养兼美容的动机、追求减肥的动机、追求食补的动机、追求烹调食用方便的动机，等等。

2)服饰消费

服饰消费中的主导动机包括求美的动机(同时属于基本动机)、求舒适的动机、求流行的动机、求个性的动机、求物美价廉的动机，等等。

3)家用电器的消费

这类商品的消费中，主导动机包括追求省电的动机、追求低噪声的动机、追求低辐射的动机、追求高质稳定的动机、追求最好的绝缘性能的动机、追求家电色彩和外观与居室协调一致的动机、追求操作方便的动机、追求不满意就退货的动机，等等。

4)美容化妆品

美容和化妆已经成为我国城镇居民生活中一件必不可少的事情，美容化妆品市场已经发展成为一个巨大的商品市场。购买美容化妆品时所表现的主导动机包括追求使用方便的动机、追求没有任何副作用的动机、追求一种美容品多种美容效果的动机、追求快速美容效果的动机、追求美容效果自然的动机，等等。

(2)基本动机

1)追求实用的动机

一般是在日用品的消费中出现的。这些商品的使用价值比较明确，消费者只在意所购买的商品具有使用价值，而不会看重食品的华丽包装、衣服的品牌与知名度。

2)求得方便的动机

一般是为了减少体力与心理上的支出。它包括3种形式：一是商品可以减少或减轻消费者的劳动强度，节省体力；二是商品具有一些方便消费者使用的功能，减少操作使用中的麻烦；三是可以方便消费者的购买，减少购买过程的麻烦。

3)追求美的动机

这是相当普遍的一种动机形式。美是人们生活中的一个重要价值尺度。这把尺子也用在了消费行为中。消费行为中追求美的动机的形式主要有两种：一是商品本身存在客观的美的价值，能给消费者带来美的享受和愉悦；二是商品能为消费者创造出美和美感，如美化了的自我形象,美化了的个人生活环境。

4)追求健康的动机

健康的身体,是保证人们幸福生活的基本条件。人人都有追求健康的动机,并会因此消费大量的有利于健康的商品。这些商品主要包括医药品、保健品、健身用品。现在,健康用品市场的发展越来越快,品种也日趋丰富和完善,这与人们收入水平的提高和健康意识的增强有直接的关系。

5)追求安全的动机

消费者求得安全的动机主要有两种表现形式:一是为了人身与家庭财产的安全,而去购买防卫性商品、购买各类保险;二是在使用商品的过程中,希望商品的性能安全可靠,如电器商品的绝缘性、燃气灶具的密闭性,等等。

6)求名的动机

求名的动机是消费者通过购买特殊的商品来宣扬自我、夸耀自我的一种消费动机。比如,买一个墨镜三千多,买一个皮包几千块,买一个手表几万块,买一双皮鞋几千块,买一套衣服上万元,甚至几万元,等等。

7)求廉的动机

这是消费者追求商品低价格的一种消费动机。同样的商品品牌,同一类商品,功能外观相似的商品,消费者会尽量选择价格最低的那一种,这正所谓"货比三家"。消费者普遍存在求廉的消费动机。

8)好奇的消费动机

好奇是每个人都会产生的一种心理。这种心理在一定场合下会促使人以购买商品来满足。促使消费者产生好奇心,并且激发其购买愿望的商品,都是些外观新颖、功能奇特或是给消费者意想不到的发现的商品。

9)习惯性动机

消费者出于长期形成的消费习惯而购买商品,这是较为重要的一种消费动机。有的消费者对于某一种或几种牌子的商品保持稳定的消费性格;有的消费者对于特定的商品类型保持稳定的消费习惯;还有的消费者对具有某种特性、外形、色彩的商品保持特定的消费习惯。

10)储备性的动机

消费者主要出于储备商品的价值或使用价值的目的而产生这一类动机。如购买黄金来保值,在市场上出现求大于供的情况时大量买进有价证券进行保值等。

11)馈赠的动机

消费者购买商品一是为了自己消费,二是为了馈赠别人。这种现象在人情观念浓厚的中国十分普遍。

12)留念性消费动机

这是消费者为了记下当时的气氛、记住当时的情境、留下美好的回忆等而产生的消费动机,如各种纪念照的拍摄服务,纪念品的销售,婚礼现场、生日现场的照相、录像等。

4.2.3　汽车消费动机的类型

(1)方便快捷的动机

不少买车的人都有一种共同的心理:有了车,真方便,想上哪儿,一脚油的事。有些人买的住宅离单位很远，有了私家车，就方便多了，距离好像一下子就缩短了很多。节假日想去哪儿玩，也很方便，再也不用为找车而发愁了。

(2)从众随流的动机

单位存车处的变迁很说明问题：过去上下班，不少人骑自行车，单位里存车处都是自行车；后来，存车处里多了不少摩托车；再后来自行车基本没有了，存车处里都是私家车和摩托车。这种从众心理在汽车消费动机方面也有体现。

(3)享受生活的动机

有这种消费动机的人，他们把购车的动机定位在"享受生活"上，这类人无疑是会生活的。人怎么活都是一辈子，为什么要苦了自己呢？走着可以上班，骑车也可以上班，但远不如有一辆自己的汽车。这样，生活就大不一样了。以前是为生活所累，现在是觉得生活蛮有乐趣。

(4)享受天伦的动机

买车的动机有好多种，其中之一就是为了享受天伦之乐。其实，一个人开辆车，并没什么意思。车上还坐着妻子和孩子，那意思可就不一样了。如果老人还健在，周末一起出去郊游，那就更不一样了。有这种动机的消费者会越来越多。

(5)体面尊严的动机

从马斯洛的需要层次理论的角度看，人都有尊重的需要。买私家车其实也能满足人的这种需要。在这种动机的驱使之下而购车的，也有相当一部分。

(6)有成就感的动机

车，并不是所有的人都能买得起。那些买了车的人，很多都有成就感。能买得起车，说明"混"得不错，日子过得还行。为了有这种成就感，一部分消费者就买了车。虽然成就感来自很多方面，但有了自己的车，这种成就感是无法替代的。

学习任务4.3　汽车消费者购买过程行为分析

4.3.1　消费者的购买行为模式

(1)行为模式

行为模式是指行为活动发生、进行和完成的某种固有方式，是对一群人执行某种行为的抽象化概括。怎样理解这个概念？

第一，行为模式是固有方式。

第二，行为模式涉及活动的整个过程。

第三，行为模式是对一群人的行为的抽象概括。

(2)消费者的购买行为模式

消费者的购买行为模式是指消费者为满足某种需要，在把购买动机转化为购买行为的过程中，逐渐养成的不易改变的购买形态。有人把它概括为"6W1H"，即谁来买(Who 1)、买什么(What)、为什么买(Why)、谁参与买(Who 2)、什么时候买(When)、什么地点买(Where)、如何购买(How)。本章开头的引导案例中就涉及这些因素。其实，任何一种购买行为都包含这些因素。

(3)几种消费者购买行为模式

1)S—O—R 模式

这是新行为主义流派的提法。行为主义过去的提法是:S—R,即刺激—反应。新行为主义在刺激和反应之间,加了“有机体”因素,就成了 S—O—R。后来,有人把“O”称为“个体”“个体心理”。到了消费心理学这里,就成了“购买者暗箱”。暗箱理论是指消费者心理如同暗箱,我们只能看到消费者受到的外界刺激(产品信息、价格信息和促销信息)和最终选择的结果(消费者作出的反应),但是为什么消费者会作出这样的选择,我们不知道,就如暗箱一样。虽然外界刺激一样,但由于“暗箱”不同,消费者的心理活动不同,最后,消费者们作出的反应也不尽相同。在这个模式里,“O”是关键因素,它也正是消费心理学在研究购买者行为模式过程中要重点研究的内容。

S—O—R 模式在消费心理学理论里就是科特勒模式,如图 4.1 所示。

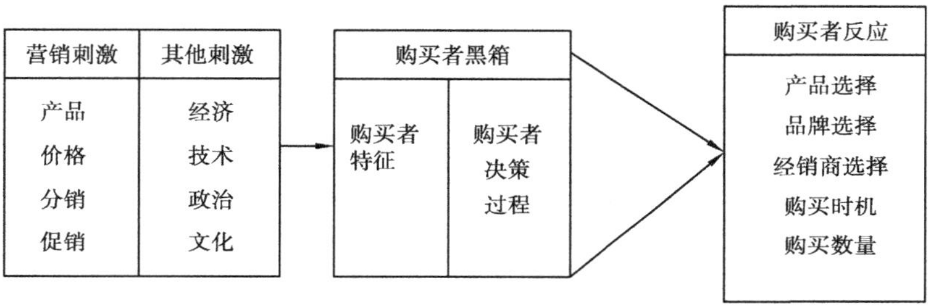

图 4.1　S—O—R 模式

图 4.1 反映的基本假设是购买者的购买决策行为来自于对外界刺激的积极心理反应。外界刺激产生于两个方面:一是营销活动带来的刺激,具体通过产品、价格、地点、促销等营销策略来实现;二是环境的刺激,即经济、技术、政治、文化等因素。

购买者暗箱(黑箱)由两部分组成:第一部分是购买者的特征(文化的、社会的、个人的、心理的),它们影响购买者对于刺激的认识和反应,见表 4.1;第二部分是购买者的决策过程,它影响购买结果。

表 4.1　购买者特征

文化的	社会的	个人的	心理的
文化 亚文化 社会阶层	参考群体 家庭 角色与地位	年龄生命周期 职业 经济状况 生活方式 自我意识	需要 动机 知觉 学习 信仰与态度

2)马歇尔模式

英国经济学家马歇尔认为,消费者的购买决策基于理性判断和清醒的经济计算,即每个消费者都根据本人的需要偏好、产品的效用和相对价格来决定其购买行为。

马歇尔模式的几点假设:

第一,产品价格越低,销量越大;价格越高,购买量越少。

第二,替代产品降价,被替代产品的购买者减少;替代产品涨价,则被替代产品的购买者增加。

第三,某产品价格下跌,则互补产品购买者增加;某产品价格上涨,则互补产品购买者减少。

第四,边际效用递减,即消费者消费单位产品所增加的满足感递减,购买行为减弱。

第五,消费者收入水平高,则需求总量增加,价格作用相对减弱,偏好的作用增强。

第六,购买额越大,购买行为越慎重;收入越低,购买行为越慎重。

马歇尔模式揭示了消费者购买行为的主要决策方式,即理性决策。但是,它只强调了经济因素,而忽视了其他影响因素。

3)维布雷宁模式

维布雷宁提出的是一种社会心理模式。他认为,人是一种社会生物,其需求和购买行为通常受到社会文化和亚文化的影响,并遵从于他所在的群体、阶层、家庭等特定的行为规范。

维布雷宁模式认为,相关群体从 3 个方面影响消费者购买行为。

一是影响消费者对某种产品或品牌的态度,使之成为一定的消费观念。

二是相关群体为消费者规定了相应的消费内容和消费方式。

三是相关群体潜移默化的作用可能导致消费者的仿效、攀比而出现商品流行现象。

4)哈华德—希思模式

这个模式包括 4 个变量,即投入因素(刺激因素)、内在因素、外在因素和产出因素。4 个因素的综合作用,导致消费者的购买行为产生和发生变化,如图 4.2 所示。

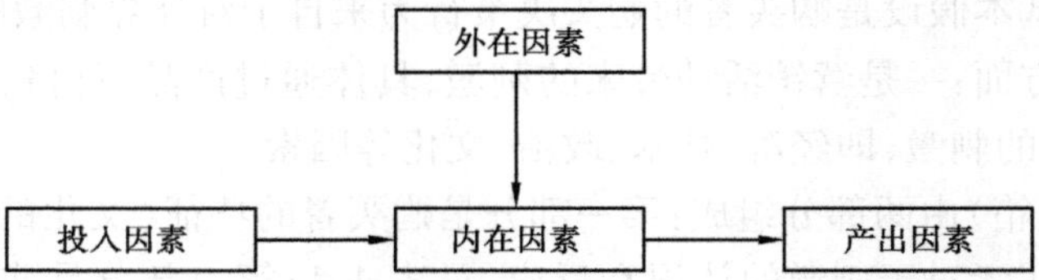

图 4.2 哈华德—希思模式

投入因素是引起消费者产生购买行为的刺激因素,它包括三大刺激因子:产品刺激因子、符号刺激因子、社会刺激因子。产品刺激因子是指产品各要素,如产品质量、品种、价格、功能服务等。符号刺激因子是指媒体等传播的商业信息,如广告及各种宣传信息。社会刺激因子来自于社会环境,如家庭、相关群体等因素的影响。

内在因素是该模式最基本的因素。它主要说明投入因素和外在因素如何通过内在力量作用于消费者,并最终引起消费行为出现。

外在因素包括相关群体、社会阶层、文化、亚文化、时间压力和产品的选择性等。

有了投入因素的刺激,通过内在、外在因素的交互影响,最后形成产出或反应因素。产出或反应因素可以从不同的形式和内容体现出来,如注意、了解、态度、消费意向和消费行为。

(4)中国消费者购买行为模式

学者田雨在他的"中国消费者购买行为模式分析及营销对策"一文中提出了"中国消费者购买行为模式"的观点。他把消费者购买行为分为 12 个阶段,即刺激阶段、不足之感阶段、求足之愿阶段、搜集信息阶段、分析评价阶段、购买决策阶段、购买行为阶段、产品使用阶段、消费体验阶段、购后评价阶段、购后行为阶段、产品处置阶段。该模式有以下特点。

①首次将国内通常对消费者购买模式描述中的“认识需要”进一步细分为“内外刺激”“不足之感(感到需要)”“求足之愿(产生购买动机)”3个阶段,这就将消费者的购买动机的产生过程描述得更加清晰,使营销人员更容易把握刺激消费者产生购买动机的操作思路。

②特别指出了对消费者的刺激除了有内、外刺激,还有主动刺激和被动刺激两种,这不仅有助于营销人员更好地找到刺激消费需求的刺激点,而且有助于营销人员树立以所发布信息是否能吸引消费者无意注意、实现对消费者良好被动刺激为标准来评价企业信息发布工作效果的观念,从而使企业信息发布工作能起到更好的宣传效果。

③明确提出了“购买决策(yes)”+其他条件(如资金)→“购买行为”这一路径,这有助于营销人员树立一个营销理念:消费者即使作出了购买决策也不一定能发生购买行为,因为可能受其他条件(如资金不足)限制而最终不能执行购买决策,即不能产生相应的购买行为。如果能帮助消费者解决好阻碍其购买行为发生的其他条件,则有助于消费者最终产生购买行为。

④率先将“获得消费体验”作为一个独立阶段予以强调。明确指出了“获得消费体验”与“购后评价”“购后行为”之间的关系,这有助于营销人员更好地理解消费者的“购后评价”“购后行为”产生的缘由,真正关心消费者的“消费体验”。

⑤进一步强调了购后行为是消费者购买行为不可分割的一部分,并率先将“产品处置”也纳入消费者购买行为模式中。这拓展了对消费者购买行为的研究范围,有助于营销人员牢固树立以消费者为中心的营销理念,推动企业的营销工作。

⑥本模式更符合中国消费者发生购买行为的逻辑思维习惯和心理活动规律,其结构更严密,内容更完整、细致和具体,因而更易被中国的营销人员理解,有助于他们更好地把握消费者购买行为规律。

总之,该模式有更强的应用性,对营销实践有更强的指导性。

4.3.2 汽车消费者的购买行为模式

(1)“6W1H”角度的汽车购买行为模式

其实,这也是每个4S店里每名销售顾问再熟悉不过的视角了。“谁来买”是回答谁是车的主人的问题。不同性别、不同年龄段的人来买车,最后的选择是不同的,甚至不同身高的人,在选车的时候,也不一样。个子高的客户,有些车他坐在里边是很不舒服的。“买什么”是客户最终要选择哪款车。这是由客户的需要直接决定的,也是受其支付能力制约的。“为什么买”一般是说买车的用途。是用来上下班,接送孩子,还是用来做生意?是代步工具,还是身份、地位的象征?“谁参与买”在汽车购买模式中非常重要。如果是一个人来买,一般不能当场拍板;如果是两个人来,尤其是夫妻二人来买,那就八九不离十了;如果还带着老人来看车,那基本就能定下来了。“什么时候买”是看客户用车的迫切程度。现在就能定下来,一般是急用;不着急,看看再说,那是不太着急用。“什么地点买”是反映买车地点的问题。前面的案例中,不乏这样的情况,就是客户已经在前边的4S店看了车,又基本定了车的,又来到这家店。这家店的销售顾问用自己的真诚热情的服务,最后争取到了这单买卖。这不是简单的抢生意、挖墙脚的事,而是谁服务得好,谁满足了客户的需要,谁抓住了客户的心理的问题。“如何购买”一般是回答一次性付款呢,还是分期付款,是自己掏钱,还是贷款买车的问题。从汽车消费者的角度来看,“6W1H”是与他们相关的问题,也是每个销售顾问都会遇到的问题。

(2)S—O—R 角度的汽车购买行为模式

"S"在这里是刺激产生的阶段,不论是外在刺激,还是内在刺激,总之是有刺激产生的。这个阶段里,消费者既有不足之感,又有求足之愿。消费者觉得自己家该买一辆车了,现在特别需要一辆车。或者消费者看到同事们都在买车,同学们也都在买,自己受到了"刺激",就也想买。家里也有钱了,也该享受享受生活了。"O"是个体心理处理过程,也有人称为消费者"暗箱"。具体地说,这个阶段,消费者要搜集有关信息,要分析评价信息,以便最终作出购买决策。对于同事、朋友、家人、亲友所提供的各方面有关汽车的信息,消费者要加工、整理、评价、判断。"R"是反应,在汽车购买行为模式中,就是最后作出的反应,买,还是不买。一旦作出了购买决定,实施了购买行为,接下来,就会有产品使用、情感体验、购后评价等一系列环节接踵而来。"购后评价",多数汽车消费者买了车,在使用过程中,还是比较满意的。当然也有一批不满意的客户,主要是他们买的车,出现了各类问题,而且有的车还经常修且修不好,这时,消费者心存的就不仅仅是怨言了。

4.3.3 汽车消费者的购买决策类型

(1)消费者的购买决策

消费者购买决策是指消费者为了满足某种需求,在一定的购买动机的支配下,在可供选择的两个或者两个以上的购买方案中,经过分析、评价、选择,实施最佳的购买方案,以及购后评价的活动过程。它是一个系统的决策活动过程,包括需求的确定、购买动机的形成、购买方案的抉择和实施、购后评价等环节。

怎么理解这个概念?

第一,消费者购买决策是一个过程。

第二,消费者购买决策的目的是"满足某种需要"。

第三,消费者购买决策的动力是"购买动机"。

第四,消费者购买决策起码有两个以上备选方案可供选择。

第五,消费者购买决策要经过一系列环节:分析、评价、选择、实施最佳方案、购后评价等。

(2)消费者购买决策的特点

1)目的性

消费者购买决策,就是要促使一个或几个目的的实现。每一次购买决策,都会有其特殊的目的。在决策过程中,一切都要围绕着目的来筹划、选择、安排。

2)过程性

消费者购买决策是指消费者在受到内、外部因素刺激后,产生需求,形成购买动机,抉择和实施购买方案,购后经验又会反馈回去影响下一次的消费者购买决策,从而形成一个完整的循环过程。

3)独立性

由于购买商品行为是消费者主观需求、意愿的外在体现,受许多客观因素的影响。除集体消费之外,个体消费者的购买决策一般都是由消费者个人单独进行的。随着消费者支付水平的提高,购买行为中独立决策特点将越来越明显。

4)复杂性

心理活动和购买决策过程有其复杂性。决策是人的大脑复杂思维活动的产物。消费者在作决策时不仅要进行感觉、知觉、注意、记忆等一系列心理活动，还必须进行分析、推理、判断等一系列思维活动，并且要计算费用支出与可能带来的各种利益。因此，消费者的购买决策过程一般是比较复杂的。

决策内容也有其复杂性。消费者需通过分析，确定在何时、何地、以何种方式、何种价格购买何种品牌商品等一系列复杂的购买决策内容。

购买决策影响因素的复杂性：消费者的购买决策受到多方面因素的影响和制约，具体包括消费者个人的性格、气质、兴趣、生活习惯与收入水平等主体相关因素；消费者所处的空间环境、社会文化环境和经济环境等各种刺激因素，如产品本身的属性、价格、企业的信誉和服务水平，以及各种促销形式等。这些因素之间存在着复杂的交互作用，它们会对消费者的决策内容、方式及结果有不确定的影响。

5）情境性

由于影响决策的各种因素不是一成不变的，而是随着时间、地点、环境的变化不断发生变化。因此，对于同一个消费者的消费决策具有明显的情境性，其具体决策方式因所处情境不同而不同。由于不同消费者的收入水平、购买传统、消费心理、家庭环境等影响因素存在着差异性，不同的消费者对于同一种商品的购买决策也可能存在着差异。

（3）汽车消费者的购买决策类型

消费者在具体购车时，决策类型不尽相同。细数起来，不下十几种。

1）需求主导型

这类客户主要是根据自己的需求来作最后的决策。比如，有的重配置，有的重颜色，有的重安全，有的重性能。作为销售顾问，一定要抓准客户的需求，再利用超强的沟通能力，为客户推荐一款最能满足他需求的车型。

2）改变主意型

这类客户来店之前，已经到过别的4S店了，有的甚至连定金都已经交过了。来到这个店，经过销售顾问热心细致的服务，使客户一改初衷，现场改变主意，决定买这里的车。这要归功于销售顾问的敬业精神，归功于他们的坚持不懈，归功于他们过人的销售技能。

3）亲身感受型

有不少客户刚进店的时候也就是抱着“来看看”的想法。但是不到一个小时，他们就会被说服。是什么力量这么神奇？试乘试驾。通过这个环节，客户亲身感受到了具体车型的魅力，销售顾问说得再多再好，那也是外部的因素；而通过自己的亲身感受，才能增强购买欲望，并最终作出购买决策。

4）态度决定型

态度，不只是包括消费者的态度，更包括销售人员的态度。消费者的态度，包括认知因素、情感因素和意向因素。消费者对车的认识、对车的体验，往往跟销售顾问有很大关系。接下来，销售人员的服务态度就更直接决定着消费者最后的购买决策。

5）细节决定型

许多时候，只要销售顾问多留心，就会发现消费者身上的许多细节。例如，有个销售顾问就发现，有一次店里来了一对夫妻，进店的时候是十指相扣，走的时候又是十指相扣。就是这个细节，使这个销售顾问有针对性地作了安排，最终使那对夫妻作出了购买决策。

6)配置主导型

不少消费者特别看重车的配置,往往还跟自己过去的车比较。有些消费者就是冲着车子的配置来的。一听这款车有许多新配置,又亲自感受了这些配置,就会当场拍板,“就是它啦!”这个时候,车子的其他因素就都退到次要的位置上了。

7)信任决定型

许多案例中,都渗透着这么一个信息:消费者对销售顾问的信任,是他们最终决策的根本原因。当然,这种信任是靠销售顾问自己的真诚与热情的服务一点一滴积累起来的。许多时候,不只是看你怎么说,更重要的是看你如何做。消费者心里最有数,他们的感觉往往是对的。他们觉得这个人可信,那么,最后的决策也就顺理成章了。

8)投其所好型

在与消费者的沟通中,细心的销售顾问会发现每一个客户的兴趣、爱好、兴奋点。比如,有的爱好音乐,有的信奉某种宗教,有的擅长股票,有的喜爱足球。抓准了客户的兴趣爱好,并投其所好,先是有共同话题,再就是缩短心理距离,最后就是让客户作出购买决策。

9)亲友决定型

有经验的销售顾问都知道,如果是一个人来到展厅,当场就能拍板的概率不高;如果夫妻二人来到展厅,成功的概率就会增加很多;如果老人和孩子也来了,那这次基本上就能定下来。家人是这样,朋友、同事也是这样。

10)情感决定型

许多时候,消费者的购买决策,是由其情感所决定的。情感又是由需要决定的。在4S店的销售案例中,有不少这样的案例,销售顾问带着情感去营销,以自己的积极情感感染和影响了客户,并由此使客户作出了购买的决策。有的销售顾问有这样的感悟:“销售在某种意义上说是卖感情,你给顾客放出一笔感情债,他就欠你一份情。”话虽然说得有点直白,但却从另一个角度说明了情感在客户作出购买决策时的重要性。

11)品牌决定型

有不少客户去4S店,就是冲着某种品牌而去的。现阶段,想购买国内品牌的并不多,更多的是奔外国品牌而去的,如德系的奥迪、奔驰和宝马,日系的雷克萨斯、马自达、凯美瑞等车型。

12)斗气比试型

在汽车消费者的队伍里,真就有那么一批人,他们买车,是在跟邻居、跟同事斗气和比试。你今天买这个车型,把我比下去了,我明天就换个车型,把你比下去。这类人去4S店,不经意间,就会说出他们的秘密:我们邻居买了辆车,像是在有意跟我叫板,我也不示弱,也想买辆好车。

13)身份决定型

这类客户去买车,只是考虑他的身份地位与要买的车是否匹配,买了车开出去别人是否会笑话自己。他们缺的不是钱,缺的是自信。买了与自己身份相配的车,自信就回来了。这类客户,在与他们的沟通中,可以了解到相关信息;在销售顾问的观察中,也可以得到这方面的许多信息。他们会自觉不自觉地露出自己的身份,说出自己的想法。

4.3.4　汽车消费者的购买决策过程

(1)消费者的购买决策过程

消费者的购买决策过程是指消费者在购买产品或服务过程中所经历的步骤。在复杂购买中,消费者购买决策过程由引起需要、收集信息、评价方案、决定购买和购后行为5个阶段构成,也有人把这个过程称为“消费者购买决策过程模型”。这5个步骤代表了消费者从认识商品和服务需求到评估购买的总体过程,如图4.3所示。

图4.3　购买决策过程

1)问题确认

购买决策过程始于购买者对某个问题或需要的确认,即消费者意识到一种需求,并有一种解决问题的冲动。问题确认之后才是决策过程。问题确认是由消费者理想状态与现实状态之间的差异引起的。当消费者对情境的希望与情境的实际之间存在差异时就会产生某种需要。问题确认的诱因也就是引起期望和实际状态之间产生差异的原因,这些诱因受到内外两方面因素的影响。这些因素包括以下6点。

①缺物品。当消费者必须补充某种物品时,这时确认需求就出现了。此时的购买决策通常是一种简单和惯例的行为,并且他们经常选择一个熟悉的品牌或其忠诚的品牌解决这个问题。

②不满意。需求确认产生于消费者对正在使用的产品或服务的不太满意。例如,消费者也许认为他的车已经旧了,样子也过时了,也不符合目前身份了,该换辆新车了。

③新需要。消费者生活中的变化经常导致新需要。比较常见的是,一个人生活方式或工作状态的变化就可以创造出新需要。比如,人们搬家时会购置一些新家具;人被提职时,可能会买一些更高档的服装以使自己显得更体面些。有时收入的增加也会提高个人的期望,他会考虑以前没有达到过并从未期望过的购买。

④相关产品的购买。需求确认也可以由一种产品的购买而激发起来。例如,购买汽车会导致对其附属产品的需求确认,如坐垫、防盗器、汽车香水等。

⑤新产品。市场上出现了新产品并且这种新产品引起了消费者的注意,也能成为需求确认的诱因。比如,对汽车感兴趣的消费者,对汽车市场出现的新产品是非常关注的。每年的汽车展销会都吸引着大量的观众,他们就是为了一睹新产品的风采而来的。

⑥营销因素。引起实际与期望状态之间差距的另一个原因是由营销因素导致的问题确认。比如,不少汽车广告,是通过一些情境的设计,创造出一种不安全感,使消费者确认安全的需要,而消除这种不安全感的最佳方式就是购买他们推荐的产品,即主、被动安全装置双保险产品。

2)信息搜寻

消费者决策制订的第二步是搜集信息。一旦消费者意识到一个问题或需求能通过购买某种产品或服务得到解决,他们便开始寻找制订购买决策所需的信息。

①信息来源。信息搜寻可以由内部、外部或内外部同时产生。内部信息搜寻是对记忆中原有的信息进行回忆的过程。这种信息很大程度上来自以前购买某产品的经验。比如,购物时,在货架上看到自己以前喝过的某品牌的白酒,就可能回忆起它是否好喝,是否受欢迎等。

因此,对许多习惯性、重复性购买来说,使用储藏在记忆里的、过去所获得的信息就足够了。如果内部搜寻没有产生足够的信息,消费者便会通过外部搜寻来得到另外的信息。消费者外部信息来源可分为4类。

第一,个人来源:家庭、朋友、同事、熟人。

第二,商业来源:广告、推销员、经销商、包装、展览。

第三,公共来源:大众媒体、消费者评价机构。

第四,经验来源:产品的操作、检查与使用。

这些信息来源的相对丰富程度与影响程度随产品类别与购买者特征的不同而各异。一般来说,消费者最初的产品信息主要来自商业来源,最有效的信息来自个人来源。

②影响个人信息搜寻范围的因素。一是消费者对风险的预期。人们在购买商品的时候,都会或多或少地感知到风险。一般来说,随着对购买风险预期的增加,消费者会扩大搜寻的范围,并考虑更多的可供选择的品牌。此外,对同一产品来说,由于消费者的个性不同,所感知到的风险也不同,因而会影响到他搜寻信息的范围与努力程度。

二是消费者对产品或服务的认识。如果消费者对潜在的购买了解很多,他就不再需要搜寻更多的信息。而且,消费者了解得越多,他搜寻的效率就越高,从而花费的搜寻时间就越少。另外,一个有信心的消费者不仅对产品有足够的信息,而且对作出正确的决策也感到非常自信。

三是消费者对产品或服务感兴趣的程度。信息搜寻的范围与消费者对某产品感兴趣的程度有相应关系,即对某产品很感兴趣的消费者会花费很多的时间搜寻信息。比如,你是一个车模爱好者,为了购买一个新的车模,你更愿意向专业人士讨教,并比其他购买者花费更多时间和精力去搜集你感兴趣的车模。

四是情境因素。在紧急情况下买产品时,人们对信息的搜寻是有限的。比如,车坏在半路上了,司机不大可能到处打电话去找一个最便宜的地方修车。

③消费者选择信息的过程。如果愿意的话,消费者会搜寻到大量有关某产品或服务的信息,但不是任何情况下都是信息越多越好。而且,面对同样的情境,不同的消费者会有不同的理解,这是因为他们的个性、经验、需要等影响了他们对情境的知觉,并进而影响了他们对信息的选择。通常情况下,消费者对信息的选择过程要经过3个步骤。

第一,选择性注意。人们日常生活中会接触很多的刺激,但他不可能注意到所有刺激,其中大部分会被过滤掉。问题的关键是要弄清楚哪些因素能引起消费者的注意。研究发现,影响消费者知觉选择的因素主要有三个方面:首先,消费者比较注意与当前需要有关的刺激。其次,消费者比较注意他们所期盼的刺激。最后,人们比较关注超出正常刺激规模的刺激,如汽车消费者更可能关注优惠1万元以上的广告,而不是只优惠5 000元以下的广告。

第二,选择性曲解。即使是消费者注意到的刺激,也并不一定产生预期的作用。每个人总是按自己现有的思维模式来接受信息。选择性曲解是指人们趋向于将所获得的信息与自己的意愿结合起来。在很多情况下,人们是按先入为主的想法来解释信息的。

第三,选择性记忆。人们往往会忘记大多数接触过的信息,而倾向于记住那些符合自己的态度与信念的信息。

3)方案评价

在这个阶段中,消费者会使用记忆中存储的和从外界信息源获得的信息,形成一套标准。这些标准将帮助消费者评估和比较各种选择。当然,消费者使用的评价过程和评价标准也不尽相同，甚至同一个消费者在不同的购买情境下所使用的评价过程也不相同。这是因为消费者购买不同的产品，是为了满足他不同的需要，因而他可以从不同的产品中寻求到特定的利益。消费者将各种产品看作能不同程度地带来所寻求的利益，并进而满足某种需要的属性集。消费者所感兴趣的属性随产品的不同而各异。比如，汽车消费者对奥迪车感兴趣的属性可能是新技术的应用，而对奔腾、速腾、迈腾车感兴趣的属性则偏重于车的配置方面。

消费者在实际的购买过程中可能采用的决策原则主要有以下 5 种。

①理想品牌原则。每个消费者心目中都有一个对某产品的理想品牌的印象，并用这种理想品牌印象同实际品牌进行比较，实际品牌越接近理想品牌就越容易被消费者所接受。比如，消费者可以先给自己心目中的理想品牌打分，然后再给实际品牌打分，最后求两者之间的差距。差距越大，表明实际品牌与理想品牌之间的差距就越大，消费者的不满意程度也就越大。

②多因素关联的决策原则。这一原则是消费者为商品的各种属性规定了一个最低可接受水平，只有所有这些属性都达到了规定水平时，该商品才可被接受，而对于没有达到这一可接受水平的其他品牌的商品都不予以考虑。运用这一原则，就排除了某些不必要的信息干扰，缩小了处理信息的规模。但是，这种决策所导致的可接受的品牌可能不止一个，因此，消费者还要做进一步的筛选工作。

③单因素分离原则。这种方法实质上是多因素关联原则的对立面。这种模式是指消费者只用一个单一的评估标准来选择商品。也就是说，消费者以一种属性去评价他所考虑的几个品牌的商品，并从中选出最符合他的评价标准的那个品牌。

④排除法的决策原则。排除法的核心在于逐步排除以减少备选方案。采用这种方法时，首先，要排除那些不具备所规定的最低可接受水平的品牌。其次，如果所有考虑中的品牌都达到某一评估标准的最低限度要求，那么，这一标准也要去掉，因为这种无差别的衡量对选择过程没有用处。总之，这种方法就是不断地以不同的标准加以衡量，再不断地排除下去，直到剩下最后一个为止。最后，这个品牌所具有的独一无二的特征被称为“独特优势”或“关键属性”。

⑤词典编辑原则。这种方法类似于编辑词典时所采用的词条排序法，即首先将产品的一些属性按照自己认为的重要性程度，从高到低排出顺序，然后再按顺序依次选择最优品牌。也就是说，消费者根据排序中第一重要的属性对各种备选品牌进行比较，如果在这个过程中出现了两个以上的品牌，那么消费者还必须根据第二重要的属性甚至第三重要属性、第四重要的属性等进行比较，直到剩下最后一个品牌为止。

4）购买决策

购买决策同真正的购买行为并不是一回事。在一般情况下，消费者一旦选择买某一个品牌，他就会执行这个决策并真正地购买。但在消费者即将购买时，也许会出现某些未预料到的情况，从而改变了他们的购买意图。这时就需要作出额外的决策，比如什么时候买，在什么地方买，花多少钱及支付方式等。

消费者改变、推迟或取消购买决定在很大程度上是受到他所感受到的风险的影响。费用很高的商品一般都有风险。消费者经常遇到的风险有：

第一，功能风险。涉及服务产品的质量和服务优劣问题。在一般情况下，当购买的产品和享受的各种服务不能像预期那样满意时，就存在着功能风险。比如，买的车百公里油耗比买时说的高许多，车速每小时 80 km 以上就发漂，等等。

第二,资金风险。这是花费较多的金钱是否能买到较好的产品和享受优质的服务的风险。比如花 15 万元买了辆车,是否能像宣传的那样好,车有了问题是否能得到快捷、优质的服务,等等。

第三,社会风险。这是购买某种产品或享受某种服务是否会降低消费者的自身形象的风险。

第四,心理风险。这是说购买某种商品或服务是否能增强个人的幸福感和自尊心,或者反过来说,能否引起个人的不满意或失望的情绪。比如,个人买车,本来是为了享受生活、方便出入、提高自尊、实现自我,但没想到,车买了之后,经常出问题,那也真是令人不满意和失望,也许还不仅仅如此。

第五,安全风险。这是说消费者所购买的商品或服务是否会危害他的健康和安全。比如,所购车的被动安全系统是否可靠等。

消费者对风险的知觉取决于许多因素。首先,消费者个人的特点(文化层次、智力水平、经济水平)不同,在同一情况下,不同的人会知觉到不同的风险水平。其次,消费者的风险知觉还取决于他们购买的产品或服务的种类,比如,购买汽车和房子比买彩电、冰箱的风险要大得多。

对消费风险的知觉会影响人们的消费决策。人们常常会在下列情况下感知到风险。

一是目标不明确。比如,有的人已经打算买车,可是买什么品牌的车,和到哪家 4S 店去买,并没有作决定。在这种情况下,消费者实际上已经感知到风险的存在了。

二是缺乏经验。一个没有买过车的人,面对众多的 4S 店和各品牌的车,以及提供的各种服务,常会感到不知如何选择才好。因此,自身经验的缺乏,也常使人们感知到风险。

三是信息不充分。缺少信息或相互矛盾的信息来源也能使消费者知觉到风险。对汽车的价格、质量、安全性等情况一无所知,消费者在作决定时就会犹豫不决。另外,对于同一汽车或同一 4S 店,自己和朋友作出了不同的评价甚至互相矛盾的评价,常常会使消费者感到无所适从,因而很自然地会感知风险。

四是相关群体的影响。每个人都生活工作在家人、朋友、同事的周围,个体的行为一旦与相关群体的其他成员不一致时,便会感到来自群体的压力。这种压力常会影响到消费者的决策。比如,家人比较看好速腾,自己却看好迈腾。

5)购后行为

消费者在作出购买产品或服务的决定之后,就进入了购后过程。消费者通过自己的使用和他人的评价,对购买决策进行再评价,来判断其购买是否满意。购买者对其购买活动的满意感(S),是其对产品的期望(E)和该产品可觉察性能(P)的函数,即 $S=f(E,P)$。若 $P=E$,则消费者感到满意;若 $P<E$,则消费者会不满意;若 P>E,消费者则会非常满意。

为什么使消费者满意非常重要?因为公司的销售业绩来源于两个基本群体,即新客户和再度光临的客户。吸引新客户通常比留住旧客户花费较多,因此,维持现有的顾客群,比招揽新顾客更为重要。而维持原有客户的关键在于令消费者满意。如果他满意,就会再次购买,并告知其他人该产品的优点。

(2)汽车消费者的购买决策过程

汽车消费者在购车的时候,同样也要经历购买决策的 5 个阶段,即问题确认、信息搜集、方案评价、购买决策、购后行为。

1)汽车购买的问题确认

消费者要买车,一般不是个人行为,而是家庭行为。因此,当一个家庭决定要买车的时候,先是有这方面的“苗头”,或者是先由丈夫提出,或者先由妻子提出。家庭买车,没有一个人说了算,不跟对方商量的。当主要用途定下来之后,买哪个品牌的车也就基本“有谱”了。如果只是上下班代步,接送孩子,可能就买一般的车;如果主要是丈夫用,很可能要买好一点的。一旦能最后定下来,就会进入到第二阶段:信息搜集。

2)汽车购买的信息搜集

如果一个家庭定下来要给妻子买辆车,价格在10万~15万元,而且夫妻一致有购买国产红旗车的意向,那么,接下来就是搜集有关信息的阶段。一搜才知道,红旗系列车有“红旗概念车”“红旗明仕”“红旗旗舰”“红旗盛世”“红旗世纪星”等,而价格接近预算的,也只有“红旗世纪星”系列中的卓越者2.0舒适型一款了,定价在15.98万。再看油耗,厂家公布的为7.5,真实油耗为8.39。再看看车主的点评:“看起来大气,开起来舒服,红旗知名度高”“作为中国人,买中国车是理所当然的”。当然,也有负面的评价。

3)汽车购买的方案评价

如果我们还是接着前面的例子说,那个家庭要买国产车,价位在10万~15万元,第一方案是买红旗系列车,具体为红旗世纪星卓越者2.0舒适型;第二方案是奔腾系列(B50的定价在9.88万~12.58万元,车友评分为77分,B70的定价在12.98万~20.88万元,车友评分为79分)。丈夫倾向于红旗车,妻子则倾向于奔腾。接下来,夫妻二人该对两个方案进行全面评价了。经过看网上车友的评价,问同事们的意见和亲友们的看法,最终多数意见比较赞同妻子的方案,即奔腾系列。

4)汽车购买的购买决策

前面这个家庭最终要考虑奔腾系列了,还有个选择过程。奔腾B50系列,价格偏低些,而奔腾B70价格稍高些。最后的决策,可能要取决于这个家庭的决策类型和经济实力。如果是妻子决策型,家庭又不缺钱,最后决策买B70就基本没问题;如果是丈夫决策型,家庭又不太宽裕,可能就要买B50了。

5)购后行为

购后行为对于买车后的家庭来说,就是对车的具体评价。一分钱一分货,B70虽然贵一些,但各方面都要好一些。如果前面那个家庭最后买的就是B70,相信妻子开着它,感觉会非常好。正如广告上说的那样:奔腾B70不仅具备绝佳的操控性、出色的安全性和舒适性,更具有领先同级的科技装备、稳定可靠的产品质量和时尚动感的整车内饰,是一款有能力和国际品牌同场竞技、为消费者带来全面增值的产品。

典型案例

顾客走进江淮轿车4S店

销售人员:您好!欢迎光临。我是销售顾问××,这是我的名片。

顾客:您好!(慢慢走进展台观赏和悦三厢)这是和悦车吧?

销售人员:您说的正是2010年主推车型之一的江淮和悦三厢1.5 L最新款。

顾客:最新款的吗?

销售人员:是的,看来您之前有了解过我们这款和悦轿车是吧?您通过什么途径了解到这款和悦车的呢?

顾客:哦。我之前刚买了一辆奇瑞 QQ6,现在正用着,就在你们店旁边的奇瑞店买的,买了以后看见还有个江淮 4S 店,就顺便过来看了一下,这车现在卖多少钱?

销售人员:您现在看到的这一款是江淮和悦 1.5VVT 发动机的优雅版,售价 73 800 元。(顾客走上展台环绕了一圈。)

销售人员:您可以到车内去亲自感受一下,几万块钱的车如果您要购买,也需要亲身体验一下吧!

顾客:空间挺大,坐在驾驶舱里面感觉头部和脚部都很宽松。

销售人员:您说的没错,空间就是这款车的一大亮点之一,在同级别车当中,它拥有 2 710 mm 的超长轴距,能够带给您大空间、大舒适、大享受的驾乘体验,即便是身高 180 cm 身材的人坐进我们这款和悦三厢车型中,他所拥有的头部空间和脚部空间近 100 mm,在同级车空间中可以说是力压群雄。

顾客:确实不错,比我的 QQ6 宽多了。

销售人员:那肯定没办法比,就不是一个级别的车,比较起来就有些牵强了,您是想换辆车吗,还是……

顾客:我那车现在开着问题太多了,这里不发生异响,那里就发出异响,真是烦心。

销售人员:那您看是不是去售后检查过了呢?

顾客:去过几次了,或多或少还是会有问题出来。

销售顾问:这种情况在常规用车过程中或多或少都会有所体现,就我们的车而言也会有少许客户反映这种情况,然而江淮汽车从成立之初树立的一种理念之一就是要打造出一支专业的售后团队,提供最贴心的服务,让您用车的过程中能够感受到一种负责任的态度,俗话说"出现问题不可怕,怕的是出现问题后处理问题的态度和决心,您说是不是这个理?"

顾客:确实是,别到时候买车之前什么都好,买车过后又是另外一种样子。

销售顾问:请您放心,作为一家达到厂家认可,并且具有如此规模的 4S 店,能够为您用车保驾护航,使得您在用车的过程中能够顺心、省心、舒心是我们经销商在市场中站稳脚的必备条件,您说有了这样的服务和决心,您还会有所顾虑吗?

顾客:这车有些什么颜色啊?

销售顾问:您可以随我来,您看我们目前可供您选择的颜色有 5 种:红色、白色、蓝色、银色、黑色,您喜欢什么颜色呢?

顾客:我比较喜欢黑色。

销售顾问:这样吧,您稍等一下,我去拿下钥匙,让您再次感受一下。

顾客:好的。(然后顾客再次上车)

顾客:现在感受也感受不出来什么,只有用过以后才知道。

销售顾问:那是当然。

顾客:这车现在有些什么优惠啊?

(销售顾问详细介绍优惠政策。)

顾客:再优惠一点啊,钱我都带来了,今天本来是来看奇瑞 A3 的,你这里如果能再优惠一点我就买了。

(销售顾问通过和客户不断地沟通,运用向经理汇报、请示等方法,抓住 客户对优惠顾虑的心理,最后与客户达成共识,最终成交。)

任务工单

<table>
<tr><td rowspan="3">学习任务4
项目单元4</td><td>班级</td><td colspan="3"></td></tr>
<tr><td>姓名</td><td></td><td>学号</td><td></td></tr>
<tr><td>日期</td><td></td><td>评分</td><td></td></tr>
<tr><td colspan="5">1. 怎么理解需要的概念？

2. 怎么理解需要层次理论？

3. 汽车消费动机的类型有哪些？

4. 汽车消费者的购买决策类型有哪些？

5. 实战演练
注意一下你周围消费香烟和酒类的男性朋友，他们经常消费何种类型的香烟和酒类，与其进行深入沟通，回答以下问题：
（1）朋友的姓名：____________　职业：____________　年龄：____________
（2）经常消费何种类型、品牌的香烟？消费该种香烟的主要动机是什么？

（3）经常消费何种类型、品牌的酒类？消费该种酒类的主要动机是什么？</td></tr>
</table>

单元 5

汽车消费者群体与消费心理

学习目标

知识目标:明确参照群体对消费心理的影响;掌握不同年龄、不同性别、不同职业群体的消费心理特点;掌握家庭的消费心理特点。

技能目标:能够正确判断营销中参照群体的影响力,能够在营销中根据不同年龄、不同性别、不同职业的消费心理特点进行营销;能够根据家庭消费心理特点预测家庭消费行为。

态度目标:群体与个体是一般与个别、共性与个性的关系;营销人员应当学会对不同年龄、不同性别、不同职业的消费者采取不同的营销措施。

任务导入

谁动了小瞿的名片?

展厅门开了,进来了一对夫妇,年龄大约 40 岁,穿着很得体。当客户对展厅里的一辆 A4 1・8T 尊贵型轿车产生兴趣的时候,小瞿已经站在了离客户 3 m 的安全距离(这个距离不会让客户感到有压力)。"您好! 欢迎光临我店,我是销售顾问小瞿,这是我的名片。请问怎么称呼您?"这个时候正在发愁怎么打开后备箱的客户注意到了小瞿。当一个人需要帮助的时候,是你最容易接近他的时候。"哦,你好,我姓陈,这位是我的爱人。"他指着旁边那位非常有气质的女士说,"我们打算买辆新车,主要是我爱人开。她刚获得了驾照。我们都很喜欢 A4 这款车,所以专门来看一下。""陈先生,您真的很有眼光。A4 是一款非常棒的汽车,它拥有时尚动感的外形,动力性和安全性都非常出色,真的特别适合您太太的气质。"小瞿的这番话使陈先生和他太太露出了满意的表情。后来,小瞿又了解到客户的详细信息:陈先生是一位成功的房地产商人,爱人是公务员。他们都很喜欢开车。这次买车的预算在 40 万元以内。小瞿根据客户的需求给他们介绍了一款 33.5 万元的 A4 豪华型车。

"王女士,您刚才说非常喜欢 A4 的外形。是的,它的外形设计非常符合您的气质。您知道为什么它的侧玻璃比较小吗?""不太清楚,好像真的比咱们家的老皇冠 3.0 的玻璃小,是吧,老陈?""就是小,我也不太清楚。""其实,这种设计是为了增加车辆侧面的安全性,给客户更多的保护。"30 分钟的试驾体验在客户意犹未尽中结束了。再次来到展厅的时候,陈先生不出所料地询问了付款方式、车辆质保等成交的信号。“价格能优惠吗？你看小瞿，我们相处得很好，你的业务知识很棒，咱们不是朋友吗？而且我还有很多朋友都打算买车，你想办法给我多优惠一点儿，没问题吧？”小瞿接过话茬说：“谢谢陈总的夸奖。其实，我真的特想给你们优惠，可是我们的车是全国的统一售价，价格确实没办法便宜，但以后您的车子有什么问题都可以来找我，我就是您爱车的保姆。”在一片笑声中，小瞿与陈先生确定了交车的时间和其他细节。这时候，一直沉默的女士说话了：“老陈，我们先回去考虑一下，看看找找别人能不能优惠。再说这么贵的东西也不能就这么定下来呀。”

没过几天，陈先生拿着小瞿的名片来到展厅，点名找小瞿买车。整个交车过程非常愉快，因为小瞿和客户已经成了朋友。在陈先生离开展厅前，他神秘地对小瞿说：“当有人拿着你的名片来展厅找你的时候，就表明这个客户已经认可你了。谁动了你的名片，相信那一定是接受你及你的产品的用户。”

思考题：

1. 家庭购车有几种决策形式？本案中属于哪一种？为什么？

2. 小瞿为什么会成功？

3. 小瞿递名片的时机是怎么把握的？陈先生对小瞿所说的一番关于名片的言论对你有何启发？

案例分析

家庭购车，一般有3种决策形式：一是丈夫决定式；二是妻子决定式；三是共同决定式。本案中表面上是“共同决定式”，但基本上还是属于丈夫决定式。因为案例中有小瞿和陈先生定好“交车的时间和其他细节”的叙述，后来只是由于妻子的一番话而暂时搁浅。但最后来店里购车，说明了夫妻二人回家研究之后觉得还是可以买，最后才成交的。小瞿的成功，在于他对展厅销售流程的熟练掌握，在于他恰到好处地处理了细节。客户刚进展厅时，小瞿并没有马上迎上前去，而是看到他们对一辆车感兴趣时才走上前去，但还保持了一定距离（3 m的安全距离）。另外，当得知买车主要是给女士开时，小瞿就前后两次夸奖女士，说她的气质好，正好与车的外形相配，等等。小瞿还不忘幽默：将来我就是您爱车的保姆。这句话，虽然“贬低”了自己，但却抬高了客户，客户自然感到心里舒服。因此，小瞿的成功就一切顺理成章了。

小瞿递名片的时机，是当他看到夫妻俩需要帮助的时候。正如案例中所说：当一个人需要帮助的时候，是最容易接近他的时候。小瞿就是在这个时候，一边作自我介绍，一边很自然地递上了自己的名片。陈先生对小瞿说的那番关于名片的话，可以说是经验之谈，是陈先生多年阅历的总结。作为一名销售顾问，应当像小瞿那样，在最适当的时候递上自己的名片，这样，成功就近在咫尺了。

学习任务5.1　社会群体概论

5.1.1　群体的概念及特征

(1)群体的概念

群体是指在共同目标的基础上，由两个以上的人所组成的相互依存、相互作用的有机组合体。怎么理解这一概念？

第一,群体由两个人以上组成。

第二,群体有共同的目标。

第三,群体中的人相互依存、相互作用。

第四,群体是有机组合体,不是一盘散沙。

(2)群体的特征

1)成员们的目标共同性

群体之所以能够形成,是以若干人的共同活动目标为基础的,正是有了共同的目标,他们才能走到一起并彼此合作,以己之长,补他人之短,以他人之长,补自己之短,使群体爆发出超出单个个体之和的能量。群体的这一特性,也是群体建立和维系的基本条件。

2)群体自身的相对独立性

群体虽然是由单个的个体所构成的,但一个群体,又有自己相对独立的一面。它有着自身的行为规范、行动计划,有自己的舆论,而这些规范、计划和舆论,不会因为个别成员的去留而改变。

3)群体成员的群体意识性

作为一个群体,它之所以能对各个成员发生影响,并能产生出巨大的动力,就是因为群体中的每个成员都意识到自己是生活在某一个群体里,在这个群体中,成员之间在行为上互相作用、互相影响、互相依存、互相制约。在心理上,彼此之间都意识到对方的存在,也意识到自己是群体中的成员。

4)群体的有机组合性

群体不是个体的简单组合,而是一个有机的整体,每个成员都在这个群体中扮演一定的角色,有一定的职务,负一定的责任,以做好自己的工作而配合他人的活动,使群体成为一个聚集着强大动力的活动体。

5.1.2 群体的维度

(1)年龄维度

这是指构成群体的年龄因素,每个群体的存在都离不开这个因素。群体之所以能成为群体,是因为它是由具有各种年龄特征的人组成的。群体的这一维度直接决定着群体的活动个性。

(2)知识维度

这是针对构成群体的知识结构而言,也正是这一维度,决定着群体的层次,但是这种层次是不稳定的,因为知识维度是一个活动性很大的因素,知识维度发生变化了,群体的层次也就随之发生变化。例如,一个机关,由于历史的原因,开始时工作人员的知识都很贫乏,层次较低,但是通过他们一系列的努力,使知识水平得到提高后,知识维度的层次也就提高了。从这个意义上说,知识维度影响着群体的层次水平。

(3)能力维度

这一维度具有相对的稳定性,它决定着一个群体活动的质量。能力维度高,群体活动质量就高;反之,群体就没有多高的活动质量,这种群体,充其量也只能达到中等水平,不是一个理想的群体。比如有的企业所配备的领导集体能力水平不高,结果导致企业没有活力,产品的数量、质量上不去,工人的积极性调动不起来。这种群体如不及时调换领导,会导致企业倒闭。

(4)专业维度

这是群体维度中的特殊因素。因为个体所具有的专业知识是通过学习、培训和训练得来的，所以，专业维度合理的群体，有着特别强大的活力，这种群体，能进行创造性的活动。群体的维度很多，还有性格、信念、观念等，这里只讲几种主要的维度。所谓群体的维度，是指由这些多种多样的维度有机组合，使不同的群体各具特色。群体的维度对群体的活动效率有很大影响。群体的维度组合适当，会使群体成为一个凝聚力很强的活动体，这样的群体活动效率非常高。否则，群体只能是一个涣散、冲突不断、纠纷不绝、活动效率非常低的组合体。

5.1.3 群体的分类

(1)平面群体和立体群体

这是就参加群体的人员成分而言的。所谓平面群体，是指参加这一群体的人员，在年龄特征、知识结构、能力层次及专业水平上基本大同小异，属于同一类型。这样的群体，活动比较单一，服务面也比较窄。而立体群体，则是由4种基本维度水平相差较大的成员所组成，他们虽有差异，但却各有所长，它既可以做到发挥各自优势，又可进行相互弥补，使群体成为一个可以进行复杂活动且服务面非常宽的群体。这种群体有着强大的活力。例如，有的单位，由于人员素质好，各具所长，因此，当工作活动需要转向时，很容易就能转过去，而且很快就能站住脚，像这样的群体，就属于立体型群体。

(2)大群体和小群体

这是根据群体人数的多少而划分的。所谓小群体，是成员之间能够直接在心理上相互沟通，在行为上相互接触和影响的群体。这种群体一般以5~9人为最佳，但也有人认为，可以有十几个或二三十人，但上限不能超过40人。具体地说，这种群体包括部队的班排、学校的班级、工人的班组、机关的科室、行政领导班子，等等。而大群体人员较多，成员之间的接触联系就不太直接了，相对来说在这种群体里，人与人之间关系的维系，社会因素占的成分比心理因素多。具体来说，大群体可以大到阶级群体、阶层群体、民族群体和区域群体，也可以小到一个厂、一个公司等。

(3)假设群体和实际群体

这是就群体是否实际存在而言的。所谓假设群体，是指虽有其名，而无其实，在实际中并不存在的一种群体。它是为了某种需要，人为地将人群按不同的方式加以划分。例如，凡是下过乡的知青，都不自觉地归入“锻炼类”。一般同种经历的人相遇，就会觉得亲近几分。再如，目前我国正处于经济建设的高潮期，大量的年富力强的知识分子就成了中坚力量，于是，社会上就把40~50岁的知识分子称为“中年知识分子”。这些群体都属于假设群体，因为这些人从没有自觉地聚集在一起，也没有直接交往，甚至根本就不认识，只是因为他们在某些方面具有共同点而已，如共同的经历、共同的年龄特征、共同的职业特征、典型的社会心理特征等，由此可知，这些群体实际并不存在，只是为了研究的方便而创设的，故称之为假设群体。

实际群体则是现实生活中实际存在的，其成员之间有着各种各样的联系，如工厂中的车间、班组、行政机构中的科室等，都是实际群体。

(4)参照群体和一般群体

这是就群体在人们心目中的地位而言的。参照群体也称为标准群体，所谓参照群体是指这类群体的行动规范和目标会成为人们行动的指南，成为人们所想要达到的标准。个人会自觉地把自己的行业与这种群体的标准相对照,如果不符合这些标准,就会立即修正。这种群体对人的影响很大,美国心理学家米德认为,这种群体的行为标准和行为目标会成为个人的“内在中心”。例如,某些先进的班组、科室和连队,它们的规范自然而然地变为每个成员的行为准则。在现实生活中,个人所参加的群体不一定是心目中的参照群体,往往有这样的情况,一个人参加了某一群体,但在他心目中却把另一群体作为自己的参照群体。在这种情况下,如果处理不好,往往会造成个体对自己所处的群体感情淡薄,有的甚至会走向反面。当今社会上青少年犯罪率之所以增高,和这些不无关系。要改造他们,就要设法使他们置身于参照群体中。

一般群体则是指参照群体以外的群体。消费心理学里所说的群体,主要就是参照群体。

(5)正式群体和非正式群体

这是针对群体的构成形式而言的。这种划分最早来自于美国心理学家梅约的霍桑实验。所谓正式群体,是指由官方正式文件明文规定的群体。群体的规格严格按官方的规定建设,有固定的成员编制,有规定的权利和义务,有明确的职责分工。为了保证组织目标的实现,有统一的规章制度、组织纪律和行为准则。我们平时所见到的工厂的车间、班组,学校的班级、教研室,党团、行政组织,部队的班、排等,都属于正式群体。

非正式群体则是未经官方正式规定而自发形成的群体。它是人们在共同的活动中,以共同利益、爱好、友谊及“两缘”(血缘、地缘)为基础自然形成的群体。它没有人员的规定,没有明文规定各个成员的职责,它追求的是人与人之间的平等,活动的目的是使每个成员的社会需求得到满足。它的“领袖”人物是自然产生的,他们的行为受群体的不成文的“规范”来调节。例如,“棋友”“球友”等有同样爱好的友好伙伴或某种具有反社会倾向的团伙等都属于非正式群体。非正式群体在某种情况下具有特殊的作用,有时甚至比正式群体的作用还大。

除了上述群体外,在我们的生活中还存在着以成员的相互关系的程度和发展水平而进行划分的群体,如松散群体、联合式群体等。

5.1.4 群体的功能

群体之所以形成、存在和发展,主要在于它有一定的特殊功能。概括地说,群体具有两大功能:一是群体对组织的功能;二是群体对个人的功能。

(1)完成组织任务,实现组织的目标

这是群体对组织而言的。作为一个群体,只能在活动中生存,它的活动,就是为了完成组织的任务。群体是一个由若干人组织起来的有机组合体,它具有单个人进行活动时所没有的优越性,成员之间为了共同的奋斗目标,互相协作,互发所长,互补不足,使群体产生巨大的动力,促使活动顺利进行,圆满地完成任务,俗话说,“众人拾柴火焰高”,群体的力量是巨大的。

(2)满足群体成员的多种需要

群体的这一功能,是群体针对个体而言的。群体形成后,其成员的各种需要,要以其为依托而得以满足。而群体本身也正好具备这一功能。

①使成员获得安全感。作为一个个体,只有当他属于群体时,才能免于孤独的恐惧感,获得心理上的安全。

②满足成员亲和和认同的需求。群体是一个社会的构成物,在群体中,人们的社会需求可以得到满足。群体给人提供了相互交往的机会,通过交往,可以促进人际间的信任和合作,并在交往中获得友谊、关怀、支持和帮助。

③满足获得成就感和自尊的需求。在群体中,随着群体活动成功的增长,成员的成就感也得到了相应的满足,并从成就感中勃发出新的动力。与成就感相伴随的,人们还有自尊的需求。而在群体中,个人有个人的位置,处于各种不同位置的人,都会彼此尊重,每个人在群体中的自身活动,都是满足自尊的一种最好的形式。

④在满足需求的基础上产生自信心和力量感。这是群体活动的动力来源。群体的两大功能之所以能充分发挥,是和群体有着强大的动力源泉分不开的。作为一个群体,一方面它表现出自己的能量,另一方面也积蓄着供自己活动的动力,只有这样,群体才是一个健康的群体。在日常生活中,有些群体之所以由盛到衰,很大程度上是因为群体自己不再拥有“造血”的功能。

学习任务5.2 参照群体对汽车消费者的心理影响

5.2.1 参照群体概述

(1)参照群体的概念

参照群体是个体在形成其购买或消费决策时,用以作为参照、比较的个人或群体。如同从行为科学里借用的其他概念一样,参照群体的含义也在随着时代的变化而变化。参照群体最初是指家庭、朋友等个体与之具有直接互动的群体,但现在它不仅包括了这些具有互动基础的群体,而且也涵盖了与个体没有直接面对面接触但对个体行为产生影响的个人和群体。

(2)参照群体的功能

参照群体具有规范和比较两大功能。

1)规范功能

这一功能在于建立一定的行为标准并使个体遵从这一标准,比如,受父母的影响,子女在食品的营养标准、穿着打扮、到哪些地方购物等方面形成了某些观念和态度。个体在这些方面所受的影响对行为具有规范作用。

2)比较功能

比较功能是指个体把参照群体作为评价自己或别人的比较标准和出发点,如个体在布置、装修自己的住宅时,可能以邻居或仰慕的某位熟人的家居布置为参照和仿效对象。

(3)参照群体为什么会有“参照”作用

1)名人效应

名人或公众人物,他们作为参照群体会对公众尤其是对崇拜他们的受众具有巨大的影响力和感召力。对很多人来说,名人代表了一种理想化的生活模式。正因为如此,企业才会花巨额费用聘请名人来促销其产品。研究发现,用名人作支持的广告较不用名人的广告评价更正面和积极,这一点在青少年群体上体现得更为明显。运用名人效应的方式多种多样。例如,可以用名人作为产品或公司代言人,即将名人与产品或公司联系起来,使其在媒体上频频亮相;也可以用名人做证词广告,即在广告中引述广告产品或服务的优点和长处,或介绍其使用该产品或服务的体验;还可以采用将名人的名字用于产品或包装上等做法。

2）专家效应

专家是指在某一专业领域受过专门训练，具有专门知识、经验和特长的人，医生、律师、营养学家等均是各自领域的专家。专家所具有的丰富知识和经验，使其在介绍、推荐产品与服务时较一般人更具权威性，从而产生专家所特有的公信力和影响力。当然，在运用专家效应时，一方面，应注意法律的限制，如有的国家不允许医生为药品作证词广告；另一方面，应避免公众对专家的公正性、客观性产生质疑。

3）“普通人”效应

运用满意顾客的证词证言来宣传企业的产品，是广告中常用的方法之一。由于出现在荧屏上或画面上的证人或代言人是和潜在顾客一样的普通消费者，这会使受众感到亲近，从而使广告诉求更容易引起共鸣。像宝洁公司、北京大宝化妆品公司都曾运用过“普通人”证词广告，应当说效果还是不错的。还有一些公司在电视广告中展示普通消费者或普通家庭如何用广告中的产品解决其遇到的问题，如何从产品的消费中获得乐趣等。由于这类广告贴近消费者，反映了消费者的现实生活，因此，它们可能更容易获得认可。

4）经理型代言人

自20世纪70年代以来，越来越多的企业在广告中用公司总裁或总经理做代言人。例如，克莱斯勒汽车公司的老总李·艾柯卡在广告中对消费者极尽劝说，获得很大成功。同样，雷明顿公司的老总维克多·凯恩，马休特连锁旅店的老总比尔·马休特均在广告中促销其产品。我国广西三金药业集团公司，在其生产的桂林西瓜霜上使用公司总经理和产品发明人邹节明的名字和图像，也是这种经理型代言人推销手段的运用。

（4）参照群体的影响方式

1）规范性影响

规范性影响是指由于群体规范的作用而对消费者的行为产生影响。规范是指在一定社会背景下，群体对其所属成员行为合适性的期待，它是群体为其成员确定的行为标准。无论何时，只要有群体存在，无须经过任何语言沟通和直接思考，规范就会迅即发挥作用。规范性影响之所以发生和起作用，是由于奖励和惩罚的存在。为了获得赞赏和避免惩罚，个体会按群体的期待行事。广告商声称，如果使用某种商品，就能得到社会的接受和赞许，利用的就是群体对个体的规范性影响。同样，宣称不使用某种产品就得不到群体的认可，也是运用规范性影响。

2）信息性影响

信息性影响指参照群体成员的行为、观念、意见被个体作为有用的信息来参考，由此在其行为上产生影响。当消费者对所购产品缺乏了解，凭眼看手摸又难以对产品品质作出判断时，别人的使用和推荐将被视为非常有用的证据。群体在这一方面对个体的影响，取决于被影响者与群体成员的相似性，以及施加影响的群体成员的专长性。例如，某人发现好几位朋友都在使用某种品牌的护肤品，于是她决定试用一下，因为这么多朋友使用它，意味着该品牌一定有其优点和特色。

3）价值表现上的影响

这是指个体自觉遵循或内化参照群体所具有的信念和价值观，从而在行为上与之保持一致。例如，某位消费者感到那些有艺术气质和素养的人，通常是留长发、蓄络腮胡、不修边幅，于是他也留起了长发，穿着打扮也不拘一格，以反映他所理解的那种艺术家的形象。此时，该消费者就是在价值表现上受到参照群体的影响。个体之所以在无须外在奖惩的情况下自觉依群体的规范和信念行事，主要是基于两方面力量的驱动。一方面，个体可能利用参照群体来表现自我，来提升自我形象；另一方面，个体可能特别喜欢该参照群体，或对该群体非常忠诚，并希望与之建立和保持长期的关系，从而视群体价值观为自身的价值观。

（5）参照群体对其成员的影响程度的决定因素

1）产品使用时的可见性

一般而言，产品或品牌的使用可见性越高，群体影响力越大，反之则越小。最初的研究发现，商品的“炫耀性”是决定群体影响强度的一个重要因素。后来的一些研究探索了不同产品领域参照群体对产品与品牌选择所产生的影响。其中，拜尔顿和埃内尔的研究从产品可见性和产品的必需程度两个层面将消费情形分类，然后分析在这些具体情形下参照群体所产生的影响。

2）产品的必需程度

对于食品、日常用品等生活必需品，消费者比较熟悉，而且很多情况下已形成了习惯性购买，此时，参照群体的影响相对较小。相反，对于奢侈品或非必需品，如高档汽车、时装、游艇等产品，购买时受参照群体的影响较大。

3）产品与群体的相关性

某种活动与群体功能的实现关系越密切，个体在该活动中遵守群体规范的压力就越大。例如，对经常出入豪华餐厅和星级宾馆等高级场所的群体成员来说，着装是非常重要的；而对只是在一般酒吧喝喝啤酒或在一个星期中的某一天打一场篮球的群体成员来说，其重要性就小得多。

4）产品的生命周期

亨顿认为，当产品处于导入期时，消费者的产品购买决策受群体影响很大，但品牌决策受群体影响较小。在产品成长期，参照群体对产品及品牌选择的影响都很大。在产品成熟期，群体影响在品牌选择上大而在产品选择上小。在产品的衰退期，群体影响在产品和品牌选择上都比较小。

5）个体对群体的忠诚程度

个人对群体越忠诚，他就越可能遵守群体规范。当参加一个重要群体的晚宴时，在衣服选择上，我们可能更多地考虑群体的期望，而参加无关紧要的群体晚宴时，这种考虑可能就少得多。最近的一项研究对此提供了佐证，该研究发现，那些强烈认同西班牙文化的拉美裔美国人，比那些只微弱地认同该文化的消费者，更多地从规范和价值表现两个层面受到来自西班牙文化的影响。

6）个体在购买中的自信程度

研究表明，个人在购买彩电、汽车、家用空调、保险、冰箱、媒体服务、杂志书籍、衣服和家具时，最易受参照群体影响。这些产品，如保险和媒体服务的消费，既非可见，又同群体功能没有太大关系，但是它们对于个人很重要，而大多数人对它们又只拥有有限的知识与信息。这样，群体的影响力就由于个人在购买这些产品时信心不足而强大起来。除了购买中的自信心，有证据表明，不同个体受群体影响的程度也是不同的。

自信程度并不一定与产品知识成正比。研究发现，知识丰富的汽车购买者比那些购买新手更容易在信息层面受到群体的影响，并喜欢和同样有知识的伙伴交换信息和意见。新手则对汽车没有太大兴趣，也不喜欢收集产品信息，他们更容易受到广告和推销人员的影响。

5.2.2 参照群体对汽车消费者的心理影响

参照群体对汽车消费者的心理影响，主要体现在谁来影响(影响主体)、怎么影响(影响途径)和影响什么(影响内容)3个方面。

(1)影响主体

哪些主体会对汽车消费者发生"参照群体"影响呢？正如前面分析的那样，主要有4个主体：名人、专家、"普通人"、经理型代言人。

1)名人

这里所说的名人，主要就是各种明星，即歌星、笑星、球星、影星，以及各类娱乐节目捧出来的"超女""快男"们，还包括各类电视节目主持人。应当说，这些明星们都有其追随者，因此，许多厂家、商家都看好了这一点。我们可以细数一下电视里的汽车广告，其中就有不少是明星的杰作。我们暂且不去探讨他们对汽车消费者的影响有多大，总之，他们是影响主体之一。

2)专家

这里的专家不是泛指，而是仅指汽车方面的专家。由于一般消费者对汽车方面的专家不是很熟，因此，尽管他们也是影响主体之一，但是，他们的影响远远没有前面所分析的名人的影响大。

3)"普通人"

这个"普通人"，是指汽车消费者身边的亲戚、朋友、同学、同事、邻居等普普通通的人。他们看似"普通"，但他们离消费者最近，就在他们的生活里，就在他们身边。他们买什么车、什么价、什么配置、什么颜色、什么外形、是否费油、质量如何、性能如何等信息，消费者会迅速、真实、准确地掌握。厂家、商家不要小看这些"普通人"。

4)经理型代言人

经理型代言人是指那些出现在广告里的公司总裁或总经理。这些年，各类广告里虽然出现了一些这样的代言人，但是不多，没有"名人"类型的多。原因是多方面的：一是那些老总们忙；二是他们不想在公众面前曝光，以减少麻烦；三是他们觉得得不偿失。

(2)影响途径

参照群体对汽车消费者的影响途径主要有两种。

1)媒体

在各类媒体中，参照群体对汽车消费者的影响随处可见：报纸、广播、杂志、电视、网络，到处都能看到广告，在广告里也能看到那些参照群体在影响着汽车消费者。要说每时每刻都在发挥这种影响作用的，那就非电视莫属了。只要打开电视，就有广告；只要有广告，就有汽车广告；只要有汽车广告，参照群体就会出现。

2)人际

亲戚、朋友、同学、同事、邻居等对汽车消费者的参照影响，都是通过这一途径实现的。他们也许一个电话，也许连电话都不用，就把这种影响传导过去了。因为他们离得很近，就在身边，在生活圈子里，在工作圈子里，在交际圈子里。苏联有部电影叫《这里的黎明静悄悄》，而参照群体对汽车消费者来说，许多时候是"这里的影响静悄悄"。

(3)影响内容

参照群体对汽车消费者都在“静悄悄”地影响着什么呢?

1)车价

消费者想买一辆什么价位的车,心里边可能有个“谱”,但他还在犹豫,还不能最后“拍板”。往往这个时候,他身边可信赖的朋友、同事、亲戚等,就能帮他拿主意。比如,他原本想买辆七八万元的捷达就行了,朋友帮他分析利弊,最后,加了几万元,上了个台阶。车到手之后他会觉得:“对呀,我就是要买这样的车呀。多亏我听了朋友的话,要不然后悔死了。”

2)性能

安全性、舒适性、动力性、稳定性等性能,主要考虑哪一个? 舒适性第一,还是安全性第一? 在你摇摆不定的时候,可能你的朋友会帮你参考。

3)品牌

好的品牌,意味着过硬的质量、优秀的服务、客户忠诚度,意味着一笔无形资产。如果不差那几万块钱,就应首先考虑品牌。你的朋友会这么劝你,你的同事也会跟你这么说。

4)服务

可不要小看了服务:服务不好,就算客户已经进了你的4S店,照样可以转身出去;服务不好,客户可以投诉你,使你的名声扫地,别忘了“250定律”。海尔、联想的成功,主要在于他们的服务;那些败走“麦城”的公司,原因也恰好在于服务。服务好了,他可以推荐他的朋友、同事、亲属,甚至邻居来你的店;服务得不好,他可以不惜时间和精力,去告诉他所有认识的人:可千万别去某某店! 还是那句歌词:天地之间有杆秤,那秤砣是老百姓!

5)配置

有些消费者很注重车的配置(如前面说的十大配置),愿意为这些配置花费更多的钱。但有些时候,听听朋友、同事的说法,也能使你眼前一亮:对呀,我怎么就没想到呢。现阶段该有的配置,要有;可有可无的,就不需要配置它。另外,性别与年龄因素对配置的偏爱也有所不同。从性别来看,女性消费者对车载MP3、倒车雷达、前防撞雷达、加热除雾外后视镜、电动座椅调节、多功能方向盘、多方向可调方向盘、带雨量传感器的雨刷、全自动空调、GPS导航和侧面安全气囊等11项配置的偏好均高于男性消费者。而男性消费者仅在ABS和OBD车载诊断系统这些技术型配置方面的偏好高于女性消费者。不同年龄段的配置偏好也有差别,30岁以下的消费者对ABS、车载MP3、电动天窗和侧面安全气囊有明显偏好;30~39岁消费者对真皮座椅、电动天窗和侧面安全气囊有明显偏好;40~49岁消费者对多碟CD、倒车雷达、加热除雾外后视镜、防眩目内后视镜、多功能方向盘、多方向可调节方向盘、全自动空调和侧面安全气囊有明显偏好;50岁以上消费者对加热除雾外后视镜、OBD车载诊断系统有明显偏好。从消费者收入和预购车价位来看,收入水平越高的消费者对汽车主要配置的关注程度就越高,预购价位越高,对各项配置的偏好越明显。

6)时机、方式、地点

这是说,什么时候买车、以什么方式买车、在哪儿买车。是在商家竞相降价时买,还是汽车“涨声一片”时买? 是借钱买车、贷款买车,还是自己攒足了钱再买? 到口碑好的4S店去买,还是朋友带着,到他们消费过的店去买? 应当说这些方面,也都是参照群体对汽车消费者影响的内容。

学习任务5.3 年龄因素对汽车消费者的实际影响

5.3.1 不同年龄段的消费心理特点

由于这部分内容跟后面的内容有密切关系,因此,在这里我们分3个年龄段的消费者心理特点,即青年的消费心理、中年的消费心理、老年的消费心理,而儿童时期的消费心理与后面的汽车消费没有很大的联系,就不加以探讨了。

(1)青年消费心理

青年消费心理的特征包括4点。

第一,追求新颖、有特色、个性化的商品。青年的自我意识是青年个性发展的最集中的表现之一,青年的独立意向非常强烈、内心丰富、热情奔放、富于幻想。青年在购物上喜欢能表现个性心理的商品,追求时尚和浪漫。

第二,以前不是青年主要消费对象的房屋渐渐成为青年需要消费的首选消费。按今后形势的发展来看,福利性分房没有了,取而代之的是货币购房,因此存钱买房是每一个青年人,特别是城市青年人必须考虑的问题。同时,家庭的不少功能日益衰退,家庭结构日益"小型化"。

第三,青年的精神消费日益充实、发展。青年在吃、穿、住、用等物质消费水平提高后,为满足青年自身发展和发挥体力、智力、个性需要及整个生活质量和水平的提高,青年的精神消费需求更加充实,精神消费支出也越来越大。青年自己订购书籍、订购报刊进行学习或消遣,参加各种各样的文化培训班等现象在增多。同时,青年的旅游热方兴未艾。

第四,青年的人情消费在不断发展。人情消费是指青年在礼尚往来方面的花费。目前,青年的人情消费范围广,名目多,价码看涨。这使一些低收入的青年感到一定的压力。

青年消费特点包括3点。

第一,消费能力很强,市场潜力大。随着科技在社会发展中起着日益重要的作用,青年人的创新能力和知识更新优势给他们带来了越来越丰富的经济收入,加上他们家庭负担轻,消费观念新潮又不愿压抑自己的欲望,注重享受和娱乐,因此青年消费者就成为消费能力最强、市场潜力最大的一个消费群体。

第二,消费意愿强烈,具有时代感和自我意识。青年消费者经常表现出这样一种消费心理:大家都没有的自己要有,某些人有的自己必须有,大家都有的自己不想有。这是一种典型的标新立异、争强好胜、表现自我的心理。

第三,消费行为易于冲动,富有情感性。由于青年时期的人并未彻底成熟,加上阅历有限,使得个性尚未完全定型。他们内心丰富、热情奔放,冲动性消费明显多于计划性消费。例如,在许多时候,产品的款式、颜色、形状、广告、包装等外在因素往往是决定其是否购买该产品的第一要素。另外,青年消费者的消费兴趣具有很大的随机性和波动性,一会儿喜欢这种商品,一会儿又喜欢另外一种。这都反映出其消费的冲动性和情感性。

(2)中年消费心理

第一,购买时,注重商品的实用性、价格及外观的统一。中年人购物时不像年轻人那样注重时尚和浪漫,而是更多地关注商品的实际效用、合理的价格和简洁大方的外观。

第二,理性消费远超过情绪性消费,计划消费远超过冲动性消费。

第三,尊重传统,较为保守,对新产品缺乏足够的热情。

第四,注重商品使用的便利性,倾向于购买能减轻家务劳动时间或提高工作效率的产品。

第五,消费需求稳定而集中,自我消费呈压抑状态。

(3)老年消费心理

第一,心理惯性强。老年人在长期的消费生活中形成了比较稳定的态度倾向和习惯化的行为方式,它主要表现在日常生活中的购买方式、使用方法、商品认知(或品牌认知)等方面。老年消费者对商标品牌的偏爱一旦形成,就很难轻易改变。他们大多是老字号、老商店的忠实顾客,是传统品牌、传统商品的忠实购买者。他们往往对传统产品情有独钟。

第二,价格敏感度高。老年消费者对商品的普遍要求是物美价廉,认为"勤俭节约"是一种美德,穿衣服要"新三年,旧三年,缝缝补补又三年",吃饭要"粗茶淡饭"。在这种节俭传统的影响下,老年人购物,一方面注意价格,择廉选购(虽然许多老年人很难做到价比三家);另一方面是要求实惠。从一般的消费心态看,年轻人花钱买靓丽、买时尚,老年人花钱买实用、买传统。

第三,注重实际。老年消费者心理稳定程度高,注重实际,较少幻想。购买动机以方便实用为主,在购买过程中,要求商家提供方便、良好的购物环境和服务。消费中求方便是老年人生理变化促成消费生活变化的自然走向,方便性消费是生理变化的必然结果,它一般表现为对购买和消费两个方面求方便的要求。由于精力、体力随人的年龄增加而不断下降,即使生活情趣很高的老年人,对购买时的路途奔波、商品挑选的烦琐或者商场中人流的拥挤,也大多会感到心有余而力不足。在使用中,对那些有使用要求或需要阅读说明后再使用的商品,特别是对有些家用电器商品的各种开关、按键等,老年人大多感到不方便和反感。

第四,补偿性消费特征。补偿性消费是一种纯粹的心理性消费,这是一种心理不平衡的自我修饰。在生活消费中表现为,人们将现代消费水平与过去消费水平进行比较,比较的结果大多是对过去生活某些方面感到遗憾和不满足,而当家庭或个人生活水平较高且时间充裕时,对过去遗憾和不满足的补偿往往会成为他们的消费追求。这部分消费者基本上属于老年人,因为,在生活中追忆往事是老年人的心理特征,而向往和憧憬未来是青年人的心理特征。同时,由于子女成人独立后,老年人的经济负担减轻了,他们会试图补偿过去因条件限制未能实现的消费愿望。他们在美容美发、穿着打扮、营养食品、健身娱乐、旅游观光等方面有着较强烈的消费兴趣。

5.3.2 年龄因素对汽车消费者的实际影响

买车的人群年龄逐渐降低。前几年,购车群体主要集中在有一定经济基础、年龄在35岁以上的人士。如今,顾客的年龄逐渐降低,"80后"的购车人呈上升趋势,这部分人以贷款购车为主。前几年,贷款购车并不被大家认可,现在却越来越普遍。购买高档车多数都是一次性付款居多,而中低档车按揭购买的则比较多。根据个人的还款能力,宽余时多还、资金紧张时可少还的弹性贷款,也在一定程度上拉动了汽车购买。另外,股市的赚钱效应,也是汽车销量增加的一个原因。

汽车消费市场的目标消费群体从20世纪60—80年代都有各自不同的特点:20世纪60年代的人比较内敛中庸,在成功的道路上他们大多是刻苦加实干,机遇加诚信;"70后"比较包容开放,他们的消费更注重轿车的驾驶乐趣;“80后”比较开放独立,他们有自己的行为处世方法,他们的价值观念非常超前,对新生事物了解和接受能力都非常强,在选择轿车的时候,他们更喜欢选择有个性的车型。虽然“80后”购车数量有上升趋势,但目标消费群体还是以“60后”“70后”为主。

中高档车还是以中年人消费为主。有报道说,广州本田的新雅阁和丰田的凯美瑞也不约而同地将年龄层锁定在35~45岁的中高收入者。但总的趋势是:汽车市场主流消费者的年龄在不断走低,而其购买汽车的档次却在走高。但是目前的情况却不容忽视,虽然年轻人的购车欲望很强,但对高档车的购买力不强。

学习任务5.4　性别因素对汽车消费者的客观影响

5.4.1　不同性别的消费心理

(1)男性消费心理

①购买商品有果断性。男性顾客在购物上,独立性较强,对所购买的商品性能和商品知识了解得较多,一般不受外界购买行为的影响。

②在购买商品的范围上,多属于“硬性商品”,如家具、电视机、洗衣机、电脑等大宗商品,一般很少承担家庭生活中日用消费品的购买任务。

③挑选商品迅速,购买决策快。

④男性顾客在购买行为上体现出的自尊心比较强,特别是稍有社会地位的男性顾客所表现出的自尊心就更强。

⑤当男性消费者发现了自己的购买目标时,就想迅速选购,如果售货员没有马上接待,或表现出不理睬的态度,会使顾客放弃购买,如果售货员服务态度很好,顾客也会表现得大方、富有男性风度。

⑥具有怕麻烦的购买心理。一般男性顾客都有一种怕麻烦的购买心理,力求方便,特别是在购买低档的生活消费品的时候。

(2)女性消费心理

①注重商品的外表和情感因素。男性消费者在购物时,特别是购买生活日用品、家用电器时,较多地注意商品的基本功能、实际效用,在购置大件贵重商品时有较强的理性支配能力;而女性消费者对商品外观、形状,特别是其中表现的情感因素十分重视,往往在情感因素作用下产生购买动机。商品品牌的寓意、款式色彩产生的联想、商品形状带来的美感或环境气氛形成的温馨感觉等都可以使女性消费者产生购买动机,有时甚至是冲动性购买行为。购物现场的环境和促销人员的讲解和劝说在很大程度上会左右女性消费者的购买行为,有时甚至能够改变她们之前已经作好的消费决定,使其转为购买促销的产品。

②注重商品的实用性和细节设计。女性消费者心思细腻,追求完美,购买的商品主要是日常用品和装饰品,如服装、鞋、帽等,她们购买商品时比男性更注重商品细节,通常会花费更多的时间在不同厂家的不同产品之间进行比较,更关心商品带来的具体利益。同样的产品比性能,同样的性能比价格,同样的价格下比较服务,甚至一些小的促销礼品和服务人员热情的态

度都会影响女性消费者的购买决定。这就要求商家对产品的细节做到尽善尽美,避免明显的缺陷。

③注重商品的便利性和生活的创造性。目前,我国中青年女性就业率较高,城镇高于农村。她们既要工作,又要做家务劳动,因此迫切希望减轻家务劳动量,缩短家务劳动时间,能更好地娱乐和休息。为此,她们对日常消费品和主副食的方便性有更强烈的要求。新的方便消费品会诱使女性消费者首先尝试,富于创造性的事物更使女性消费者充满热情,以此显示自己独特的个性。

5.4.2 性别对汽车消费者的客观影响

(1)"汽车消费性别换位"

按常理说,男性和女性对汽车的偏好,与他们的外形、性格等因素应当是一致的。可是,现在有一种趋势,有人把它称为"汽车消费性别换位",驾驶色彩鲜艳两厢车的不是窈窕的女士们,更多的是男士们,相反,开丰田霸道这类 SUV 或越野车的却很多是女士。正如有的 4S 店负责人分析的那样:颜色明快、造型新颖是消费者选车的重要因素,如今"80 后"已成为社会新的消费力量,他们的消费观念前卫,越是新鲜的颜色他们越喜欢,因此,现在男士钟爱颜色亮丽的汽车也就不足为奇了。相反,狮跑、RAV4、途胜这样的城市 SUV 的车主很多是女性,还有些女士喜爱驾驶保时捷卡宴、大众途锐、奔驰 ML350、路虎这样更大型号的 SUV。女车主表示,驾驶越野车有一种高高在上的感觉,感觉特别安全,同时众多先进装备也方便驾驶,驾驶 SUV 出行有底气、有自信。有人士分析认为,现在十几万元、二十几万元就能买一辆很好的轿车,而同价位的 SUV 也不在少数,因此,部分女性消费者买车时就索性买辆"个子"大的 SUV。

(2)男性重性能,女性爱舒适

有人做过一项调查,男性车主中 78.21% 首选性能;女性车主中 68.3% 首选舒适度。虽然只是一次调查,但却有普遍意义,这是不分国度、肤色、职业、年龄等因素的。

(3)车内装饰是女性强项

调查显示,47.65% 的女性车主喜欢在车内增加装饰性较强的小摆设,如香水、挂饰等,但只有 14.48% 的男性车主尝试过类似做法。至于一些实用性比较强的装饰,如座椅套、防滑垫等,则性别差异不大。车内装饰不同于汽车改装,不需要求助于专业人士,难度小、个性表达更加多样化。这为很多喜欢花心思的车主提供了自己动手的方便性。如今,国内汽车精品市场越来越大,各种汽车装饰产品也非常齐全,车主的选择空间非常大。而在这方面,女性车主的关注度总体高于男性车主。

(4)男性车主更关注油耗

在油耗问题的调查结果显示,"经常关注油耗"的男性车主占了 54.03%,而女性车主仅占 35.08%;选择"没怎么注意过油耗"者,男性车主占 4.96%,女性车主占 20.58%。油耗直接关系到环保问题,目前,国内的汽车厂家都很重视油耗问题,节能型汽车不断推陈出新。从实际使用上来说,在出售的汽车产品中,同级车的油耗差异基本都在车主可负担的范围内。然而,越来越多的消费者更愿意选择节油车型,并且经常关注油耗,这是环保理念深入人心的结果。分析人士也认为,虽然女性车主对油耗的关注度总体上比男性车主低,但这不能说明女性车主不重视环保。环保的方式有很多种,用车只是其中之一。因此,这种差异来自其他方面,比如对爱车的感情,或者对汽车的感兴趣程度等。尽管如此,业内人士依然提醒所有车主都关心车的油耗,一方面是提倡购买节油产品,提倡节能的驾驶习惯;另一方面从油耗中有时也能发现车的部分故障问题,这对保障安全用车具有重要的意义。

学习任务5.5 家庭因素对汽车消费者的常规影响

5.5.1 家庭概述

(1)家庭的概念

家庭是由婚姻、血缘或收养关系所组成的社会组织的基本单位。家庭有广义和狭义之分,狭义是指一夫一妻制构成的单元;广义则泛指人类进化的不同阶段上的各种家庭利益集团,即家族。从社会设置上来说,家庭是最基本的社会设置之一,是人类最基本、最重要的一种制度和群体形式。从功能上来说,家庭是儿童社会化、供养老人、性满足、经济合作、普遍意义上人类亲密关系的基本单位。从关系上来说,家庭是由具有婚姻、血缘和收养关系的人们共同长期居住的群体。

(2)家庭的结构

从不同的角度可以对家庭的结构进行不同的划分。

1)按照家庭的规模划分

①核心家庭。由一对父母和未成年子女组成的家庭。

②扩展家庭。分为主干家庭和扩大/联合家庭。

③主干家庭。由一对父母和一对已婚子女(或者再加其他亲属)组成的家庭。

④扩大/联合家庭。由一对父母和多对已婚子女(或者再加其他亲属)组成的家庭。

2)非传统家庭结构

①单亲家庭。由单身父亲或母亲养育未成年子女的家庭。

②单身家庭。人们到了结婚的年龄不结婚或离婚以后不再婚而是一个人生活的家庭。

③重组家庭。夫妻一方再婚或者双方再婚组成的家庭。

④丁克家庭。双倍收入、有生育能力但不要孩子,浪漫自由、享受人生的家庭。

⑤空巢家庭。只有老两口生活的家庭。

(3)家庭中的权威模式

1)父权家庭

父权家庭是历史上大多数家庭的模式,即家庭中最年长的男性拥有大部分权威,女性负责家务和照顾孩子。

2)母权家庭

母权家庭即家庭中最年长的女性拥有大部分权威的家庭。至今没有确凿证据表明妇女曾同样拥有过现在男性所具有的权威。父系社会里,个别家庭也可能由于没有最年长的男性而由女性领导。

3)母主家庭

母主家庭是一位妇女成为家庭的核心和最主要成员的家庭,常发生在男性由于战争、外出、离婚、非婚生育等时候,但不在家的丈夫、前夫、同居男友依然行使相当的权利。

4)平权家庭

现代社会出现了向平权家庭发展的趋势,即丈夫和妻子在权利和义务上基本平等。但许多重要决定还是由丈夫作出。

(4)家庭的功能

1)社会化功能

从很多方面来看,家庭都很适合承担社会化任务。它是一个亲密的小群体,父母通常都很积极,对孩子有感情,有动力。孩子常常在父母的保护下,将父母看作权威。可是,父母很少经过明确训练来培养孩子社会化能力,越来越多的学校和专业机构担负起这方面的责任。

2)情感和陪伴功能(核心功能)

在现代社会,对成人和孩子来说,家庭是情感陪伴的主要源泉。对儿童来说,缺少父母的关爱会导致智力、感情、行为等方面的成长都受到伤害。对成人来说,虽不会因缺爱而死,但也需要感情的关怀。从目前现状来看,家庭规模日趋缩小,新婚夫妇更倾向单独居住,而人们又很少能从家庭以外获得友谊和支持,迫使家庭成员在情感和陪伴上彼此深深依赖,因此,提供情感和陪伴已成为现代家庭的核心功能。

3)性满足

对社会来说,性关系到怀孕,不是个人的事。在一般的社会里,强烈提倡合法生育和性规范的制度化,为的是使儿童能够得到良好的照顾和平稳的代际过渡。目前的状况是,相对于以前在性方面对男女的双重标准,女性的性自由提高了,此外,人们更能容忍婚外性生活。

4)经济合作

对农村家庭来说,家庭通常是一个生产的主要单位。而在现代社会,随着工业化、信息化、城市化、现代化的发展,家庭的主要经济功能由生产转变成了消费,如汽车、房屋、电器的购买等。另外,在现代社会,随着女性就业的增多,家庭中女性对男性在经济上的依赖在减少。

5)赡养老人

中国的家庭,还有赡养老人的责任,尤其是现在独生子女情况下,将来,夫妻俩可能要赡养6位老人。孝敬老人,讲究孝道,是我们的传统美德。

6)维系种族的延续

中国传统文化中,有句非常著名的话:“不孝有三,无后为大。”因此,家庭还有传宗接代的任务。

5.5.2　家庭因素对汽车消费者的影响

概括地说,家庭对汽车消费者的影响是实实在在的,是起支配作用的,是第一位的。

(1)家庭因素决定对汽车的支付能力

一个家庭的经济收入及其存款的多少,决定了这个家庭近期能否买车。有愿望,没有支付能力,买车也只能是美好的空想。因此,从这个角度出发,就目前中国的家庭收入状况看,许多家庭其实都具备了买车的实力。买不起中高档的车,还买不起10万元以下的低档车吗?可是,有相当一部分家庭,那仅有的一点点储蓄,是留着给孩子上大学用和预防万一。

总之,家庭的经济收入决定汽车消费的支付能力,这是“能否买得起”的问题。

(2)家庭因素还决定了汽车消费的档次问题

这不仅仅是家庭经济收入的问题了,还有家庭成员各自的意见、家庭重大问题的决策权等因素。而所有这些,直接决定了家庭汽车消费的档次,具体说,是品牌、价格、配置、性能等一系列问题。如果家庭很民主,而且能尊重妇女与儿童的意见,那么,妻子与孩子的意见将左右这个家庭汽车消费的最后决策;如果这个家庭是男性绝对权威,男主人将最终说了算。当然,买什么档次的车,还要看买车的用途。不同的用途,买车的档次当然也不一样。

(3)家庭因素决定了汽车消费的具体时间

如果家里急需用车,又有足够的钱,那么,买车是马上可以做到的;如果家里不那么急需,又没有凑够钱,那买车就可以拖一拖。就目前中国人的"钱袋子"来看,有不少家庭有买车这笔钱。但是,怎么把这"潜在的消费"变成"现实的消费",这是汽车厂家、商家要研究的问题。对于那类"不那么急需,又没有凑够钱"的消费者,要想办法使他们认识到现在买车的好处。

(4)家庭因素决定着汽车消费的方式

汽车消费的方式,就是说是用自己的钱一次性付款呢,还是分期付款购买呢。在这一点上,多数家庭是一次性付款,且都是用自己的钱。只有少部分人是分期付款,是贷款买车。每个家庭的收入情况不同,家庭的具体情况有所差别,因此在汽车消费的方式上,必然要反映出差别来。可以肯定地说,随着人们生活水平的进一步提高,会有越来越多的家庭一次性付款购车,且不用贷款。

(5)家庭因素还决定着汽车消费的数量

90% ~95% 以上的家庭买车,也就是一辆。再买的话,除非这辆车报废了。但是,不要忘了还有那 5% ~10%,就全国范围来看,那就不是个小数目了,这个目标市场相当可观。少数家庭由于特殊需要,一辆车不能解决问题,因此必须再买车。

典型案例

朋友的推荐与自己的感受

张先生和刘女士经朋友的介绍和极力推荐,在一家 4S 店订购了一辆迈腾。二人又来到一家奥迪店,销售顾问小董接待了他们。交谈中小董了解到,现在张先生家有辆别克,刘女士使用较多,主要在市区开,感觉此车太大,银行、商场门口停车位又太小,不好停车,开起来很累。因此,想换辆小一点、油耗低一些、价位在 25 万元左右的。朋友给他们介绍了迈腾,他们觉得非常符合他们的要求,就去定了一辆。小董脑子里闪了一个念头:A4 也该很符合他们的要求,只是价格高,便问:"有没有兴趣看看专门为客户设计的驾驶者之车,它采用了新技术。""新技术? 你们这车有什么新技术?"张先生对这个很感兴趣。"那这样吧,不管买不买,我都给您作个介绍吧"说着小董引导客户来到了 A4 车前,详细地跟客户讲起了该车的新技术与新配置。然后又邀请二位试车。在试车中,女士反复说"加速真好,制动真灵,方向盘也比较轻,果真没有换挡感觉"。女士满意极了。当先生试车时,重点体会了加速时变速箱的情况,而且在湿滑路面上制动时,车稳稳停住了,这令先生非常满意。两人连说比迈腾强多了,内饰做工精细,加速好,制动也好,更好的就是变速器,好车就是不一样。"小伙子,你讲得没错,我都体会到了,车不错,这款多少钱? 有现车吗?"小董知道夫妻俩改主意了,就说:"现在有,不知您打算什么时间购买?""价格合适,我现在就能和你定。"先生话说得非常坚决。小董知道关键时候到了。但这个时候也是客户最不信任销售人员的时候。如何取得客户的信任是这个环节的关键。小董问:"您能否增加预算?"客户反问道:"你们能优惠到什么价格?"女士说:"车是不错,配置好,安全性又高,也很时尚,可是超过了我们的预算。"小董接着说,我们还有一款车,配置比这款低一些,但性能都一样。小董始终站在客户的角度考虑问题,真心实意为他们选车,最终赢得了他们的信任，客户当时就决定交全款，当天就把车买走了。

在小董回访客户时，客户跟小董说，车确实不错，感谢小董帮他们挑了一部好车。小董又提醒了一遍注意事项。客户说小董站在客户角度想问题，为客户解决问题，与普通的销售顾问不同，一定帮小董介绍更多的朋友来买车。

任务工单

<table>
<tr><td rowspan="3">学习任务5
项目单元5</td><td>班级</td><td colspan="3"></td></tr>
<tr><td>姓名</td><td></td><td>学号</td><td></td></tr>
<tr><td>日期</td><td></td><td>评分</td><td></td></tr>
<tr><td colspan="5">1. 青年消费的心理特征有哪些？

2. 年龄因素对汽车消费者的实际影响怎么样？

3. 性别因素对汽车消费者的客观影响有哪些？

4. 家庭因素对汽车消费者的影响有哪些？

5. 实战演练
这是以学生为主的互动式的活动，是通过角色扮演来实现的活动，是通过扮演家庭成员之间在购车过程中的互动环节来揭示家庭因素对个人购车影响的活动。在情境教学中，要设计几种不同情况，体现出家庭因素对购车的具体影响。例如，丈夫一人、夫妻二人、夫妻和孩子、夫妻和婆婆或丈母娘。每个角色在互动过程中的决策比重要事先商量好，做到每个人心中有数。销售顾问更要心中有数。其他小组对角色表演的小组要给予客观公正的评价。</td></tr>
</table>

单元6 汽车营销策略与消费心理

学习目标

知识目标：掌握品牌名称、品牌标志等因素对消费者心理与行为的影响；掌握商品价格对消费者心理与行为的影响；掌握消费者的终端销售点选择心理。

技能目标：培养学生正确判断各种主要商品品牌、商品标志等因素对消费者的实际影响的能力；使学生能根据商品的价格准确分析消费者的心理；培养学生准确判断消费者终端销售点的选择心理。

态度目标：使学生形成不管消费者选择什么品牌，我们的态度都是一样的态度；使学生坚信消费者最终选择的销售点，不只是商品好，更重要的是服务好，是与消费者沟通得好。

任务导入

消费者非常注重车的品牌

2015 年 6 月的一天，有一位女士走进了展厅。销售顾问小白一下子就认出了这是著名的歌唱家巴老师。“巴老师您好，欢迎您的光临！”“你认识我？”“当然啦，您的歌曲早已响遍了大江南北，还会有谁不认识您呢？”通过与巴老师的沟通，小白得知她想换一部能体现自己身份地位的高档轿车，供自己上下班使用。她非常注重车辆的品牌，操控性不是她关注的，她更注重舒适性。于是小白向她推荐奥迪 A4 1.8T 豪华版的车。“这款高档车最能体现车主尊贵的身份。著名钢琴家郎朗已经在慕尼黑被正式任命为奥迪全球品牌大使。郎朗的形象与奥迪完美、创新、激情的品牌理念一脉相承。您看 A4 前脸饱满霸气，多有王者风范，侧面流线优雅，后翘的尾部运动时尚，整个车身高贵中又富含时尚运动的个性，车的外形尺寸也非常适合女性车主。”看着巴老师微笑着点头，小白又请巴老师坐到驾驶的座椅上，帮她调好座椅，请她的随从坐到后座，然后小白坐到副驾驶的位子上，详细地向巴老师介绍操作功能，试 CD 的音响效果，巴老师非常满意，说：“我不懂车，就想要操作简单方便的车，但是音响一定要好，开着车听优美的音乐是一种享受，我看这款车不错，你说呢？”她转身问后座的随从。随从说：“是的，您没有音乐怎么能行呢？ A4 一共有几款，都有什么区别？”小白说：“这样吧，你们先坐到那边喝杯水，我给您拿份资料，您详细对比一下!”在对比过程中,小白向巴老师介绍了 A4 1.8T 的发动机是最经典的一款发动机,三进两出动力更足,还有能体现豪华感的真皮座椅,桃木内饰及天窗,特别是氙气大灯更适合夜间行车。然后,小白又邀请巴老师试乘试驾,亲身感受一下这款车,巴老师欣然答应。在试驾过程中,随从更感兴趣,不停地说:“不错,不错,真有感觉,巴老师,就这款车了。”试完车之后,巴老师说:“对车我很满意,就是价格能优惠吗? 我买了这款车,等于也是给你们做了广告!”小白微笑着说:“巴老师,首先非常感谢您选择我们的车,您开上这款车,才能体现您的身份,奥迪车是全国统一车价,价位是非常稳定的。其实,优不优惠对您并不重要,您看好的是这款车,要求优惠其实只是想得到一个心理满足,您说是不是呢? 您买这款车是我们奥迪的荣幸,我们经理一定会有一份礼物送给您的,您看怎么样?”“一定要送一份厚礼哦!”巴老师也笑着说。在选定颜色之后,巴老师交了订金:“小白,我就等你的好消息了!”

思考题:

小白成功的主要原因是什么?

案例分析

小白的成功,主要有两点原因:一是她抓准了客户的需要,即车主非常注重品牌,更注重舒适性,想买一部能体现身份地位的高档轿车。这一点抓准之后,小白肯定会将符合要求的车型一一对号入座,最后选定 A4 1.8T。二是小白特别善于沟通。

这个案例提示我们:要想做一名优秀的销售顾问,一是要练就基本功,尤其是要抓准客户的需要;二是熟练地掌握沟通技巧,见什么人说什么话,让人听了心里不反感,愿意听,听后自然而然地愿意买你的车。

学习任务6.1　汽车品牌与汽车消费者心理

6.1.1　品牌概述

(1)品牌的概念

品牌是给拥有者带来溢价、产生增值的一种无形的资产,其载体是用以和其他竞争者的产品或劳务相区分的名称、术语、象征、记号或者设计及其组合,增值的源泉来自于消费者心智中形成的对其载体的印象。

怎么理解这一概念?

第一,品牌是一种无形资产。

第二,品牌能给其拥有者带来溢价、产生增值。

第三,品牌的载体是商品和劳务。

第四,品牌以名称、术语、象征、记号及其组合形式表现出来。

第五,品牌增值的源泉之一是消费者对其载体的印象。

(2)与品牌相关的概念

1)产品

产品是指能够提供给市场,被人们使用和消费,并能满足人们某种需求的任何东西,包括有形的物品、无形的服务、组织、观念或它们的组合。产品一般可以分为 3 个层次,即核心产品、形式产品、延伸产品。核心产品是指整体产品提供给购买者的直接利益和效用;形式产品是指产品在市场上出现的物质实体外形,包括产品的品质、特征、造型、商标和包装等;延伸产品是指整体产品提供给顾客的一系列附加利益,包括运送、安装、维修、保证等在消费领域给予消费者的好处。

2)商标

商标是一种法律用语,是生产经营者在其生产、制造、加工、拣选或者经销的商品或服务上采用的,为了区别商品或服务来源、具有显著特征的标志,一般由文字、图形或者其组合构成。经国家核准注册的商标为“注册商标”,受法律保护。商标注册人享有商标专用权。

3)名牌

对于名牌最通俗的理解就是知名品牌。名牌一词的出现先于品牌概念,它是我国特定环境下的产物。

4)品牌资产

品牌资产是与品牌、品牌名称和标志相联系的,能够增加或减少企业所销售产品或服务的价值的一系列资产与负债。它主要包括5个方面,即品牌忠诚度、品牌认知度、品牌感知质量、品牌联想、其他专有资产,如商标、专利、渠道关系等,这些资产通过多种方式向消费者和企业提供价值。

5)品牌识别

品牌识别是品牌营销者希望创造和保持的,能引起人们对品牌美好印象的联想物。这些联想物暗示着企业对消费者的某种承诺。品牌识别将指导品牌创建及传播的整个过程,因此必须具有一定的深度和广度。

6)品牌符号

品牌符号是区别产品或服务的基本手段,包括名称、标志、基本色、口号、象征物、代言人、包装等。这些识别元素形成一个有机结构,对消费者施加影响。它是形成品牌概念的基础,成功的品牌符号是公司的重要资产,在品牌与消费者的互动中发挥作用。

7)品牌个性

品牌个性是特定品牌拥有的一系列人性特色,即品牌所呈现出的人格品质。它是品牌识别的重要组成部分,可以使没有生命的产品或服务人性化。品牌个性能带来强大而独特的品牌联想,丰富品牌的内涵。

8)品牌定位

品牌定位是在综合分析目标市场与竞争情况的前提下,建立一个符合原始产品的独特品牌形象,并对品牌的整体形象进行设计、传播,从而在目标消费者心中占据一个独具价值地位的过程或行动。其着眼点是目标消费者的心理感受,途径是对品牌整体形象进行设计,实质是依据目标消费者的特征,设计产品属性并传播品牌价值,从而在目标顾客心中形成该品牌的独特位置。

9)品牌形象

品牌形象是指消费者基于能接触到的品牌信息,经过自己的选择与加工,在大脑中形成的有关品牌的印象总和。品牌形象与品牌识别既有区别,又有联系。两者的区别在于,品牌识别是品牌战略者希望人们如何看待品牌,而品牌形象是现实中人们如何看待品牌的;两者的联系在于,品牌识别是品牌形象形成的来源和依据,而品牌形象在某种程度上是执行品牌识别的结果。

10)品牌文化

品牌文化是指品牌在经营中逐步形成的文化积淀,代表了企业和消费者的利益认知、情感归属,是品牌与传统文化以及企业个性形象的总和。与企业文化的内部凝聚作用不同,品牌文化突出了企业外在的宣传、整合优势,将企业品牌理念有效地传递给消费者,进而占领消费者的心智。品牌文化是凝结在品牌上的企业精华。

11)品牌延伸

品牌延伸是指在已有相当知名度与市场影响力的品牌的基础上,将成名品牌运用到新产品和服务上,以期减少新产品进入市场风险的一种策略。它可以增加新产品的可接受性、减少消费行为的风险性,提高促销性开支使用效率,以及满足消费者多样性需要。

12)品牌结构

品牌结构是指一个企业不同产品品牌的组合,它具体规定了品牌的作用、各品牌之间的关系,以及各自在品牌体系中扮演的不同角色。合理的品牌结构有助于寻找共性以产生协同作用,条理清晰地管理多个品牌,减少对品牌识别的损害,快速高效地作出调整,更加合理地在各品牌中分配资源。

13)品牌认知度

品牌认知度是品牌资产的重要组成部分,它是衡量消费者对品牌内涵及价值的认识和理解度的标准。

14)品牌美誉度

品牌美誉度是品牌力的组成部分之一,它是市场中人们对某一品牌的好感和信任程度。

15)品牌忠诚度

品牌忠诚度是指由于品牌技能、品牌精神、品牌行为文化等多种因素,使消费者对某一品牌情有独钟,形成偏好并长期购买这一品牌商品的行为。简言之,品牌忠诚度就是消费者的重复购买行为。根据顾客忠诚度的形成过程,可以划分为认知性忠诚、情感性忠诚、意向性忠诚、行为性忠诚。

16)品牌偏好度

品牌偏好度是品牌力的重要组成部分,指某一市场中消费者对该品牌的喜好程度,是对消费者的品牌选择意愿的了解。

17)自主品牌

自主品牌是指由企业自主开发,拥有自主知识产权的品牌。它有3个主要衡量因素:市场保有量、生产研发的历史及其在整个行业中的地位。

18)品牌声浪

品牌声浪是指企业利用各种传播手段使消费者甚至是整个社会与企业品牌之间产生共鸣形成统一的价值观。

(3)品牌的特征

1)品牌是专有的品牌

品牌是用以识别生产或销售者的产品或服务的。品牌拥有者经过法律程序的认定,享有品牌的专有权,专有权要求其他企业或个人不能仿冒、伪造。这一点也是指品牌的排他性,然而我国的企业在国际竞争中没有很好地利用法律武器,没有发挥品牌的专有权,近年来,我们不断看到国内的金字招牌在国际市场上遭遇的尴尬局面:“红塔山”在菲律宾被抢注,100 多个品牌被日本抢注,180 多个品牌在澳大利亚被抢注,如此种种,人们应该及时反省,充分利用品牌的专有权。

2)品牌是企业的无形资源

由于品牌拥有者可以凭借品牌的优势不断获取利益,可以利用品牌的市场开拓力、形象扩张力、资本内蓄力不断发展,因此我们可以看到品牌的价值。这种价值我们并不能像物质资产那样用实物的形式表述,但它能使企业的无形资产迅速增大,并且可以作为商品在市场上进行交易。

3)品牌转化具有一定的风险及不确定性

品牌创立后,在其成长的过程中,由于市场不断变化,需求不断提高,企业的品牌资本可能壮大,也可能缩小,甚至某一品牌在竞争中退出市场。品牌的成长由此存在一定风险,对其评估也存在难度,对于品牌的风险,有时由于企业的产品质量出现意外,有时由于服务不过关,有时由于品牌资本盲目扩张,运作不佳,这些都给企业品牌的维护带来难度,使得对企业品牌效益的评估也出现不确定性。

4)品牌的表象性

品牌是企业的无形资产,不具有独立的实体,不占有空间,但它最原始的目的就是让人们通过一个比较容易记忆的形式来记住某一产品或企业,因此,品牌必须有物质载体,需要通过一系列的物质载体来表现自己。品牌的直接载体主要是文字、图案和符号,间接载体主要有产品质量、产品服务、知名度、美誉度、市场占有率。没有物质载体,品牌就无法表现出来,更不可能达到品牌的整体传播效果。

5)品牌的扩张性

品牌具有识别功能,代表一种产品、一个企业,企业可以利用这一优点展示品牌对市场的开拓能力,还可以帮助企业利用品牌资本进行扩张。

(4)品牌的种类

1)根据品牌知名度的辐射区域划分

根据品牌的知名度和辐射区域划分,可以将品牌分为地区品牌、国内品牌、国际品牌、全球品牌。

地区品牌是指在一个较小的区域之内生产销售的品牌。例如,地区性生产销售的特色产品。这些产品一般在一定范围内生产、销售,产品辐射范围不大,主要是受产品特性、地理条件及某些文化特性影响,这有点像地方戏种,秦腔主要在陕西、晋剧主要在山西、豫剧主要在河南等的现象。

国内品牌是指国内知名度较高,产品辐射全国,在全国销售的产品。例如,电器巨子——海尔,香烟巨子——红塔山,饮料巨子——娃哈哈。

国际品牌是指在国际市场上知名度、美誉度较高,产品辐射全球的品牌,如可口可乐、麦当劳、万宝路、奔驰、爱立信、微软等。

2)根据品牌产品生产经营的不同环节划分

根据产品生产经营的所属环节可以将品牌分为制造商品牌和经营商品牌。制造商品牌是指制造商为自己生产制造的产品设计的品牌。经销商品牌是经销商根据自身的需求、对市场的了解,结合企业发展需要创立的品牌。制造商品牌很多,如 SONY(索尼)、奔驰、长虹等。经销商品牌，如“西尔斯”等。

3）根据品牌来源划分

依据品牌的来源可以将品牌分为自有品牌、外来品牌和嫁接品牌。自有品牌是企业依据自身需要创立的，如本田、东风、永久、摩托罗拉、全聚德，等等。外来品牌是指企业通过特许经营、兼并、收购或其他形式而取得的品牌。例如，联合利华收购的北京“京华”牌，香港迪生集团收购法国名牌商标 S. T. Dupont。嫁接品牌主要指通过合资、合作方式形成的带有双方品牌的新产品。

4）根据品牌的生命周期长短划分

根据品牌的生命周期长短来划分，可以分为短期品牌和长期品牌。短期品牌是指品牌生命周期持续较短时间的品牌，由于某种原因在市场竞争中昙花一现或持续一时。长期品牌是指品牌生命周期随着产品生命周期的更替，仍能经久不衰，永葆青春的品牌。例如，老字号全聚德等。也有些是国际长久发展来的世界知名品牌，如可口可乐、奔驰等。

5）根据品牌产品内销或外销划分

依据产品品牌是针对国内市场还是国际市场可以将品牌划分为内销品牌和外销品牌。由于世界各国在法律、文化、科技等宏观环境方面存在巨大差异，一种产品在不同的国家市场上有不同的品牌，在国内市场上也有单独的品牌。品牌划分为内销品牌和外销品牌对企业形象整体传播不利，但由于历史、文化等原因而不得不采用。对于新的品牌的命名应考虑到国际化的影响。

6）根据品牌的行为划分

根据品牌产品的所属行业不同可将品牌划分为家电业品牌、食用饮料业品牌、日用化工业品牌、汽车机械业品牌、商业品牌、服务业品牌、网络信息业品牌等几大类。

除了上述几种分类外，品牌还可依据产品或服务在市场上的态势，划分为强势和弱势品牌；依据品牌用途不同，可划分为生产资料品牌等。

7）根据品牌的原创性与延伸性划分

根据品牌的原创性与延伸性的不同可划分为主品牌、副品牌、副副品牌，如“海尔”品牌，现在有海尔冰箱、海尔彩电、海尔空调等，海尔洗衣机中又有海尔小神童，海尔节能王等。另外，也可将品牌分成母品牌、子品牌、孙品牌等，如宝洁公司的海飞丝、飘柔、潘婷等。

8）根据品牌的本体特征划分

根据品牌的本体特征又可将品牌划分为个人品牌、企业品牌、城市品牌、国家品牌、国际品牌等。如明星本身就是个人品牌，哈尔滨冰雪节、宁波国际服装节等属于城市品牌，金字塔、万里长城、埃菲尔铁塔、自由女神像等属于国家品牌，联合国、奥运会、国际红十字会等属于国际品牌。

（5）品牌的作用

1）品牌是产品或企业核心价值的体现

品牌是消费者或用户记忆商品的工具，不仅要将商品销售给目标消费者或用户，而且要使消费者或用户通过使用对商品产生好感，从而重复购买，不断宣传，形成品牌忠诚。消费者或用户通过对品牌产品的使用，如果感到满意，就会围绕品牌形成消费经验，存储在记忆中，为将来的消费决策形成依据。一些企业更为自己的品牌树立了良好的形象，赋予了美好的情感，或代表了一定的文化，使品牌及品牌产品在消费者或用户心目中形成了美好的记忆，比如“麦当劳”,人们看到这个品牌会联想到一种美国文化、快餐文化,会联想到质量、标准和卫生,“麦当劳”品牌也能引起儿童在麦当劳餐厅里欢乐的回忆。

2)品牌是识别商品的分辨器

品牌的建立是由于竞争的需要,是用来识别某个销售者的产品或服务的。品牌设计应具有独特性,有鲜明的个性特征,品牌的图案、文字等与竞争对手的区别代表本企业的特点。同时,不同的品牌各自代表着不同形式、不同质量、不同服务的产品,可为消费者或用户购买、使用提供借鉴。通过品牌,人们可以认知产品,并依据品牌选择购买。例如,人们购买汽车时常关注这样几种品牌:奔驰、沃尔沃、桑塔纳、米提诺、英格尔。每种品牌汽车代表了不同的产品特性、不同的文化背景、不同的设计理念、不同的心理目标,消费者和用户可根据自身需要,依据产品特性进行选择。

3)品牌是质量和信誉的保证

企业设计品牌、创立品牌、培养品牌的目的是希望品牌能变为名牌,于是在产品质量上下功夫,在售后服务上作努力。同时,品牌代表企业,企业为了长远发展必须从产品质量上下功夫,特别是名牌产品、名牌企业。于是,品牌,特别是知名品牌就代表了一类产品的质量档次,代表了企业的信誉。比如“海尔”,作为家电品牌,人们提到优质就会联想到海尔家电的高质量、优质售后服务及处处为消费者着想的动人画面。再如“耐克”,作为世界知名运动品牌,其人性化的设计、高科技的原料、高质量的产品为人们所共睹。“耐克”代表的是企业的信誉、产品的质量品牌,这是企业竞争的武器。

4)品牌是企业的摇钱树

品牌以质量取胜,品牌常附有文化和情感内涵,因此品牌给产品提供了附加值。同时,品牌有一定的信任度、追随度,企业可以为品牌制订相对较高的价格,获得较高的利润。品牌中的知名品牌在这一方面表现最为突出,如海尔家电,其价格一般比同等产品高;耐克运动鞋,比很多其他品牌的运动鞋贵。

6.1.2　汽车品牌与消费者心理

(1)品牌形象决定了消费者对品牌的认知度

奥迪、宝马、奔驰这三大汽车品牌在我国消费者心目中的品牌形象最高,因此人们对这三大品牌的认知度也最高。奥迪是整个汽车历史中最具神话色彩的传奇之一,其历史可以追溯到一百多年以前。奥迪四环代表着历史最悠久的德国汽车制造商之一。宝马公司从1916年注册到现在,也有近百年的历史了。宝马也是消费者非常喜爱的一个品牌。奔驰是世界十大汽车公司之一,创立于1926年。奔驰汽车除以高质量、高性能的豪华汽车而闻名外,它也是世界上最著名的大客车和重型载重汽车的生产厂家。这三大品牌的形象,决定了我国消费者对奥迪、宝马、奔驰车的认知度。虽然到目前为止,多数汽车爱好者与消费者还没能真正拥有这三大品牌车,但对它们的认知早就有了。

(2)品牌形象能帮助消费者建立鲜明的自我形象

人们购买知名品牌的汽车,不仅因为它们质量上乘,还因为它们能帮助消费者塑造自我形象。只有当消费者根据自己的需要、价值观及生活方式来选择与之相适应的品牌时,品牌才能使消费者产生一种印象:品牌代表了我。这个时候,品牌形象与自我形象才一致起来。这种神奇的效应是其他任何因素都替代不了的。

(3)品牌利益与品牌风险决定了消费者的品牌选择

有资料说,2009 年,世界汽车品牌排行前五的是:世爵、迈巴赫、宾利、劳斯莱斯、林肯。2010 年,我国汽车用户消费趋势监测报告显示,我国自主品牌位居第三,超过美国,仅次于德国与日本。那么,国产车与德日车的主要差距在哪儿呢? 一是发动机技术不过关;二是汽车喷漆技术不过关;三是汽车的外表缝隙较大;四是汽车内饰不够精细;五是整车匹配能力不足;六是对国内消费者心理把握不准。当然,也有不少消费者选择了自主品牌车,主要原因是价格低,零配件、维修成本低,配置高,外形空间大。最终,还是品牌利益与品牌风险决定了消费者的品牌选择。

(4)品牌所提供的优质产品与服务左右着消费者的忠诚度

许多厂家、商家都清醒地认识到,消费者的忠诚度决定了他们产品的市场占有率,决定着潜在的消费者群体的大小,决定着企业的经济效益。他们更应当清晰地认识到:他们的品牌所提供的优质产品和服务,决定着消费者的忠诚度。就拿我国自主品牌来说,红旗、奇瑞、吉利、比亚迪等几大品牌,他们为消费者提供的产品质量如何,他们的服务如何,消费者心里是最清楚的。消费者手里的"选票"最终投给谁,就说明谁的产品质量与服务是值得信赖的。

(5)品牌与消费者的沟通是从眼到心的沟通

消费者对某一品牌的感知,是从它的外部开始的,车的外形是首先进入消费者认知世界的感性素材,也是消费者对车形成第一印象的关键。里边配置再好,质量再过硬,价格再合理,但外形没有抓住消费者,一切都白搭。接下来是对车的配置的感知,最后是对车的性能的感知。品牌与消费者的沟通,就是这样,从外到内,从眼到心的。眼是始端,心是终端。车的性能(舒适度、安全性、操控性、动力性等)是要靠心去体会的。

学习任务6.2 汽车性能与汽车消费者心理

6.2.1 性能概述

(1)性能的概念

性能作为中药学术语应用时,泛指药物的四气、五味、归经、升降沉浮、补泻等特性和功能(在此,也可作效果之意)。产品性能是指产品具有适合用户要求的物理、化学或技术性能,如强度、化学成分、纯度、功率、转速等。这里特指产品性能。

(2)汽车性能

通常用来评定汽车性能的指标主要包括动力性、燃油经济性、制动性、操控稳定性、平顺性、通过性以及汽车使用性能等。

1)动力性

汽车的动力性是用汽车在良好路面上直线行驶时所能达到的平均行驶速度来表示的。汽车动力性主要由 3 个方面的指标来评定:最高车速、汽车的加速时间、汽车所能爬上的最大坡度。

最高车速是指汽车在平坦、良好的路面上行驶时所能达到的最高速度。数值越大,动力性就越好。

汽车的加速时间表示汽车的加速能力,也被形象地称为反应速度能力,它对汽车的平均行驶车速有很大的影响,特别是轿车,对加速时间更为看重。常用原地起步加速时间以及超车加速时间来表示。

汽车的爬坡能力用满载时的汽车所能爬上的最大坡度来表示。

2)燃油经济性

汽车的燃油经济性常用一定路况下汽车行驶百公里的燃油消耗量或一定燃油量能使汽车行驶的里程来衡量。在我国及欧洲,汽车燃油经济性指标的单位为 L/100 km,而在美国,则用 MPG 或 mi/gall 表示,即每加仑燃油能行驶的公里数。燃油经济性与很多因素有关,如行驶速度,当汽车在以接近于低速的中等车速行驶时燃油消耗量最低,高速时随车速增加而迅速增加。另外,汽车的保养与调整也会影响到汽车的油耗量。

3)制动性

将汽车行驶时在短距离内停车且维持行驶方向稳定的能力,以及汽车在长坡时维持一定车速的能力称为汽车的制动性。汽车的制动性能指标主要有制动效能、制动效能的恒定性、制动时汽车的方向稳定性、汽车的制动过程。

制动效能是指汽车的制动距离或制动减速度,用汽车在良好路面上以一定初速度制动到停车的制动距离来评价,制动距离越短则制动性能越好。

制动效能的恒定性是指制动器的抗衰退性能,是指汽车高速驶下长坡连续制动时,制动器连续制动效能保持的程度。

制动时汽车的方向稳定性是指汽车制动时不发生跑偏、侧滑及市区转向能力的性能。目前主流车型配置的 ABS,ESP 等配置就是为了提高方向稳定性。

汽车的制动过程主要是指制动机构的作用时间。

4)操控稳定性

汽车的操控稳定性是指司机在不感到紧张、疲劳的情况下,汽车能按照司机通过转向系统给定的方向行驶,而当遇到外界干扰时,汽车所能抵抗干扰而保持稳定行驶的能力。汽车操控稳定性通常用汽车的稳定转向特性来评价。转向特性有不足转向、过度转向及中性转向 3 种状况。有不足转向特性的汽车,在固定方向盘转角的情况下绕圆周加速行驶时转弯半径会增大,有过度转向特性的汽车在这种条件下转弯半径则会逐渐减小,有中性转向特性的汽车则转弯半径不变。易操控的汽车应当有适当的不足转向特性,以防止汽车出现突然甩尾现象。

5)行驶平顺性

汽车平顺性是保持汽车在行驶过程中,乘员所处的振动环境具有一定的舒适度的性能,这与汽车的底盘参数、车身几何参数以及汽车的动力性及操控性等有密切关系。

6)通过性

通过性是指车辆通过一定情况路况的能力。通过能力强的汽车,可以轻松翻越坡度较大的坡道,可以放心地驶入一定深度的河流,也可以高速行驶在崎岖不平的山路上。总之,通过性好的汽车可以让消费者体验到征服自然的感觉。

7)汽车使用性能

在一定使用条件下,汽车以最高效率工作的能力称为汽车使用性能。它是决定汽车利用效率和方便性的结构特性表征。

①容量。包括额定装载质量,单位装载质量,货箱单位有效容积,货箱单位面积,座位数和

可站立人数。

②使用方便性。包括操纵方便性,出车迅速性,乘客上下车和货物装卸方便性,可靠性和耐久性,维修性,防公害性。

③燃料经济性。包括最低燃料耗量,平均最低燃油耗量。

④速度性能。包括动力性,平均技术速度。

⑤越野性、机动性。包括最低离地间隙,接近角,离去角,前后轴荷分配,轮胎花纹及尺寸,驱动轴数,最小转弯半径等。

⑥安全性。稳定性,制动性。

⑦乘坐舒适性。平顺性,设备完备。

6.2.2　汽车性能对消费者的影响

(1)汽车性能吸引消费者的注意

从整个营销过程来看,吸引消费者的注意是营销的起点。没有进入消费者注意范围的内容,消费者怎么能决定是否购买呢?在4S店里,汽车主要的性能指标是汽车销售过程中重点介绍的内容之一,也是影响客户购买汽车的最重要因素之一。能引起消费者注意的,有车的价格、颜色、外形、内饰等因素,但最重要的,还是汽车的性能。从性别因素看,女性更看重价格与外观,男性更看重性能与品牌。从比例因素来看,近8成消费者买车首选4S店,更注重汽车性能与配置。然而,汽车的性能是"看"不出来的,因此,汽车厂家、商家要把宣传片与广告做好。同时,更要在4S店安排业务过硬的销售顾问,他们对主营业务如数家珍,心中有数。只有这些工作做好了,才能引起消费者对汽车性能的关注,进而诱发消费者的兴趣。

(2)汽车性能诱发消费者的兴趣

营销过程的第二步,是诱发消费者的兴趣。那么,汽车性能能否诱发消费者的兴趣呢?回答是肯定的。那些进4S店要买车的人,是有了一定态度的。具体地说,是有了一定的认知、情感与意向的。他们对预购商品(汽车)的诸多因素有所认识,心理上对某一品牌也有偏好,在购车的意向上也有所打算。通过汽车的宣传片也好,广告也好,销售顾问的详细介绍也好,他们对车的性能有所了解,并有了兴趣,自然会产生购车欲望。

(3)汽车性能刺激消费者的购买欲望

每个消费者在购车的时候,心理偏好都会有所不同。据调查,现在的汽车消费者队伍里,有相当比例的人最看重的是汽车的安全性。如果有一位顾客到一家4S店,销售顾问在适当的时机以适当的方式向他介绍奔腾B70的安全性能,这个顾客会心动,能在一定程度上刺激这个顾客的购买欲望。销售顾问会告诉这位顾客,奔腾B70的安全性能是独树一帜的:五大电控系统构筑了奔腾B70主动安全堡垒,3H高刚性车身搭建了奔腾B70安全钢筋铁骨,6安全气囊撑起被动安全最后一道防线。基本上可以说是万无一失了。这对注重安全性的消费者来说,如果在价格上可以接受,就会产生购买欲望。

(4)汽车性能满足消费者的需要

有些消费者的需要是很特殊的。比如,有位喜欢红旗车的消费者,多少年来一直对红旗车情有独钟。现在,他看中了一款红旗旗舰加长版的车。这款车,在整车外形中融入了中华民族传统的审美特色,既继承了老红旗庄重典雅、厚重气派的风格,又兼收并蓄了当今国际车坛所流行的豪华时尚、丰满圆润的流线造型,给人以雍容华贵、尊崇显赫之感;在车体内部设计方面，大至整车操控系统，小至一个电动开关，随处可见当今世界汽车制造的高新技术与乘坐舒适性、安全性的完美结合与展现。这款车恰好满足了这位偏爱红旗车的顾客对车的操控性、安全性，尤其是舒适性的需要。这应当说是三赢的好事：厂家赢，商家赢，客户也赢。

（5）汽车性能强化消费者的行为

我们常听说，某个消费者报废了一辆某个品牌的车，又买了一辆这个品牌的车，这既是情有独钟，又是行为强化。行为之所以受到强化，是车的性能使然。还说前面那位酷爱红旗品牌车的顾客。如果他那辆红旗旗舰加长版行驶多年了，现在他想换一辆，还想买红旗，但档次要提高，他就会想到红旗检阅车。原本他还有疑问，检阅车能对外销售吗？可是后来他听说，这款车将批量生产，并对外发售。虽然价格要超过 800 万元，但这可是千载难逢的好机会呀。于是他订购了一辆。这车怎么样呢？全新的红旗 HQE 继承了第一代大红旗车头高、车尾低的船型车身，从整体风格到每个细节，红旗 HQE 处处体现中国文化特色，蕴涵中国式尊贵。值得一提的是，红旗 HQE 搭载的是代号为 cAl2GV 的发动机，是我国自主研发的首款顶级乘用车发动机。

学习任务 6.3　汽车价格与汽车消费者心理

6.3.1　价格概述

（1）价格的概念

价格是商品同货币交换比例的指数，或者说，价格是价值的货币表现。价格是商品的交换价值在流通过程中所取得的转化形式。

怎么理解这一概念？

第一，价格是一种指数，它反映商品与货币的交换比例。

第二，价格与价值密切相关，它是价值的货币表现。

第三，价格是商品的交换价值在流通过程中的转换形式。

（2）价格的本质

价格是一种从属于价值并由价值决定的货币价值形式。价值的变动是价格变动的内在的、支配性的因素，是价格形成的基础。但是，由于商品的价格既是由商品本身的价值决定的，也是由货币本身的价值决定的，因而商品价格的变动不一定反映商品价值的变动。例如，在商品价值不变时，货币价值的变动就会引起商品价格的变动；同样，商品价值的变动也并不一定就会引起商品价格的变动。例如，在商品价值和货币价值按同一方向发生相同比例变动时，商品价值的变动并不引起商品价格的变动。因此，商品的价格虽然是表现价值的，但是，仍然存在着商品价格和商品价值不一致的情况。在简单商品经济条件下，商品价格随市场供求关系的变动围绕它的价值上下波动；在资本主义商品经济条件下，由于部门之间的竞争和利润的平均化，商品价值转化为生产价格，商品价格随市场供求关系的变动，围绕生产价格上下波动。

（3）价格的基本职能

1）标度职能

标度职能即价格所具有的表现商品价值量的度量标记。在商品经济条件下，劳动时间是商品的内在价值尺度，而货币是商品内在价值尺度的外部表现形式。货币的价值尺度的作用是借助价格来实现的，价格承担了表现社会劳动耗费的职能，成为从观念上表现商品价值量大小的货币标记。

2）调节职能

调节职能即价格所具有的调整经济关系、调节经济活动的功能。由于商品的价格和价值经常存在不一致的情况，价格的每一次变动都会引起双方利益关系的转换，因而使价格成为有效的经济调节手段和经济杠杆。

3）信息职能

信息职能即价格变动可以向人们传递市场信息，反映供求关系变化状况，引导企业进行生产、经营决策的功能。价格的信息职能是在商品交换过程中形成的，是市场上多种因素共同作用的结果。

（4）价格的作用

1）价格是商品供求关系变化的指示器

借助于价格，可以不断地调整企业的生产经营决策，调节资源的配置方向，促进社会总供给和社会总需求的平衡。在市场上，借助于价格，可以直接向企业传递市场供求的信息，各企业根据市场价格信号组织生产经营。与此同时，价格的水平又决定着价值的实现程度，是市场上商品销售状况好与坏的重要标志。

2）价格水平与市场需求量的变化密切相关

一般来说，在消费水平一定的情况下，市场上某种商品的价格越高，消费者对这种商品的需求量就越小；反之，商品价格越低，消费者对它的需求量也就越大。而当市场上这种商品的价格过高时，消费者也就可能作出少买或不买这种商品，或者购买其他商品替代这种商品的决定。因此，价格水平的变动起着改变消费者需求量、需求方向及需求结构的作用。

3）价格是实现国家宏观调控的一个重要手段

价格所显示的供求关系变化的信号系统，为国家宏观调控提供了信息。一般来说，当某种商品的价格变动幅度预示着这种商品有缺口时，国家就可以利用利率、工资、税收等经济杠杆，鼓励和诱导这种商品生产规模的增加或缩减，从而调节商品的供求平衡。价格还为国家调节和控制那些只靠市场力量无法使供求趋于平衡的商品生产提供了信息，使国家能够较为准确地干预市场经济活动，在一定程度上避免由市场自发调节带来的经济运行的不稳定，或减少经济运行过程的不稳定因素，使市场供求大体趋于平衡。

6.3.2 汽车价格对消费者的影响

（1）汽车价格的构成

所有商品价格的构成，都是由生产成本、流通费用、利润税金等构成的。汽车价格也不例外。

1）生产成本

生产成本是生产单位为生产产品或提供劳务而发生的各项生产费用，包括各项直接支出和制造费用。直接支出包括直接材料（原材料、辅助材料、备品备件、燃料及动力等）、直接工资（生产人员的工资、补贴）、其他直接支出（如福利费）；制造费用是指企业内的分厂、车间为组织和管理生产所发生的各项费用，包括分厂、车间管理人员工资、折旧费、维修费、修理费及其他制造费用（办公费、差旅费、劳保费等）。

2)流通费用

流通费用主要包括包装费、运输费、装卸费、保险费、展览费、广告费、租赁费(不包括融资租赁费),以及企业为销售产品而专设的销售机构(含销售网点、售后服务网点等)的职工工资及福利费、类似工资性质的费用、业务费等费用。

3)利润税金

任何一家企业都不能做赔本的买卖,也不能做无利可图的买卖。在每一件商品的价格里面,都包含一定的利润。利润少则为几成(百分之几十),多则为几倍,甚至十几倍或更多。每辆汽车也有它的利润,只不过这是商业秘密,谁也不能说。有人估计,由于车价将继续走低,价格战将不可避免。但不管是价格战,还是持久战,谁也不能做无利可图的事,更不能做赔本的买卖。

企业所得税、增值税等税费,对于企业来说,的确是一笔不小的开销。当然,最终还是都平摊到每辆汽车的价格里面了,汽车消费者成了这些税费的最终承担者。

(2)影响汽车价格的几大因素

1)市场供给

如果汽车企业的产能过剩,汽车供大于求,那么,汽车价格将持续走低。市场上某些车型紧俏,供不应求,那么这些车型的价格就会上扬。据说有的车加价5万元也有人买。从我国的汽车产能的实际情况看,总体说来,我们的产能是过剩的。也就是说,汽车价格会保持稳中有降的趋势。

2)企业利润、产业技术、生产规模

一般来说,企业利润、产业技术和生产规模是与汽车价格成反比的。就拿生产规模来说吧,规模越大,平均到每辆车的成本就越低。一套模具用在1万件和10万件零部件上,成本是不一样的。产业技术提高了,就会缩短劳动时间,提高产能,降低成本。

3)居民收入

如果居民收入大幅增长了,他们的需求就会得到有效释放。这对汽车产业的快速发展和保持车价稳中有降会发挥重要的基础性作用。因为车生产出来了,最终还是要消费者去消费。因此提高居民收入是促进消费的关键。

4)世界车价

改革开放以后,人们的眼界放宽了,外边的信息我们很快就能知晓。据说德国、美国汽车价格是我们的1/3,他们的人均收入却是中国的20倍以上。老百姓听了,心理肯定不会平衡。

5)税收政策

中国的税收政策很特殊。比如,购置国产车要交17%的增值税,5%的消费税,9%左右的购置税。而在美国,仅征5%~10%的税费,没有购置税。23万元的凯美瑞,在美国2万多美元,折合人民币15多万元。售价116万元的宝马740,要交三道税:25%的进口关税,排量3.0以上征收25%的消费税,9%的购置税,加到一起共48万元税金。

6)竞争关系

有一种观点认为,中国的车价大部分是由竞争关系决定的,成本只是其中一部分因素。定价太高了,就容易"鹤立鸡群",以致无人问津;定价太低,无利可图,无异于自杀。就目前中国国内生产轿车的厂家来说,相互之间都有一种竞争的关系。蛋糕就那么大,你切得大一点,我就小一点。因此,这种竞争关系决定了中国车价的高低。

7)技术转让费

这也是不可忽视的一个因素。现在,凡是生产汽车的企业,如果用了外国的技术或者车型,那就要交给国外至少10%的技术转让费。如果一辆车20万元,那就要交2万元的技术转让费。生产得越多,转让费也就越多。这也是中国车价升高的一个原因。

(3)汽车价格对消费者的影响

1)车价高会使消费者产生观望心理

马自达M6的价格在2003年的时候,大概是26万元,现在16万元左右。26万元的时候,观望者多,购买者少,因为价高,绝大多数普通汽车消费者是买不起的。2010年,价格16万元,消费者觉得不贵了,于是购买者多了起来。有人在分析中国车价高的时候,一语中的,入木三分:一半交税费,一半是暴利。还有人认为,车太贵的原因,一是我国汽车市场容量太小,使生产成本较高;二是高关税保护;三是老百姓收入水平太低。

2)车价低会使消费者产生待购心理

从2005年年末开始,我国汽车市场开始打响了一场持续时间达几年的价格战。所谓价格战,不是抬价,而是一夜之间齐刷刷地都降价。这种降价,不是降一次完事,汽车价格越战越低,两败俱伤。这个时候,消费者只能持币待购。其实,汽车频繁降价,带来的负面效应很大。在价格战那个当口,汽车已经成为了消费者最担心的贬值商品,这种行为严重地影响了消费者的购车信心。当然,有人认为,消费者此时买车正当时。要坚持买降不买涨的规律,在车市集体上演"跳水秀"后,消费者选择余地大,此时买车肯定比平时划算。

3)车价平会使消费者产生从容心理

平平淡淡才是真。车市价格平稳,消费者才会觉得真实,价格忽高忽低就不正常了。只有车市的价格平稳了,消费者才能产生从容心理,他们才会从从容容地买车。汽车的定价,要考虑到生产成本,考虑到企业利润,考虑到竞争关系,还要考虑到百姓收入。只有在这种平平淡淡的车价氛围里,消费者才能感受到买的车物有所值,而不是价格战时的贬值货。

学习任务6.4 汽车广告与汽车消费者心理

6.4.1 广告概述

(1)广告的概念

广告是为了某种特定的需要,通过一定形式的媒体,公开而广泛地向公众传递信息的宣传手段。怎么理解这一概念?

第一,广告的源头是需要。

第二,广告的载体是媒体。

第三,广告的受众是公众。

第四,广告的内容是信息。

第五,广告的形式是公开。

第六,广告的实质是手段。

(2)广告的特点

第一,以营利为目的。

第二,传播商业信息。

第三,通过一定的媒介和形式。

第四,需要支付广告费用。

(3)广告的因素

广告的因素包括:①广告主;②广告公司;③广告媒体;④广告信息;⑤广告受众;⑥广告技巧;⑦广告费用;⑧广告效果。

(4)广告分类

以传播媒介为标准,可分为:①报纸广告;②杂志广告;③电视广告;④电影广告;⑤网络广告;⑥包装广告;⑦广播广告;⑧招贴广告;⑨POP 广告;⑩交通广告;⑪直邮广告;⑫车体广告;⑬门票广告;⑭餐盒广告。

以广告目的为标准,可分为:①产品广告;②品牌广告;③观念广告;④公益广告。

以广告传播范围为标准,可分为:①国际性广告;②全国性广告;③地方性广告;④区域性广告。

(5)广告的诉求方法

广告有两种诉求方法:感性诉求、理性诉求。

1)感性诉求

采用感性说服方法的广告形式,又称为情感诉求。它通过诉求消费者的感情或情绪来达到宣传商品和促进销售的目的,也可以称为兴趣广告或诱导性广告。感性诉求的广告不作功能、价格等理性化指标的介绍,而是把商品的特点及其能给消费者提供的利益点,用富有情感的语言、画面、音乐等手段表现出来。"威力洗衣机,献给母亲的爱"就属此类诉求方式。通常感性诉求广告所介绍的产品或企业都是以感觉、知觉、表象等感性认识为基础,是消费者可以直接感知的或是经过长期的广告宣传,消费者已经熟知的。采用感性诉求,最好的办法就是营造消费者使用该商品后的欢乐气氛,使消费者在感情获得满足的过程中接受广告信息,保持对该商品的好感,最终采取购买行为。

2)理性诉求

理性诉求广告是采用理性说服方法的广告形式,通过诉求消费者的理智来传达广告内容,从而达到促进销售的目的,也称为说明性广告。这种广告说理性强,常常利用可靠的论证数据揭示商品的特点,以获得消费者理性的认可。它既能传授给消费者一定的商品知识,提高其判断商品的能力,又会激起消费者对产品的兴趣,从而提高广告活动的经济效益。通常的理性诉求广告有承诺广告、旁证广告、防伪广告、比较性广告等。

6.4.2 汽车广告对消费者的影响

(1)汽车广告

汽车广告是汽车企业为了宣传自己的产品的性能、质量,通过一定的媒体形式,公开而广泛地向消费者传递有关汽车信息的商业手段。最早的汽车广告发源地在美国。1900 年,美国第一家汽车厂——奥兹莫尔比汽车厂竣工,奥兹父子在工厂门口竖立了一块醒目的标志牌,上书"世界最大的汽车工厂",来往行人无不驻足观看。对中国人来说,最著名的、留给他们印象最深的汽车广告,当属“车到山前必有路,有路就有丰田车”。30 年了,中国人还记忆犹新。1979 年,日本的三菱公司在《人民日报》上刊登广告,这是最早在中国的媒体上刊登广告的汽车公司。应当说,汽车广告给它的广告主——各汽车厂家都带来了不菲的经济效益与社会效益。这也正是各汽车厂家不惜重金给自己的产品做广告的真正动力。

(2)我国汽车广告的现状

虽然我国的汽车广告给汽车经销商带来了一定效益,但还是有不少人认为,汽车广告投放量与品牌认知度不成正比,即投入多,产出少。另外,不少消费者认为,国外的汽车广告要么意境优美,要么幽默有趣,要么情节感人,能真正从内心打动人,而中国的汽车广告远远不及。

早有人断言,要在当今汽车市场闯荡,必须备好 3 件东西:一副好身板,一个好名字,一条好广告。广告是打开汽车市场的敲门砖。也有人认为,广告在营销中的作用不超过 10%。有人对电视中的汽车广告作了总结,认为电视汽车广告中充斥着超速、打滑和急刹车的危险驾驶镜头,这会给人们造成错觉:这样开车没问题,车就要这样开。

国内消费者对他们所接触到的汽车广告内容效果评价普遍不高。有 33.5% 的消费者觉得“越看越不明白”,38.7% 的消费者觉得“不能真实反映产品实际”,67.3% 的消费者没有“因为广告好而产生购买的想法。”还有 53.86% 的消费者对当前的汽车广告不满意,其中,26.92% 的消费者认为汽车广告太过夸张,19.23% 的消费者认为缺乏个性,就是说,这个广告词用到别的车上也行。就像有的观众说的那样,不同车的广告和画面常常惊人相似,因而给人留下的印象同样模糊。

消费者想从广告中获得的信息与实际获得的信息差距也很大。有 34.62% 的消费者希望能从广告中获得参考数据信息,但只有 19.23% 的人实际上获得了信息;有 50% 的消费者希望能获得汽车性能的信息,但只有 11.53% 的消费者实际得到了性能的信息。

(3)汽车广告对消费者的影响

客观地说,就目前中国的实际情况看,汽车广告对消费者购车有一定影响,但不可高估。

首先,汽车厂家、商家的投入不够。他们知道广告投放量与品牌认知度不是成正比的,他们也知道,汽车广告在营销中的作用不会超过 10%。

其次,广告制作水平不高。因此,消费者不知所云,越看越糊涂。这样一来,消费者对车就没有一个清晰的认知,便不可能产生购车意向。

最后,广告诉求的方法单一、理性。为什么外国的汽车广告很容易抓住人心? 因为它们常常用的是感性诉求的方法,从人的情感出发,从亲情、友情、爱情的角度出发,无声无息地感染人。这是中国汽车广告需要学习和借鉴的。看来外国人对我们的唐诗很有研究,对“诗圣”杜甫也有研究。因为他们做的汽车广告那真是“随风潜入夜,润物细无声”。

学习任务6.5　汽车服务与汽车消费者心理

6.5.1　服务概述

(1)服务的概念

服务是指为他人做事,并使他人从中受益的一种有偿或无偿的活动,是不以实物形式而以提供活劳动的形式满足他人某种特殊需要的过程。怎么理解这一概念?

第一,服务的对象是他人。

第二,服务的内容是做事。

第三,服务的形式或有偿或无偿。

第四,服务的实质是满足他人的特殊需要。

(2)服务的特征

第一,不可感知性。

第二,不可分离性。

第三,品质差异性。

第四,不可储存性。

第五,所有权的不可转让性。

(3)服务的种类

这里所说的服务,仅指营销服务,是狭义概念,不是指服务行业(第三产业)的服务。营销服务包括售前服务、售中服务和售后服务。

1)售前服务

售前服务是企业在顾客未接触产品之前所开展的一系列刺激顾客购买欲望的服务工作。这里的关键是“顾客未接触产品之前”和“刺激顾客购买欲望”。售前服务的内容多种多样,主要是提供信息、市场调查预测、产品定制、加工整理、提供咨询、接受电话订货和邮购、提供多种方便和财务服务等。售前服务的主要目的是协助客户做好工程规划和系统需求分析,使得预售的产品能够最大限度地满足客户需要,同时也使客户的消费尽可能合理,使顾客满意。

如果没有售前服务,企业就会相对缺乏消费者信息,造成市场信息不完全,企业的经营决策也就不理想,甚至走上与之相左的路线。通过售前服务,我们可以了解消费者和竞争对手的情况,从而设计出符合消费者的产品,可以制订出适当的促销策略,这样就会有事半功倍的效果。

如果没有好的售前服务,消费者在使用产品时就会麻烦不断,再好的售后服务也不能从根本上解决问题,从而导致人们不会购买该产品。总之,一切问题都应该解决在产品销售之前。因此,优质的售前服务是产品销售的前提和基础,是提高企业经济效益的关键。

企业通过开展售前服务来加强双方的了解。企业为消费者创造购买产品的条件,消费者就会信任该企业及产品,从而也就愿意购买;赢得消费者的支持,赢得市场,也就提高了企业的竞争能力。

2)售中服务

售中服务是指在产品销售过程中为顾客提供的服务,如热情地为顾客介绍、展示产品,详细说明产品使用方法,耐心地帮助顾客挑选商品,解答顾客提出的问题等。售中服务与顾客的实际购买行动相伴随,是促进商品成交的核心环节。

接待服务是售中服务的中心内容。营业人员在接待顾客时,通过主动、热情、耐心周到的服务,把顾客的潜在需求变为现实需求,达到商品销售的目的。可以说,在商品销售过程中,接待服务对销售成败具有决定性的作用。营业人员服务质量的高低,直接关系企业声誉的好坏,因此,企业应使接待服务规范化。

3）售后服务

售后服务，是指生产企业、经销商把产品（或服务）销售给消费者之后，为消费者提供的一系列服务，包括送货、安装、调试、维修、技术培训、上门服务等。售后服务的主要内容包括：代消费者安装、调试产品；根据消费者要求，进行有关使用等方面的技术指导；保证维修零配件的供应；负责维修服务；对产品实行“三包”，即包修、包换、包退（现在许多人认为产品售后服务就是“三包”，这是一种狭义的理解）；处理消费者来信来访，解答消费者的咨询。同时用各种方式征集消费者对产品质量的意见，并根据情况及时改进。

售后服务要遵循以下一些原则。

第一，礼尚往来的原则。当你帮了顾客的忙，顾客就会感觉到自己也应该替你做些什么，每当你对顾客的要求作出让步，顾客就会感到对你有所亏欠，这会拉近你与顾客的关系，这就有了做成下一次生意的可能。

第二，承诺与惯性原则。它是指人们对过去做过的事情有一种强烈连贯性的需求，希望维持一切旧有的形式，使用承诺来扩充观念。

第三，同类认同原则。假如今天的顾客是个医生，他在使用某个产品或接受某种服务，那向护士推销这种产品或这项服务，护士也会接受。假如律师都用这种产品，那向其他的律师再推销这种产品时，其他律师也会接受，这称为社会认同。

第四，使用者的证言。这也是促使顾客购买产品的一种因素，通过曾经买过产品的人，用他们的一些证言告诉顾客产品的好处，这也是影响顾客购买决定的一种方法。

第五，喜爱原则。如果一种化妆品，明星在用，或某种品牌的衣服明星在穿，就会有人因喜爱明星而去购买这种商品。很多商家都会找一些名人来代言产品，就是在运用这种喜爱原则去激发顾客采取购买行动。

第六，友谊原则。客户介绍的潜在客户比全新的顾客更为重要，因为它的成功几率是全新顾客的15倍，一个顶尖的销售人员，他永远都在培养他的老顾客，同时他也不断地开发他的新顾客，而新顾客的开发来源，最好的方法就是通过老顾客介绍。而这种老顾客的介绍，就是人们在运用友谊的原则。

6.5.2　汽车服务对消费者的影响

我们从售前服务、售中服务和售后服务3个角度来分析汽车服务对消费者的影响。

（1）售前服务对消费者的影响

售前需要服务吗？售前服务都包括哪些内容？售前服务对消费者有哪些影响？这些问题是每一个汽车经销商都必须很好回答的问题，是每一个4S店都需要认真对待的问题，是每一个售前顾问、售前工程师必须弄清楚并熟练掌握的问题。我国汽车业从最早提出售前服务这一概念开始到现在也不过10年的光景。问题是到目前为止，认识到这个问题重要性的经销商还不是很多。那么，售前服务对消费者究竟有哪些影响呢？

第一，售前服务为消费者提供了自主选择、公平消费的渠道，在客观上培育了市场和潜在用户，引导了消费。如果每一家4S店都能提供很好的售前服务，就等于给消费者提供了自主选择、公平消费的渠道。每一个经销商都做售前服务，消费者的可选择范围不断扩大，最终他们把“选票”投给谁，就充分表明了他们选择后的态度。应当说这是很公平的。经销商这么做了，其实是在自觉地培育属于自己的那一片市场，在影响和形成自己的潜在用户。可以说，他们的付出肯定会有丰厚的回报。

第二,专业的售前服务对购车者会起到拨云见日的作用。消费者从有买车的想法,到最后挑中一辆车,需要一段时间的热身。他有很多疑问需要解答。到现在还没有哪一家机构或商家能全面解答。其实,那些聪明的经销商会在自己的店里配备售前顾问和售前工程师,他们会为顾客提供售前技术支持。正是由于他们的优质服务,才使消费者有一种拨云见日、豁然开朗的感觉。

第三,售前服务是激发潜在购买的重要环节。没有潜在购买,就没有现实购买。没有欲望、没有意向,就根本不可能有购买。因此,售前服务就是在做唤起欲望、培育意向的工作。应当说,售前服务是整个销售过程必不可少的一个重要环节。售前顾问和售前工程师的工作越见成效,被激发的潜在购买者就越多,汽车市场这块蛋糕就切得越大。

第四,售前服务是对消费者整个服务工作的关键。售前服务是整个服务工作的起点。没有开始,就没有后续,没有售前,就没有接下来的售中和售后。因此,经销商开始认识到了“售前服务是关键”,汽车顾客满意度调查有了这样的结论:售前服务的重要性高于售后服务。

(2)售中服务对消费者的影响

①优质的售中服务,能迅速地抓住顾客的消费需求。售中服务有两个关键点:一是使顾客进一步了解商品优点、功能和使用方法;二是提供礼貌、周到、热情的服务。我们的销售顾问如能做到这些,就能在服务中迅速抓住顾客的消费需求。

②优质的售中服务为顾客提供了享受感,可以增强他们的购买欲望。有些高档品牌的4S店为客户提供的服务是四星级甚至五星级酒店的服务。有了享受感,顾客的购买欲望就会增强。

③适度的售中服务还可以打消消费者的各种疑虑。消费者到4S店来,一般都不是“空手”而来的,都是带着各种疑虑来的。接下来,就要靠我们的销售顾问,靠他们适度的售中服务去打消消费者的各种疑虑。之所以说“适度”,是因为过于热情往往会给消费者一种心虚的感觉。我们的祖先早就告诫过我们:要讲究中庸,要明白“过犹不及”的道理。因此,销售顾问要掌握好这个“度”。

④优质的售中服务会使消费者在精神上感到满意,从而迅速购买。在那些提供了优质服务的4S店,你经常会看到,那些汽车销售人员集服务人员、顾问人员、商务洽谈人员多种角色于一身。他们为消费者提供的服务,可以说会令每一个接受过他们服务的人终生难忘,因为客户的高层次需要得到了满足,会使他们在精神上感到满意。在这种情况下,“迅速购买”便顺理成章了。

(3)售后服务对消费者的影响

我们先看看汽车售后存在的问题,再去分析这些问题给消费者(包括潜在的消费者)带来的影响。

1)售后服务存在的主要问题

售后服务存在的主要问题:维修收费不合理;故障解释不清,一次解决率低下;久修不好;售后服务承诺不兑现;经营行为不规范;配件不正宗,以次充好;保养后车辆故障不断;销售商不按合同规定及时交车;其指定的保险公司价格过高;维修过程中缺少知情权;车主交车后手中无任何字据;工时费、材料费随意收取等。

因此,有的消费者总结出“五难”:汽车好买维修难;维修记录索要难;问题新车退还难;进口轿车维修难;索赔投诉维权难。

还有的消费者评价得更到位:一流的装潢,三流的服务。

2)售后服务对消费者的影响

第一,汽车售后服务差,让消费者最头痛、最不满。对4S店的24 h救援服务,高达76%的用户不满;有40%的消费者有过不愉快的售后服务经历。前边列举的那些,拿出哪一条都够消费者头疼了,都能使消费者不满意。

第二,汽车售后服务成为潜在消费者在选车时重点考虑的因素。现在,有越来越多的潜在消费者认识到了售后服务的重要性。"买车看品牌,养车看服务""三分在购,七分在养"。那种抱有买车时眼睛只盯着汽车价格的高低,对汽车售后服务考虑得很少的人,在日益减少。

第三,维修费用过高是消费者最不满意的地方。有81%的车主认为,4S店的配件价格过高,有些店还以次充好。更有甚者,个别的店还有用别的车拆下来的旧零件给维修车装上,才有了"久修不愈"的现象。

典型案例

牵手男神金秀贤 北京现代演绎韩流style

谁是当下国内最炙手可热的男星?答案非韩剧《来自星星的你》中的男主角"都敏俊"教授莫属。凭借在该剧中的精彩演出以及超级帅气的外表,都敏俊的扮演者金秀贤一夜爆红,在国内掀起了一股"欧巴"热浪。

从"星星"追到北京车展,粉丝们对这位韩国超高人气明星的"欧巴"热浪,恐怕已经不能用"痴"来形容了。在刚刚落幕的北京车展上,乘坐橙色ix25现身展台的"都教授"(金秀贤)引爆发布会现场,与造型惊艳的北京现代小型SUV ix25一同组成了车展现场最抢眼的热点事件,引发现场无数粉丝疯狂尖叫。

一个是当今最受欢迎的韩国人气明星,一个是全球首次亮相的动感时尚座驾,当男神"都教授"金秀贤遇到北京现代ix25时,将会演绎怎样一场韩流style?

韩风来袭:从韩剧到韩系车

从江南style到《来自星星的你》,韩国文化正在深刻影响海外市场。《来自星星的你》最终在韩国以最高收视率达27.4%、网络最高收视率达68.3%,双双位居年度迷你剧第一位,并迅速风靡整个亚洲,仅中国地区网络播放量就超过了16亿次,成为中国拥有社交媒体以来最被热议的韩剧。

韩剧正在成为中国影视文化领域的重要力量。前不久结束的中国两会上,一位代表在坦言"自己也看韩剧"的同时,也在考虑一个问题,"韩剧为什么占领了中国?为什么漂洋过海,影响了美国,甚至欧洲。看半天我发现我明白了,韩剧走在咱们前头。韩剧内核和灵魂,恰恰是传统文化的升华"。

无独有偶,在韩剧崛起的同时,韩系车也在成为中国市场上新的主导力量。据中国汽车工业协会统计分析,2013年,韩系品牌乘用车共销售157.75万辆,占乘用车销售总量的8.80%,比2012年上升了0.15个百分点,销量净增23.75万辆。相比之下,德系品牌、日系品牌的市场占有率均小幅下滑,这种变化显示了韩系车在中国市场稳扎稳打的前进态势。

再看韩系车的代表北京现代,2013年也交出了非常优异的成绩单。2013年,北京现代累计销量达103万辆,完成年初"百万千亿"的销售目标,并成为国内第四个突破百万级别的汽车品牌,百万产销的跨越,体现了北京现代在产品力、核心技术、渠道布建、运营能力、品牌传播等方面综合体系能力的提升。这一年，北京现代还迎来了累计销售500万辆的新里程碑，成为国内第四家、也是最快实现累计产销500万辆的企业。

韩剧和韩系车，两个看起来不太相干的领域，其实有着共同的成功之处。一是制作精良，韩剧无论是在道具、服装、场景、音乐的选择上，都力臻完美，韩系车同样在品质要求上精益求精，力争每一辆从生产线上下来的产品都是精品；二是外观唯美，韩剧中的男女主角都宛如天人，郎才女貌令人艳羡，韩系车打造的“流体雕塑”“风动美学”“风暴前沿”等设计理念，也让眼光挑剔的汽车消费者们不吝“点赞”。两者都是韩国文化的优秀产物，很好地起到了沟通中韩文化的纽带作用。

如此看来，北京现代选择“都敏俊”教授作为新车 ix25 的代言人，可谓门当户对、才子配佳人。

ix25 + 都教授：怎样的聚合反应？

当北京现代2014年的战略级新车 ix25 遇见人见人爱的“都敏俊”教授（金秀贤），会产生怎样的聚合反应？或者更直接一点说，签约金秀贤会对北京现代的新车 ix25 以及企业品牌产生怎样的影响呢？

应该说，选择明星作为代言人，是汽车行业一种流行的营销模式。以北京现代为例，悦动牵手金城武、瑞纳签约王力宏、朗动签约吴彦祖，都是明星代言的成功案例。如今为即将上市的 ix25 选择“都教授”（金秀贤）代言，又是基于怎样的考虑呢？

首先，ix25 是北京现代为满足年轻消费者需求而开发的一款精致的 SUV 车型，它采用最新的设计理念，代表着汽车界的设计潮流；金秀贤也是时尚潮流的先锋，两者在这一点上非常契合。在剧中，来自星星的“都教授”具有超乎常人的能力，还拥有精致健康的生活方式；ix25 是一款精致的 SUV 车型，具有适应多种环境、路况和生活场景的“全适”特点，以及提供全方位的驾乘体验的“全能”特性，在这点上两者也非常吻合。

其次，金秀贤因成功诠释“都教授”形象，获得了非常多年轻、个性、潮流消费者的喜爱，而这些人群也是 ix25 的目标人群。可以说，人们完全有理由对这次 ix25 与“都教授”的牵手充满憧憬和信心。

可以预期，ix25 将成为未来市场上的“新宠”，年轻时尚的外观、更加节能的动力、一如既往的优异品质、相对平易的价格，都将成为 ix25 风靡中国小型 SUV 市场的利器，再加上“都教授”的力捧，ix25 有望成为北京现代又一款炙手可热的车型。

同时，ix25 的诞生将会补充和完善北京现代的 SUV 家族，通过差异化定位实现北京现代在 SUV 各级别的充分覆盖和全面布局，也为喜爱 SUV 的消费者提供了更全面的选择。目前，北京现代拥有全新胜达、ix35、新途胜 3 款 SUV 车型，以及第八代索纳塔、名图两款中高级车，ix25 的加入，也将进一步壮大北京现代“D + S”（中高级车 + SUV）产品阵营，助推北京现代今年“D + S”车型占比达到45%的目标，从而实现品牌质的飞跃。

有人说，无论已婚女性还是未婚女性，都爱“都敏俊”教授；而对于 ix25 来说，其理想目标自然是成为一款人见人爱的精致 SUV，无论是有车族还是尚未购车的人，ix25 都将是他们眼中的“完美小情人”。

未来，除了期待 ix25 的早日上市，关于它的故事，最浪漫的结局自然是：男神们，赶快驾乘这款“完美外星情人”座驾，和你心目中的“千颂伊”开始一段浪漫之旅吧。

任务工单

<table>
<tr><td rowspan="3">学习任务6
项目单元6</td><td>班级</td><td colspan="3"></td></tr>
<tr><td>姓名</td><td></td><td>学号</td><td></td></tr>
<tr><td>日期</td><td></td><td>评分</td><td></td></tr>
</table>

1. 中国车与德日车的主要差距在哪儿?

2. 汽车品牌对消费者的影响体现在哪些方面?

3. 影响汽车价格的因素是什么?

4. 汽车售后服务存在的主要问题有哪些?

5. 实战演练:汽车服务与汽车消费者

汽车服务,包括售前、售中和售后3个环节,现实中,售后服务存在的问题最多,消费者意见最大、最集中。因此,这次实训活动只反映4S店的售后服务中存在的问题。结合课堂教学,针对教材中所列问题,各小组在课前准备活动中,尽可能做到充分,角色表演要到位,作为“服务顾问”的同学更要作好充分的准备。最好把现实生活中售后服务环节存在的问题表演出来,让每个组员都感受一下,以便真正上岗时知道该怎么对待客户。

单元 7 汽车 4S 店相关人员及其对消费者心理的影响

学习目标

知识目标：明确4S 店相关人员的职责；明确4S 店相关人员对消费者的影响；明确4S 店的销售流程。

技能目标：使学生掌握营销人员的沟通技巧。

态度目标：使学生形成对4S 店各个岗位的正确认知；使学生能有爱一行、干一行的内心体验；使学生逐步树立“我准备好了”的信念。

任务导入

销售流程与客户利益

2015 年 8 月 27 日，这是一个普通的工作日。一个高个子青年走进了展厅。销售顾问小施凭直觉认定这是一名真实的买家。小施热情地上前打招呼（汽车销售的第一个步骤：接触客户，并用和善的目光与他交流），并作了自我介绍。“您好，欢迎光临我们店。我是销售顾问小施，请问您怎么称呼？”“我姓陶，陶金泉。”他看起来对 A4 很有兴趣，展厅内正好有一台 A4 1.8T 的红色舒适型与一辆新出的蓝色个性风格版。“请问您需要什么样的帮助？”小施的问话是为了消除陌生感，拉近与陌生人之间的距离。陶先生现在开的车不是德系的，开起来感觉不是很好，考虑再三想买一款德系车。他对新出来的 A4 个性风格版非常感兴趣。

小施开始收集客户的需求信息（汽车销售流程的第二步）。“您买车是作为商务用还是家庭用？”“都有吧，我是做服装代理的。”“平时是您自己开还是有驾驶员？”“我自己开，不用驾驶员。”“平时车上都坐着什么人？”“一般情况下，也就我一个人。”“长途多还是短途多？”“短途多些。”“那您这次买车比较看重车子的哪些方面呢？”“我觉得车子还是要性能好，我喜欢德国车。”在沟通之后，小施开始了汽车销售的第三个步骤：满足客户需求。

“对，许多优秀的汽车品牌都出自于德国，奔驰、宝马、奥迪，都是德国的。德国车稳重扎实，时速 200 km 也没有飘的感觉，坐在车里您会感到很安全。”

在交谈中，小施发现陶先生平时喜欢开车兜风。这样的信息对销售人员来说是非常重要的。小施非常认真地倾听着来自客户的所有信息。陶先生目标很明确，就是A4 1.8T红色的个性风格版。小施开始了销售流程的第四个步骤：产品展示。

陶先生的身高超过了1.8 m，因此在A4的驾驶座上显得有些拘束。小施帮他调低、调后了驾驶座，但他还是感觉不是很舒适。陶先生的注意力转到展厅内的A6L上。他坐进一辆A6L的驾驶舱，感叹道："还是这个空间大，可是我是想买A4的呀，我感觉A6是年纪大的人开的。"于是，小施建议陶先生分别试驾A4和A6，在试驾过程中感觉哪款更适合他。

销售流程第五步：试乘试驾。陶先生觉得A6L空间比较大，并且操控性也不错。但他觉得黑色的车看起来还是太老气了一些，提出回去与家人商量一下。这个时候，小施本来可以使用销售中的一个技巧——压力销售，但他没有那么做，他相信客户肯定会回来。过了几天，陶先生带着他的家人又来看车了。他的家人看过A4马上就不赞同，觉得车子太小，坐着不舒服。又过了两天，展厅到了一辆银色A6L2.0T。小施立刻打电话通知陶先生，说这车不仅他那样的个头坐着舒适，而且同样年轻时尚，运动优雅。陶先生挺高兴，说下午马上来看。下午的时候，陶先生果然按约前来。于是就进入销售流程的第六步：报价成交。在谈定价格后，陶先生几乎没有异议地接受了分期付款的方式，并付了首付款。陶先生愉快地提了车，并在小施的推荐下做了3万多元的汽车装潢。

提车两天后，小施打了回访电话，询问陶先生对汽车的使用感受。陶先生说："挺满意的，我本来认定要买A4的，怎么就买了A6呢？"小施笑着回答："是啊，谁让你个子高呢，不过银色的A6L也很适合你呀，你开这个车很帅嘛！"小施在电话里又交代了一些注意事项，并提醒他，车子跑了5 000 km后要来做一次保养。

思考题：

1. 小施对销售流程掌控得怎么样？是否存在不恰当之处？
2. 小施是怎么照顾客户利益的？客户的购车意向是怎样被小施改变的？

案例分析

应当说，小施对销售流程掌握得很熟练，并无不妥之处。客户对A4感兴趣，但是他个头大，A4的内部空间小；另外，客户又嫌展厅里摆放的那辆A6是黑色的，他感觉那是上年纪的人开的车，他开就显得老气。这就是客户的心理活动，是他的利益所在。恰好店里来了一辆银色的A6，满足了客户的需要，符合客户的利益。小施通过试驾环节，让客户分别试驾A4和A6，不比不知道，一比见分晓。比较之后，还是A6空间大，舒适；加上后来新到了一辆银色的A6，就彻底避开了客户的顾忌——黑色的老气。就这样，小施把客户原来的购车主张改变了。

学习任务7.1　4S店相关人员职责

7.1.1　4S店所设岗位及其职责

各4S店所设岗位，大同小异，一共十六七个。上自总经理、站长，下至大厅接待、配件收发员，共分为几个系列：管理人员类的有总经理、站长、办公室主任、车间主任（维修）、配件经理、服务经理、销售经理、技术总监等；销售类人员有大厅接待、销售顾问；配件类人员有配件计划员、配件收发员；维修类人员有维修人员、业务接待、工具保管、索赔员等。

(1)总经理岗位职责

①负责建立,实施和改进公司的各项制度、目标和要求。

②制订质量方针、质量目标,确保顾客需求与期望得到满足。

③确定公司的组织机构和资源的配备。

④确保公司现有业绩,并持续改进管理体系。

⑤负责向全体员工传达法律、法规的重要性。

⑥组织企业各部门力量,完成董事会确立的各项经济指标。

⑦关心职工生活、劳动保护,防止发生重大安全事故;加强职工安全教育,提高职工安全系数。

⑧在发展生产的基础上提高职工的福利和业务技术、文化水平。

⑨主持管理评审,确保管理体系的适宜、充分和有效。

⑩规划好公司的未来战略方针和发展目标,并贯彻落实好公司的各项规定和指示,带领公司不断发展。

(2)站长岗位职责

①负责按行业要求、公司要求等合理制订相关工作流程、章程。

②负责主持售后服务中心日常工作的开展,监督指导业务接待、索赔员的工作,协调各部门及与其他部门的关系,保证全体员工有很好的工作状态。

③负责接待和处理重大客户投诉工作。

④负责对顾客满意度的改进进行总体协调,保证其稳步提高。

⑤负责部门各项会议的定期召开,对日常工作进行总结,并不断改进、优化。

⑥负责与授权公司进行市场信息的交流与沟通,负责报表与文件的审核、签发。

⑦负责对部门人员进行每月岗位的考核。

⑧负责售后索赔事件的最终认定、处理。

⑨负责抓好车间维修质量、安全生产和环境保护。

⑩负责公司各项制度在本部门的宣导及信息的传递。

⑪负责质量管理体系中相关的工作。

⑫负责商务发展计划的制订、实施、改正、评估(POCA)。

(3)配件经理岗位职责

①负责监督、指导配件工作人员做好配件管理工作,保证充足的、纯正的配件供应。

②负责根据授权公司要求和市场需求,合理、高速安排库存,将库存周转率控制在合理范围以内,加快资金周转。

③负责及时向相关部门传递汽配市场信息及本站业务信息。

④负责每月向相关部门提供月度报表及相关文件。

⑤负责配件环境卫生、管理,确保仓库整洁有序,物品摆放规范,执行好6S管理。

⑥负责定期对配件部进行盘点,确保账、卡、物一致。

⑦负责定期召开部门会议,不断提高配件工作人员业务水平和服务意识,保证本部门员工良好的工作状态。

⑧负责公司各项制度在本部门的宣导及相关信息的传递。

⑨负责本部人员的配件业务的培训指导及制订本部门的培训计划。

⑩负责协调与其他业务部的关系,并使配件工作流程不断优化、提高。

⑪负责质量管理体系中的相关工作。

(4)车间主任岗位职责

①负责合理安排维修人员的工作及车间看板的管理,开展并控制车间6S的具体实施,并保证本部人员有良好的工作状态。

②负责督促员工对车间工具、设备的定期保养和维护,并作记录。

③负责车间安全生产环境卫生的管理、物品规范摆放,监督员工做到油、水、物件“三不落地”。

④负责协调与各部门的关系,控制维修质量及生产成本,确保车辆维修按时、按质完成。

⑤负责车间管理过程中的事务处理,并及时向管理层反映。

⑥负责定期召开会议,使车间工作流程不断优化与改进,以提高工作效率。

⑦负责确定维修员工的培训需求及计划的制订,平时对本部门人员进行岗位考核并及时上报和存档。

⑧负责质量管理体系中的相关工作。

⑨负责公司各项制度在本部门的宣导及相关信息的传递。

(5)办公室主任岗位职责

①负责公司各类文件的控制和信息管理。

②协助总经理做好各部门各项目标、任务的考核。

③负责公司人事管理和培训管理,制订培训计划,协助领导做好员工考评工作。

④负责内部质量审核和质量改进的日常管理工作。

⑤负责不合格项的纠正和预防措施及质量改进工作和日常管理工作。

⑥配合总经理抓好安全工作。

⑦贯彻公司质量方针,遵纪守法,敬业守则,完成领导交办的任务。

(6)内训师岗位职责

①负责本公司内部培训的授课工作和技术部工作。

②切实落实授权公司对本公司的专业技术培训计划。

③切实掌握公司内部技术的培训率,并负责对员工的内部技术培训进行考核及跟踪评估工作。

④收集和分析重大技术案例和故障案例,及时传达,及时学习。

⑤负责组织研究技术难题攻关工作。

⑥协助公司开展培训的其他相关工作。

(7)服务经理岗位职责

①负责监督、指导业务接待、索赔员的具体工作并做月度考核。

②负责索赔事务,严格按授权公司索赔政策正常工作。

③负责参与重要客户和万元以上付出金额的客户的相关工作。

④制订、安排和协调售后服务工作的具体开展,协调业务接待、索赔、收银、维修车间、配件之间的关系,保证全部的员工有良好的工作状态。

⑤严格按公司运作标准或相关要求开展工作。

⑥定期对本部门的工作进行审核及改进。

⑦积极开展和推进各项业务工作，控制管理及运作成本，完成内部拟订的工作目标。

⑧做好业务统计分析工作，定期填写并上报各种报表。

⑨负责控制和提高车间维修质量，做好安全生产成本控制和环境管理。

⑩组织本部门开展各项相关活动及评估工作。

⑪负责各项会议的召开及各项售后工作的不断优化改进。

⑫负责质量管理体系中的相关工作。

⑬负责公司各项制度在本部门的宣导及相关信息的传递。

(8)大厅接待岗位职责

①保证良好的工作热情，负责热情、主动地为客户提供服务。

②负责客户休息区的环境卫生、绿化布置及每日清洁。

③负责客户休息区用品的及时更换。

④负责客户休息区相关设备的维护，如有损坏及时上报。

⑤负责妥善保管客户休息区物品，并建立台账。

⑥完成部门负责人交办的相关工作。

(9)配件计划员岗位职责

①负责根据公司的业务需要和要求，按月做好配件计划，及时供应，保证合理库存。

②及时收集相关生产信息和市场信息，作出库存调整，并上报配件经理。

③根据授权公司有关配件的计划、订购的规定，开展配件的计划、订购工作，正确、及时填写和传递配件订货单。

④协助配件经理做好库存品的调节，减少积压现象。

⑤协助配件经理协调与其他业务单位的关系，确保配件及时调节、供应。

⑥熟悉公司车辆维修业务要求，仓储式物流管理，合理安排库存，确保工作正常开展。

⑦完成部门负责人交办的相关工作。

(10)配件收发员岗位职责

①负责配件仓库的清洁卫生，配件摆放规范，标志清晰，并做好配件的维护工作。

②负责配件的收发管理及库存件的定期盘点并记录，确保账、卡、物一致。

③负责根据提货清单迅速、准确地提供配件，配件发放遵循先进先出的原则。

④负责对配件进货质量的检验和破损件的回退工作。

⑤负责库存量的统计，若发现库存不足或过多应及时上报。

⑥对配件的放置标准、防护要求、规范标识、规范搬运负责。

⑦熟悉授权公司配件收发流程，不断提高业务水平。

⑧完成部门负责人交办的相关工作。

(11)维修人员岗位职责

①根据前台和车间主任的分配，认真、仔细地完成维修工作。

②负责在维修过程中对客户车辆采取有效的防护措施。

③负责按委托书项目进行操作，维修过程所出现的问题及时向管理层汇报。

④必须对每个维修项目进行自检，合格后转到下一个工序，不断提高专业技术，保证维修质量。

⑤耐心、周到、热情地解答客户的相关疑问，提高服务质量。

⑥仔细、妥善地使用和保管工具设备及资料。

⑦负责维修后的整理工作，做到油、水、物“三不落地”，保持车间整洁、有序开展6S的具体实施。

⑧完成部门负责人交办的相关工作。

(12)索赔员岗位职责

①熟悉授权公司索赔业务的具体工作流程。

②负责协助业务接待，认真检查索赔车辆，做好车辆索赔的鉴定，保证索赔的准确性。

③负责按规范流程输入索赔申请及相应索赔事务。

④负责定期整理和妥善保存所有索赔档案。

⑤负责在授权公司开展的质量返修和相关活动中进行报表资料的传递与交流。

⑥负责按授权公司要求妥善保管索赔件和及时按要求回运。

⑦负责客观真实地开展索赔工作，不得弄虚作假，并及时向管理层汇报工作状况。

⑧主动收集、反馈有关车辆维修质量、技术等相关信息给相关部门。

⑨积极向客户宣导授权公司的索赔条例。

⑩完成部门负责人交办的相关工作。

(13)业务接待岗位职责

①负责按规范要求及时、热忱地接送客户，并实行首问责任制原则。

②负责按规范操作流程，准确判断并详细记录维修车辆的相关信息、车主的相关信息、维修的相关信息、其他有关手续。

③对接待客户负责并耐心解答客户疑问，保证兑现对客户的承诺，若有问题及时向上级领导反映，以取得支持和帮助。

④负责及时与客户沟通，告知车辆维修过程中出现的新状况。

⑤负责按规范流程进行相关索赔事务的处理。

⑥不断提高专业技术水平和服务意识，优化改进工作。

⑦完成部门负责人交办的相关工作。

⑧每日评估自己的工作，每月总结工作并上交服务经理。

(14)工具保管员岗位职责

①负责工具间的卫生清洁、定期打扫整理。

②负责对专用工具或书籍进行编号、登记，建立台账，并作标识。

③负责按规范流程办理工具借用手续，并作详细记录。

④负责对专用工具的妥善保管及日常维护，督促维修人员按时归还。

⑤负责定期对专用工具和书籍进行盘点并作记录。

⑥负责对归还工具的验收，如有损坏或遗失及时登记并上报。

(15)销售经理岗位职责

①在总经理的领导下，负责销售部的销售工作，带领销售人员完成销售任务。

②每日向总经理分别汇报前一日工作和当日工作安排。

③传达上级领导的指示和要求，并监督实施。

④安排好销售顾问每天工作和交车的事宜。

⑤帮助销售顾问做好接待顾客的工作，力争不断提高成交率。

⑥要求销售顾问每天打回访电话，跟踪每一位潜在客户。

⑦依照制度安排好每位试乘试驾人员进行试车，并注意安全。

⑧负责展厅及车辆卫生。

⑨定期安排销售顾问进行职业技能培训和学习。

⑩掌握竞争车型情况，及时向公司领导汇报。

⑪负责协调好展厅所有人员的工作。

⑫协调销售顾问和其他部门的工作。

⑬完成上级领导交给的其他工作。

(16)销售顾问岗位职责

①当客户抵达展厅后，应立即按照公司接待客户的工作流程迎接客户，对自己售后的车辆，必须参照公司的流程进行跟踪服务。

②确保完成自己的月度销售目标、毛利目标和 KPI(关键业绩)指标，每天填写和妥善保存客户信息(来电和来店)。

③准确、及时地填写所有销售文件(三表一卡，即来店(电)客户登记表、意向客户进度管控表、营业日报表、客户信息卡)。

④确保展车在任何时候都一尘不染和光亮如新。

⑤参加公司培训。

⑥熟练掌握车辆的特点和性能，包括系列、规格、价格、车色、可选配件和装饰附件等，了解竞争对手的产品知识。

⑦交车前 6 h，确保待售车辆状态完好，且配置和合同规定的一致。

⑧为车主介绍质量担保和维修保养条款。

(17)服务顾问岗位职责

①以服务客户为根本，对工作尽职尽责。

②热情接待客户，必须使用文明用语，了解客户的需求及期望，为客户提供满意的服务。

③着装保持专业，待客热情、诚恳，谈吐自然大方，保持接待区整齐清洁。

④熟练掌握汽车知识，评估维修要求，及时准确地对维修车辆进行报价，估计维修费用或征求有关人员(上级)意见，得到客户确认后开出维修工单，并耐心向客户说明收费项目及其依据。

⑤认真接待客户车辆，仔细检查车辆外观、内饰并认真登记，同时提醒客户将车内的重要物品保管好。

⑥掌握车间的维修进度，确保完成客户交修项目，按时将状况完好的车辆交付客户，对未能及时交付的车辆应提前与客户沟通，讲清楚原因。

⑦严格执行交、接车规范。

⑧根据维修需要，在征求客户同意的前提下调整维修项目。

⑨协助用户做好车辆的结算工作，热情服务，提高客户的满意度。

⑩善于与客户沟通，全方位地引导客户提高对车辆维修保养的认识，定期向客户进行回访，征求客户的意见，考察客户的满意度，并根据相应项目做好记录。

⑪加强服务理念，待客真诚热情，使客户永远愿意成为我们的朋友。

⑫处理好客户的投诉，根据实际情况认真、耐心地做好解释，最大限度地降低客户的投诉。

⑬认真检查核对车辆及送修人的相关信息，及时准确地完成系统录入，认真听取和记录客户提出的建议、意见和投诉，并及时向上级主管汇报。

⑭宣传本企业，推销新技术、新产品，解答客户提出的相关问题，不断学习新知识、新政策，努力提高自身业务水平，按时参加部门内部的培训。

7.1.2　目前所设岗位的欠缺

从售前、售中、售后服务的角度一眼就可以看出目前 4S 店所设岗位的欠缺：缺少售前顾问、售前工程师。这种欠缺，应当说是理念上的不足，态度上的不够。这种不足与不够，使各 4S 店流失了不少潜在的消费者。再加上售后服务中存在的问题，使 4S 店在广大消费者心目中的形象大打折扣。

其实，售前顾问有两类：一类是售前咨询顾问；一类是售前技术支持。前者一般是负责回答客户的一般性问题，而后者则偏重于回答技术性问题。售前工程师比这两类人员高一个级别。但不管是哪一类售前人员，他们应当具备这样一些素质：熟悉自己的产品，具有比较全面的技术知识，对本公司的优势、劣势有清楚的认识，了解同类产品及竞争对手的情况和特点，善于交流，有良好的沟通能力和技巧。

学习任务 7.2　4S 店销售流程

汽车销售流程，一共分为 9 个环节：客户开发、接待、咨询、产品介绍、试车、协商、成交、交车、跟踪。

7.2.1　客户开发

(1)寻找潜在顾客

万事开头难，只有找出潜在的顾客，才能进行下一步的工作。潜在顾客必须具备 3 个基本条件：一是有需要；二是有购买能力；三是有购买的决策权。如果只有一个条件满足，就不是潜在的顾客；前两个条件满足的客户，也算潜在客户，但不是重点（因为他有建议权）。寻找潜在顾客的主要途径包括行业名录、朋友或熟人介绍、保有客户介绍等。在这个阶段，销售人员应努力收集尽量多的信息。一般来说，潜在客户群主要是政府采购中心，公检法等相关的政府部门，大型的工矿、生产、服务型企业（如石油、煤炭、钢铁、供电、通信），另外，高档的商务写字楼和高档住宅区也分布着潜在客户。

(2)访前准备

一般来说，访前准备是正式接触到客户前的所有活动，汽车销售人员应对自己收集到的潜在客户信息进行分类整理，制订客户拜访计划，根据计划逐一拜访客户。在拜访客户前，首先与客户电话预约一下，确认客户的时间，然后准备齐各种资料（如名片、产品资料、公司简介、车辆使用和维护费用测算表、车辆上牌和保险费用表等），按时赴约。对于单位采购，多数情况下事先都不知道这些潜在客户的具体信息（如负责单位购车的关键人物有几个，各起什么作用），因此，就需要销售员找准 4 个人：车辆选型人、主要使用人、决策人、上级主管，根据获得的信息，依据先易后难的接触原则逐一拜访。

(3)初次拜访

进门是第一步,如果和潜在客户有预约,只需登记一下即可。但是多数情况下我们的首次拜访都是贸然前往(也称之为"扫街"),通过首次拜访与潜在客户建立联系。因此,要想顺利见到我们的潜在客户,通过门卫这一关就显得至关重要,这就需要采取一定的技巧,并不断积累经验,以便在以后的初次拜访中能顺利进门。初次拜访是汽车销售人员与潜在顾客的首次真正接触,在初次见面中,销售人员必须引起潜在客户的注意,对销售人员产生较深的、良好的印象,否则销售人员以后的行动可能会不起作用。在这一阶段,销售人员要进行大量的提问和倾听。提问(如需要什么样的车、喜欢哪些车、对油耗的看法)有助于吸引顾客的注意力,汽车销售人员聆听顾客的回答,在双方之间建立起一种互相信任的关系;在倾听的过程中,一旦发现问题,销售人员就可以向潜在顾客介绍解决问题的方法,并努力创造一个轻松愉快的氛围,尽量不要让客户产生"你是来推销汽车"的印象。及时找到客户的兴趣所在和关注点,要让客户尽快喜欢并信任销售人员。

7.2.2 接待

从实践的视角看,有人(消息来自4S店内部)把来4S店的人员进行了归类:第一类,单个男人来看车,衣着一般,游离浪荡。这类人一般是来初探或来吹空调的,普通礼节性接待,留或不留电话皆可。第二类,单个男人来看车,衣着整齐,神情专注。这类人一般是有心买车,但还需要再比较和了解,可作为发展对象予以礼节性接待并留名片。第三类,男人来看车,并偕同女伴(夫人或女友)。这类人一般是基本确定买车,带女伴来认可并有可能拍板的,可作为重点客户热情接待并加以游说。第四类,男人来看车,携同女伴及家人,特别是女方的母亲,这类一般是真正买车的,需作为贵宾热情接待并游说。应当说,以上的分类实践性强、可操作性强、可信度高。

从理论的角度看,做好前台的接待工作,必须做到6点:一是要真诚;二是要热情;三是要熟练;四是善沟通;五是能忍耐;六是承受力强。

7.2.3 咨询

咨询是4S店销售流程的第三个环节。顾客对车了解不多,这个时候非常需要售前的咨询和技术支持。售前顾问也好,销售顾问也好,都要做好充分的心理准备和技术准备。只有这样,才不至于问题来了不知道怎么回答。在这里,我们探讨一下销售顾问应具备的5个条件。

(1)正确的态度

作为一名销售顾问,要有这样的态度:自信、销售时的热忱、乐观、积极、关心客户、诚恳。这里面有心理学因素(自信心、性格、态度等),有情商因素(关心人),也有道德因素(诚恳、诚实、正直、善良)。态度是由认知、情感、意向3个因素构成的。客户是我们的衣食父母,我们对客户要尊重,要热情,要百问不厌。只有这样,才算我们端正了态度。

(2)产品及市场知识

销售顾问要熟练地掌握所售车型及相关知识,以此来满足客户的需求。同时,还要对市场状况、销售区域的状况有所了解。这就要求每一个销售顾问都要苦练内功,牢牢地掌握相关的产品知识,把市场的情况分析透。还是那句话:知己知彼,百战不殆。

(3)过硬的销售技巧

好的销售顾问,不但要具备基础的销售技巧,还要不断地提升自己的销售技巧。销售顾问跟销售分不开,要有过硬的销售技巧。销售是在与人打交道,因此要有沟通技巧,要有替别人着想的情商,要掌握人的心理。消费心理学最关键是了解顾客的需要。了解了人的需要,学会了与人沟通,就是一名合格的销售顾问了。

(4)自我驱动

销售顾问要想与时代同行,就要不断学习,自我鞭策。属于自己的任务,执行时绝不放松;客户的意愿要迅速处理;要结识新朋友,不忘老朋友;要主动,不要被动。

(5)履行职务

履行职务就是干好分内的事。具体地说,就是要了解公司的方针和销售目标,做好销售计划、记录销售报表,遵循业务管理规定,按销售准备、接近客户、进入销售主题、调查及询问、产品说明、展示的技巧、缔结7个步骤版式来进行销售。

7.2.4　产品介绍

向消费者作产品介绍时,不外乎5个方面:一是造型与审美;二是动力与操控;三是舒适与实用;四是安全能力;五是超值表现。其实,就是从外到内,把汽车主要内容尤其是特点介绍给客户。产品的价格、油耗等方面,有的应主动介绍,有的则可以被动介绍。

7.2.5　试车

客户如果真的有买车的意愿,一般来说,当销售顾问提出试乘时,他是不会反对的。试乘的时候,主要是介绍,让客户去感受;试驾的时候,主要是提醒,让客户去体验。这里,以试乘为例,看看应当怎样去介绍。出发前,应强调安全。发动与怠速运转时,应介绍说“启动容易,运转平稳”;起步了,应说“换挡平稳”;直线提速时,应介绍说“发动机瞬时加速,强劲有力”;巡航行驶时,应介绍说“舒适而静谧”;高速转弯时,应说“操控准确,方向稳定”;减速行驶时,应介绍说“刹车灵敏”;蛇形弯道时,应说“操控自如”;空旷路段时,应说“通过性好”;颠簸路段时,应介绍说“优良的减震,驾乘舒适”;再加速时,应说“动力输出强劲”;紧急制动时,应介绍说“某国制动技术,反应灵敏,防止抱死,缩短距离”;停车时,应介绍说“助力转向,轻松到位”。客户试驾时,除了开始时要特别强调安全,其他介绍基本相同。

7.2.6　协商

协商,字面意思是“共同商量以取得一致意见”。4S店里的协商主要有两种情形:一是买车时就价格而协商;二是修车时就修理价格和换零件价格而协商。到了协商这一步,应当说离成交只有一步之遥。协商好了,皆大欢喜,双赢而终;协商不好,客户不满,商家失望。这其实就是在进行商务谈判。谁抓住了对方的弱点,摸清了对方的心理,谁就会赢得主动。

7.2.7　成交

(1)成交的时机

①当客户完全接受了你的推荐,认同你的观点的时候。

②当客户的主要疑问得到了圆满解决的时候。

③当客户沉默一段时间又活跃起来,但又没有提出新问题时。

④当客户开始关心售后服务的具体内容时。

⑤当客户咨询有关上牌照问题时。

⑥当客户咨询有关保险问题的时候。

⑦当客户开始关注销售人员的经验的时候。

⑧当客户开始了解销售人员的成功客户的时候。

⑨当客户明确提出了要有新的人需要征求意见的时候。

(2)成交技巧

1)选择成交法

选择成交法是提供给客户3个可选择的成交方案,任其自选一种,用来帮助那些没有决定力的客户进行交易。这种方法是将选择权交给客户,没有强加于人的感觉,利于成交。

2)请求成交法

请求成交法是销售员用简单明确的语言直接要求客户购买。成交时机成熟时销售员要及时采取此办法。此办法有利于排除客户不愿主动成交的心理障碍,加速客户决策。但此办法将给客户造成心理压力,可能会引起反感。该办法适用于客户有意愿,但不好意思提出或犹豫时。

3)肯定成交法

肯定成交法是销售员用赞美坚定客户的购买决心,从而促成成交的方法。客户都愿意听好话,如称赞他有眼光,当然有利于成交。此法的使用前提必须是客户对产品有较大的兴趣,而且赞美必须是发自内心的,语言要实在,态度要诚恳。

4)从众成交法

消费者购车容易受社会环境的影响,如现在流行什么车,某某名人或熟人购买了什么车,常常会影响到客户的购买决策。但此法不适用于自我意识强的客户。

5)优惠成交法

汽车销售中提供优惠条件来促进成交即为优惠成交法。此办法利用客户想沾光的心理促成成交。但此办法将增加成本,可以作为一种利用客户进行推广并让客户从心理上得到满足的一种办法。

6)假定成交法

假定成交法即假定客户已经作出了决策,只是对某一些具体问题要求作出答复,从而促使成交的方法。此方法适用于老客户、熟客户或个性随和、依赖性强的客户,不适用于自我意识强的客户,此外还要看好时机。

7)利益汇总成交法

利益汇总成交法是销售员将所销的车型会带给客户的主要利益汇总后提供给客户,此方法有利于激发客户的购买欲望,促成交易。但此办法必须准确把握客户的内在需求。

8)保证成交法

保证成交法即通过向客户提供售后服务的保证来促成交易。采取此办法时,要求销售员必须"言必信,行必果"。

9)小点成交法

小点成交法是指销售员通过解决次要的问题,从而促成整体交易的办法。牺牲局部,争取全局,如销车时先解决客户的执照、消费贷款等问题。

10）最后机会法

此方法是指给客户提供最后的成交机会，促使其购买的一种办法。如告诉顾客“这是促销的最后机会”“机不可失，失不再来”，使客户下决心购买。

7.2.8　提车

如果车主是新手，对买车没有经验，那么这个时候，销售顾问的提醒就是非常必要的了。新车提车时，应注意哪些方面呢？

（1）看外观

挑选新车，可要求从两台同型号车中间挑选。注意车身缝隙和漆面。这样的观察是有技巧的，可以着重观察保险杠和车身缝隙，车门缝隙和前后保险杠缝隙，打开车门观察内外油漆是否无色差等。对于漆面观察，则对外界光线条件的要求比较高。最好的观察光线是在日光下，如果是在展厅选车，可以斜对着日光方向观察，也能起到同样的效果。合格的漆面应当平整无橘皮水波纹瑕疵，保险杠和车身，车门外边缘，左右外后视镜等易受损部位无色差。对于金属漆和珠光漆还可以通过观察漆内铝粉或云母颗粒的均匀程度辅助判断。上面的程序进行完了，车的外观就算检验合格。

（2）看机械部分

机械部分最重要的是发动机，工作良好的发动机应该是外观无油渍，启动时反应迅速灵敏，运行时平稳不抖动，声音平顺，没有尖利的杂音或非固定频率的噪声。冷车状态怠速略高，看转速表约1 000转。水温上升后，怠速下降至780转左右，此时轻加油，感觉应该反应敏捷，无爆震音或松旷音。用手摸发动机盖，无明显震动，坐进车内，基本听不到发动机工作噪声。如果对以上方面心里没底，也可以通过两部同时运转的发动机进行横向比较，这也是一种好办法。发动机加机油的部位应该干净无油渍，即使没有明显油渍，有粘灰尘的情况也等同这点，因为只有粘油的部位才会粘灰尘。对于其他机械部件，也可以用这种办法辅助判断。检查好发动机的三油两液（三油：机油、刹车油、方向助力油。两液：冷却液、风窗清洗液）的液面高度。接下来就是检查电瓶了。新车可以通过观察电瓶状态指示了解电瓶的状态，如果是绿色指示，表示电瓶状态良好且蓄电充足，如果是黑色或白色，则表明蓄电不足甚至已损坏，最好尽快充电。

（3）看地面

看完了发动机，不妨低身看一看运行一段后的车下地面。看看有无水油渍的迹象，这对于判断一些隐性故障还是有帮助的。正常的情况是除了排气管有水滴落外，其他部位应该没有任何水油渗漏。

（4）看轮胎

正常的新车轮胎应该胎壁无任何损伤，特别是前轮胎壁。胎面无钉扎痕迹，前后轮胎胎毛都有的最好，至少后轮的胎毛应该能看到，如果四轮光光，没有半根胎毛，且本地路面不差，就要三思了。

（5）看车门，看雨刮器

合格的车门应该开关用力均匀，无异响。密闭橡胶完好，关门可以感觉到明显的密闭效果，且车门在关闭时的最后一段会有吸力将车门关闭。车门框下边缘漆面完好无损，如果发现磨损或污浊，就要考虑这车的储存情况是否理想了。电动玻璃为四门防夹设计。

(6)看内饰

内饰洁净是第一的。内饰应该洁净,特别是易脏的部分,如内拉手和内饰灯周围。电动部分或机械部分应当轻便灵活,运行无杂音。车厢地面干净无水渍。车内灯光应该工作正常。现场去除座椅包装白套,检查原厂真皮座套是否有问题,水杯架和眼镜盒盖这些易受损的部件应试用几下,保证功能完好。

(7)看小物件

所有的遮阳板、灯光都需要检查,这是最容易被忽略的。烟灰缸盖采用了阻尼设计,也要检查一下,注意无论开关都是推活动盖,关的时候不要用拉的。点烟器要检查好。

(8)看天窗

试一试天窗,看看是否有异常的声音或生涩的动作。后座的窗帘和中央扶手通道都检查一下为好。

(9)听音响系统

电动座椅和倒车雷达也要试试是否工作良好,天线是否装好,否则会影响收音效果。

(10)看钥匙

钥匙编码条和塑料钥匙模各一个。试点火,接通电源后,车内电子系统进行自检。

(11)试驾

以上所进行的是静态的检查,此外,进行试驾也是很有必要的。调整左右后视镜,系上安全带,起步上路后,应感觉方向盘灵活,路感平稳,在中低速下松开方向盘,500 m 距离内偏离原行驶方向不超过 5 m 为正常偏移。手动挡挡位轻松无涩感,自动挡换挡无明显冲击感为正常。可找不平路面行驶一下,车内应无杂音异常。过弯后方向盘自动回正。新车油门略有迟钝为正常,但过了迟钝点应该加速畅快。开空调压缩机,油门无明显负担增加,且应当在 10 s 内感到出风口的凉意为佳。

(12)看车灯

试完了新车,回到展厅,可以检查车辆的灯光。各种灯光都要检查,还要看油箱盖是否完好,并询问开启方法。

(13)看工具

三角指示牌在后备箱盖的背面,为橘红色,需要检查一下,免得用时现学。备胎为了长期储存的需要,气压都高,不适宜长时间使用,故在有条件修补轮胎后,应及时更换。检查随车工具:千斤顶、两用螺丝刀、小扳子、轮罩拆卸钩、换胎定位螺栓,一样也不能少,最好试用一下。

(14)看资料

资料袋有说明书和 VCD 光盘。说明书一定要收好,这是维修保养的原始记录,对于索赔期内的索赔用处很大,且丢失不能补。检查好合格证,这是关系到新车入户的大事。

(15)检查合格证的 VIN 码和发动机号与原车是否一致

检查钢印号是否整齐无修改痕迹。要保存机动车参数表、免费保养卡。新车发票共 3 张,为机动车专用发票。

7.2.9 跟踪

有资料显示,我国近 7 成的汽车经销商没有跟踪服务。汽车售后质量跟踪的落后阻碍了我国汽车市场的发展。其实跟踪的主要目的就是要及时发现问题,提出进一步改进计划。那些跟踪服务搞得好的4S店，有一套售后服务工作规定，主要内容包括以下几点：

①售后服务工作由业务部主管指定专门业务人员——跟踪业务员负责完成。

②跟踪业务员在客户车辆送修进厂手续办完后，或在客户到公司咨询业务后，两日内建立相应的客户档案。

③跟踪业务员在建立客户档案的同时，要研究客户的潜在需求，设计拟订“下一次”服务的针对性通话内容、通信时间。

④跟踪业务员在客户接车出厂或业务访谈、咨询后3天至1周内，应主动电话联系客户，作第一次售后跟踪服务，并就客户感兴趣的话题与之交流。电话交谈时，业务员要主动询问客户保养维修后的车辆运用情况，并征求客户对本公司服务的意见，以示本公司在对客户的真诚关心与在服务上追求尽善尽美的态度。对客户谈话要点要作记录，特别是对客户的要求、希望和投诉，一定要记录清楚，并及时予以处理。能当面或当时答复的应尽量答复；不能当面或当时答复的，通话后要尽快加以研究，找出办法；仍不能解决的，要在两日内报告业务主管，请示解决办法。并在得到解决办法的当日告知客户，一定要给客户一个满意的答复。

⑤在“销售”后第一次跟踪服务的7天内，业务跟踪员应对客户进行第二次跟踪服务的电话联系。电话内容仍要以客户感兴趣的话题为主，内容避免重复，要有针对性，仍要体现公司对客户的真诚与关心。

⑥在公司决定开展客户联谊活动、优惠服务活动、免费服务活动后，业务跟踪员应提前两周把通知先以电话方式告之客户，然后于两日内视情况需要将通知信函寄给客户。

⑦每一次跟踪服务电话，包括客户打入本公司的咨询电话或投诉电话，经办业务员都要做好电话记录，登记入表，并将电话记录存入档案，将电话登记表归档保存。

⑧每次发出的跟踪服务信函，包括通知、邀请函、答复函都要登记入表，并归档保存。

指定的跟踪业务员不在岗时，由业务主管临时指派本部其他人员暂时代理工作。

学习任务7.3　4S店相关人员对消费者的影响

这里所说的相关人员，主要是指在4S店最先与客户打交道和与客户打交道最多的岗位人员。

7.3.1　接待员

这里的接待员，是前台接待、大厅接待、业务接待的总称。对他们的主要要求是：热情、主动、有诚意、柔和、耐心、委婉等。一般地说，接待员是4S店最先与客户接触的岗位。他们的服务直接关系到整个公司的形象，因为他们对客户的影响是直接的，面对面的。甚至可以说，公司每一单买卖，都与他们的表现有直接关系。从马斯洛“心理维生素”的角度看，在这里，客户需要安全感、需要爱（关爱、友爱、温暖）、需要尊重。所有这些，都属于“心理维生素”。其实不只是消费者需要这些，我们每一个人都需要这些。

工作时，接待员要以饱满的工作热情投入到岗位环境之中。这个时候要忘掉所有烦恼与不愉快，更不要把消极情绪带到工作中，那样势必要影响到工作，影响到客户。另外，对工作的复杂性和难度要有充分的准备。要主动为客户服务，要表现出诚意而不是虚情假意，跟客户说话,语气要委婉,语调要柔和,要积极配合谈话的气氛,说话要留有余地。如果做不到这些,也不想这么去做,那就不是称职的接待员。

具体地说,前台接待流程包括以下步骤:

①客户进入展厅,前台接待需上前迎接、问候,应该说:"几位,上午好/下午好,欢迎来到某某展厅。"

②问候时要保持微笑,问候完毕后,应说:"我叫××,是前台接待人员,请问几位有什么需要帮助的吗?"

③根据客户的回答帮助其介绍相关人员。如果客户想看一下车,应该说:"你想了解一下××车的相关信息是吗?"

④如果得到客户的肯定答复,应该说:"我帮您介绍一位专业的销售顾问,由他来给您讲解,请问先生/女士,您贵姓?"

⑤得到客户的答案后应该说:"请您稍等一下!"

⑥带领主接待人员到客户身边后,应该说:"××(接待人员姓名),这位是××先生/女士,他想了解一下某某车;××先生/女士,这位是我们的销售顾问××,他会帮您介绍××车的相关信息。"

⑦如果客户需要修车或找人,也要遵循以上原则,用语要礼貌,态度要友好,并时刻保持微笑。

7.3.2 销售顾问

销售顾问在工作过程中,一定要注意做到以下几点:

①面带微笑,着装整洁,给客户留下良好的第一印象。

②态度一定要诚恳、热情。

③回答随便看看的用户可能还未确定车型或不善于与人交流,要耐心,不能自行判断此人没有购买能力而疏忽对他的接待,对此类用户一定要多使用专业术语,让他对你产生信任。

④客户向你询问车辆的价格、配置等,在对其作出简短回答后,一定要询问客户是否是第一次来店参观,这样有助于了解客户是否去过其他店,并有利于对客户进行有针对性的介绍。

⑤要对各种车型都比较了解,并尽量不报价格,只说一个大概的范围,把报价的时间后延,让客户在心理上接受车以后再报价,这样有助于成交。

⑥一定要邀请客户到会客区坐下详谈,以便为下一步"弄清客户需求"创造时间与条件。

在这里,微笑、诚恳、热情、耐心显得很重要。因为只有这样,才能给客户留下好的第一印象。销售顾问对消费者(包括潜在的消费者)的影响,表现在他与客户的沟通过程中,甚至是非语言沟通中。有时候,一个眼神,一个微笑,可能是你说许多话都抵不过的。相反,有时候也许恰恰是缺了这个眼神,这个微笑,你说得再多,也没用。

7.3.3 服务顾问

如果说销售顾问是买车,那么,服务顾问主要是解决客户修车的问题。在这方面,消费者反映问题比较多。主要有维修费用贵、零部件以次充好、维修人员不能诊断车的问题、久修不好等。因此,在某种程度上,服务顾问的压力远比销售顾问大。服务顾问的工作不好干,当客户抱怨的时候,应该做到的就是:①仔细听取客户所提出的问题;②分析不满的原因;③找出解决问题的办法，一直到问题解决为止，之后要向客户进行汇报，无论有没有解决问题的最终权利，都要向客户表明销售店的立场。要时常想着客户，站在客户的立场上思考问题。服务顾问时刻不能忘记自己的岗位职责，即负责4S店维修客户的接待工作；负责对客户资料的管理、更新及业务联系；跟踪客户的车辆维修，做好客户的沟通工作。在这里，态度、耐心、真诚很重要。因为售后服务搞得不好，对消费者的影响非常大，尤其是对那些修了几次也没修好车的客户。

学习任务7.4　汽车营销人员沟通技巧与消费心理

有关汽车营销的沟通技巧，我们将要从3个方面来探讨：一是沟通概述，探索沟通的基本理论；二是销售沟通，探索销售过程中的沟通问题；三是服务沟通，探索售后服务过程中的沟通问题。

7.4.1　沟通概述

(1)沟通的概念

沟通就是发送者凭借一定渠道将信息发送给接收者，并寻求反馈、排除干扰，以达到准确、充分理解并接受信息的目的的过程。怎么理解这一概念？

第一，沟通是一个过程。

第二，沟通的要素：发送者(接收者)、渠道、信息、反馈、干扰。

第三，沟通的目的：准确、充分理解并接受信息。

(2)沟通的本质

关于沟通的本质，有几种不同的看法：有的人认为是引导他人的感知，有的人认为是换位思考，有的人认为是达成共识。其实，沟通的实质是满足双方的需要。从心理学的角度看，一切行为的出发点和归宿都是人的需要。沟通是人的一种行为，它的出发点和归宿也是人的需要。由于沟通是双方的事，因此，沟通的本质是满足双方的需要。

(3)沟通的类别

1)单向沟通与双向沟通

单向沟通是指发送者和接受者这两者之间的地位不变(单向传递)，一方只发送信息，另一方只接收信息。单向沟通中，双方无论在语言或情感上都不要信息的反馈，如作报告、发指示、下命令等。双向沟通中，发送者和接受者之间的位置不断交换，且发送者是以协商和讨论的姿态面对接受者，信息发出以后还需及时听取反馈意见，必要时双方可进行多次重复商谈，直到双方都明确和满意为止，如交谈、协商等。

2)口头沟通与书面沟通

口头沟通是指借助语言进行的信息传递与交流。口头沟通的形式很多，如会谈、电话、会议、广播、对话等。书面沟通是指借助文字进行的信息传递与交流。书面沟通的形式也很多，如通知、文件、通信、布告、报刊、备忘录、书面总结、汇报等。

3)正式沟通与非正式沟通

非正式沟通是指在正式沟通渠道之外进行的各种沟通活动。正式沟通一般指在组织系统内，依据组织明文规定进行的信息传递与交流。

4)上行沟通、下行沟通和平行沟通

下行沟通是指处在管理层的公务员通过层级体系将信息向下传递的过程。上行沟通是指在党和国家机关中,下级公务员向上级表达意见和态度的沟通方式。平行沟通是指在我国党和国家机关中,处于相同层次的公务员、职能部门之间进行的信息传递和交流。

5)语言沟通与非语言沟通

语言沟通是指以语词符号为载体实现的沟通,主要包括口头沟通、书面沟通和电子沟通等。非语言沟通是指通过身体动作、体态、语气语调、空间距离等方式交流信息,进行沟通的过程。

(4)沟通的意义

1)沟通对个人的意义

沟通对于个人成长、个人成才、个人事业成功、家庭幸福、个人健康都有着极其重要的意义。

2)沟通对社会的意义

沟通是各种传播媒体与社会之间的桥梁,沟通把各种统计数字与国家联系起来,把各种娱乐形式与老百姓联系起来,沟通是进行情况通报的纽带。

3)沟通对企业的意义

沟通和企业管理密不可分,和企业文化紧密相连,和企业发展形影不离。

(5)沟通的障碍

①自然因素(长相、性别、噪音等)。一般来说,人们不太喜欢与相貌丑陋的人沟通;异性沟通比同性沟通容易;说话声音好听,沟通起来更愉快。

②生理因素(残疾、疾病等)。一个正常人,一个聋哑人,沟通起来会有障碍;一个正在生病的人,不大可能集中精力与对方沟通,因此会产生障碍。

③噪声(外部噪声、内部噪声)。外部噪声主要指物理的噪声,主要来自听觉和视觉。内部噪声产生于信息发送者和接收者内部。

④彼此的了解与印象。如果沟通双方彼此没有太多了解或者印象不佳,那么沟通起来会有障碍。

⑤社会认知效应的影响。这里主要是指第一印象、晕轮效应、社会刻板印象、心理定式等的影响。

⑥思维方式。沟通双方的思维方式不同,会有障碍。比如,一个是正向思维,一个是逆向思维,两者沟通肯定会产生障碍。

⑦价值观。中国人认为勤俭节约有价值,美国人认为超前消费有价值,这就会产生沟通障碍。

⑧时间因素。时间很短,要传递的信息却很多,势必会产生障碍。

⑨情商。情商是理解他人和与他人相处的能力。一个人很善于理解他人,一个人只想着自己,这两人沟通,会有障碍。

⑩心理因素(态度、需要、人格、气质等)。沟通双方在态度、需要、人格、气质等方面有很大差异,会产生沟通障碍。

(6)倾听技巧

①专注(聚精会神)。

②跟随(跟上思路)。
③公正(没有曲解)。
④反馈(身体语言)。
⑤复述(表明在听)。
⑥沉默(沉默是金)。
⑦换位(换位思考)。
(7)表达技巧
①看对象(性别、年龄、职业、性格、地域等)。
②看身份(对方身份、自己身份、亲疏关系)。
③讲原则(客观真实、诚实守信、尊重人性)。
④讲轻重(不要武断、切忌简单、忌失理智)。
⑤重褒贬(满足自尊、唤醒潜力、成功秘诀)。
⑥重礼节(称呼用语、内容表情、态度动容)。

7.4.2　销售沟通

(1)什么是销售沟通

销售沟通是营销人员与客户通过一定途径将自己的想法、体验与看法(对对方观点的看法)传递给对方的过程。怎么理解这一概念?

第一,销售沟通是一个过程。

第二,销售沟通的主体是营销人员与客户。

第三,销售沟通的内容是自己的想法、体验与看法。

第四,销售沟通的形式(渠道、途径)是电话沟通与面对面直接沟通。

第五,销售沟通的关键是将自己的体验传递给对方(热情、真诚、厚道)。

(2)销售沟通中的倾听

三分说,七分听,是说在沟通中倾听比说话更重要。因为只有倾听,才能知道消费者的需求;只有倾听,才能掌握更多的资料。

①沟通需要用"心"去倾听,没有有效的倾听就达不到沟通的效果。
②不随意插话的倾听可以体现对客户的尊敬。
③不另起话题的倾听可以创造和寻找成交时机。
④不反驳的倾听可使客户心理获得平衡。
⑤视线接触的倾听是真正的心与心的沟通。
⑥感兴趣的倾听是你获得成功的最重要的途径。
⑦复述式的倾听是你避免误解的根本保证。
⑧真诚地倾听,才能走向成功。
(3)销售沟通中的表达
①忌争辩(时刻不忘自己的职业与身份)。
②忌质问(质问最伤人的自尊与感情)。
③忌命令(你不是消费者的上级与领导)。
④忌炫耀(服务态度和服务质量是永恒的)。

⑤忌直白(发现不妥宜委婉忠告,莫直白)。

⑥忌批评(多感谢,多赞美,千万不要指责)。

⑦忌独自(有效沟通是双向的,莫唱独角戏)。

⑧忌生硬(抑扬顿挫,声情并茂,有声有色)。

(4)销售沟通中的角色认知

各类顾问、各类经理,其实都是为消费者服务的。认清了自己的角色,事情就好办了。销售顾问、服务顾问、前台接待、大厅接待等,所有这些,都属于营销中为消费者服务的一方,顾客是上帝,顾客永远是对的。因此,找到自我在销售中的角色定位十分关键。

7.4.3　服务沟通

(1)服务沟通的概念

服务沟通是服务人员与用户通过一定途径传递有关产品问题的信息、交换相关意见、体现服务态度的过程。

怎么理解这一概念?

第一,服务沟通也是一个过程。

第二,服务沟通的主体是服务人员与用户。

第三,服务沟通的内容是有关产品的问题。

第四,服务沟通的关键是服务态度。

(2)服务沟通中的倾听

一般地说,服务沟通都是用户反映产品某一方面问题的过程。

①心平气和地听用户把问题说完,弄清问题的性质。

②不管用户说多么难听的话,都不要与他们争辩,都要赔以笑脸。

③在用心听的过程中,可以适当地作记录。

④听完用户的反映后,和颜悦色地说:“实在对不起,给您添麻烦了,我们一定尽快给您答复并把车修好,再次表示歉意。”

接下来是服务顾问、服务经理、修车师傅一起会诊,尽快把问题搞清楚,在规定时间内把车修好,并保证所换零部件是原厂原件。

(3)服务沟通中的表达

用户对4S店的服务所反映的问题,集中在以下几个方面:

①业务接待态度不好,推诿责任。

②维修时间过长,耽误用户用车。

③维修费用过高,有些项目收费不合理。

④所换零件以次充好,欺骗用户。

⑤问题车留在4S店了也不给任何凭据。

⑥修了车,收了费,不开发票收据。

⑦久修不好。

面对这些情况,服务人员在服务沟通中,一定要注意语气,要热情,要有笑脸,要觉得愧疚,应当这样来表达:“对不起,实在对不起,给您添麻烦了。”“我们一定尽快给您修好,您就放心吧!”“耽误您办事了,浪费您的宝贵时间了,太对不起了!”“您放心吧,我们一定合理收费,不敢说全市最低,但我们绝对不多收。”“我们所备零件都是原厂配件,您放心使用,我们会负责到底的。”“您请收好,这是您的收条,车放我们这儿,得给您写个收条。”“这是您的修车发票,请保管好,要不然以后用它的时候该着急了。”“您放心吧,只要您按我们所说的方法正确使用,我们给您换的这个件,行驶5万km没问题。”

典型案例

用心销售与销售流程

很偶然的一次机会,销售顾问小冉接触到一位刚从其他4S店出来路过他们专卖店的客户。当时,小冉正在停车场打电话,看到客户自己在东看西看,以为是修车客户在打发时间,就想先和他聊聊,于是就上前和客户攀谈起来。

从交谈中,小冉感觉到客户对奥迪A4很感兴趣,于是就认真给他介绍起来。从奥迪的历史到奥迪现在最新的技术,比如无极手动一体式变速箱、大功率发动机等。因为是刚看完车,对产品还是充满了兴趣。小冉按照厂家的标准销售流程,先了解客户的需求,给他推荐了适合他的两种车型(其中一款是小冉所在店和另一家店独有的车型),充分地为他展示了新车的各项配置及操作方法。因为客户比较侧重安全性,所以小冉在讲解中,用奥迪A4的坠桥事件和广本从车身中间断开的事件,给客户作了生动的讲解与比较。

随后,小冉邀请客户参与试乘试驾,让客户亲自感觉奥迪A4的操控灵活性。通过试车,客户已经开始询问销售费用及时间问题。小冉马上意识到,客户基本上已经决定购买。随后,客户还告诉小冉,他们是集团性购买。没等他问,小冉马上告知客户一些大客户的相关政策。因为这些政策既可以提高店里的利润,还可以赢得客户。因此,客户当场交了两辆车的定金,并且最终购买了3辆车(两辆A4和1辆A6)。成交之后,小冉问客户:“为什么选择和我签这张订单?”客户说:“小冉,说实话,当时我已经决定在那家购买,来你们这里也只是随便看看。可是你规范的介绍、耐心的讲解和舒适的试车体验,使我得到了很多意外的惊喜。还提供给了我们可以享受的优惠政策。在你们这里,我找到了更合适的车型,体会到了标准的服务。因此就作出了购买的决定。”

一次次销售经验的积累,使小冉一次又一次地验证了流程的重要性。标准的销售流程指导了小冉的销售过程,从而为客户提供了标准的服务。对每一位来展厅的客户,小冉都能够按照流程执行自己的销售行为。销售要用心,销售离不开标准的流程,这两句话一直影响着小冉的销售行为。

任务工单

学习任务7 项目单元7	班级			
	姓名		学号	
	日期		评分	
1.4S店的销售流程是什么?				

2. 怎样判断成交的时机?

3. 新车提车时应注意些什么问题?

销售顾问是汽车营销专业的主要培养目标之一。做一名合格的销售顾问应当是每个营销专业学生的前期目标。

4. 实战演练:怎样当好销售顾问?

恰好是有关4S店相关岗位职责和他们对消费者的影响的,那么,这个角色扮演活动就相当于实战演练了。还是以小组为单位,每组分别有客户和销售顾问的角色。为了使角色扮演的效果更好些,老师要在前一次课堂上就把有关内容布置下去,让同学们准备得更充分些。评价方法还是自评与互评相结合,以学生之间的评价为主,教师评价为辅。

5. 实战演练:如何与来店修车的客户沟通?

服务顾问是营销专业另一个主要培养目标。从某种意义上说,做一名合格的服务顾问很不容易。因为来店里修车的基本上都是带着怨气来的。从满意度的角度看,都是属于"不满意"和"很不满意"。这个时候,沟通就显得很重要了。因此,老师在前一次课堂上布置任务时,就要让同学们做好方方面面的准备:倾听的技巧、表达的技巧、情商的训练、情绪的控制等。分组进行,以互评为主。

单元 8
汽车营销环境与消费心理

学习目标

知识目标：明确政治、经济、文化、科技对消费心理的影响因素；掌握消费流行与消费习俗对消费心理的影响。

技能目标：使学生能正确判断当下政治、经济、文化、科技对消费者心理的具体影响；使学生能根据消费者心理引导消费流行、善用消费习俗。

态度目标：使学生正确认识政治、经济、文化、科技因素对消费心理的影响；使学生深刻体验消费流行、消费习俗对消费心理的影响。

任务导入

营销环境分析案例
——福特汽车公司营销环境 SWOT 法分析

运用 SWOT 方法分析 20 世纪 80 年代福特汽车公司的优势、劣势、所面临的机会和威胁。

（一）优势

1. 在所有的汽车厂商中一直保持着最高的盈利地位，保持高于行业的边际利润率，并且销售额保持着持续增长。

2. 在美国市场中占有较高的市场份额，在 1989 年第一季度，市场份额为 23.4%。

3. 每股收益额高，股东投资回报率高，增强了公司融资能力。

4. 低库存，准时化生产，确保了它的生产每年能持续增长。

5. 利用更具创造性的营销手段来提高其市场影响力。

6. 建新厂，加强了生产设施的建设，引入机器人和自动化设备，使得用较少的人就能生产更多的汽车，大规模生产能力使其达到了规模经济。

（二）劣势

1. 流动资产情况低于行业平均水平，流动比率和存货周转率都低于行业平均水平，致使对公司存货管理和准时化生产的要求较高。

2. 对于美国汽车公司的市场份额都是不稳定的。

3. 营销能力不足,如广告、促销、推销、分销等手段的运用不够,缺乏创造性的营销和更具影响力的宣传,使福特和美国其他大的汽车公司落后于其国外竞争对手。

4. 生产的成本高,导致与国外竞争对手相比竞争力较低。

5. 缺乏足够的市场影响力。

6. 对中国市场和东欧市场估计不准确,对其实行投资策略失误。

(三)机会

1. 规模经济限制了任何主要竞争者进入汽车工业,而且汽车生产的资金要求极大的增长,使得新进入市场的可能性越来越小,减少了公司潜在的竞争者。

2. 机器人和其他自动化技术的发展有望控制成本。

3. 政府对尾气排放及油耗的政策将进一步限制新加入者进入市场,进一步减少了公司的竞争者。

4. 单一供货来源和制造系统中的用户和供应商之间的关系保持着增强趋势,与供应商订立长期合同变得越来越普遍,这降低了公司的经营风险和生产成本。

5. 欧洲经济统一、东欧剧变、苏联经济的发展及中国市场的巨大潜力,为汽车行业开辟了新市场,潜在的市场需求也在不断增加。

6. 汽车工业发展趋势良好,总会有大量购买者,并有新车的购买财力,3 种人群对汽车工业有特殊意义:人口快速增长时期出生的人群(更多自由收入的购买者群体中,蓝领阶层更喜欢美国车和国产的微型卡车)、妇女(巨大的市场)、老人(简洁、方便、安全型汽车的市场不断扩大)。

7. 在公司生产系统现代化方面大量投资,并与外国公司合作使企业变得更有效率。

(四)威胁

1. 美国汽车行业公司的市场份额不稳定。

2. 消费者对有奖销售和折扣等营销手段的反应越来越冷淡。

3. 日本汽车利用高技术,比美国车生产成本更低。

4. 各国纷纷采取措施避开严厉的贸易限制,进入美国市场。

5. 日本汽车以质优价廉的产品吸引许多美国顾客,抢夺美国本土企业的市场。

6. 激烈的竞争、滞销和随之而来的较高的存货水平使企业竞相降价给予折扣,利润空间不断被压缩,同时客户在相当程度上可以对售价、担保及其他服务项目进行讨价还价,增加了相关成本。

7. 替代品所带来的威胁,主要的大公司不能像小的专业汽车公司那样提供一个合适的市场细分,大城市消费者越来越倾向于选择公共交通工具。

8. 净化空气的要求、全球变暖及新油耗标准的出台,对高耗油的美国汽车行业提出了挑战,同时也为福特公司的新产品计划蒙上了阴影。

9. 当时美国经济不景气,物价上涨,给更经济、成本更低的日本车创造了机会,使其比美国汽车更有竞争优势。

在当时的环境下,福特公司对一系列豪华品牌的收购行为是不妥的。

在 20 世纪 80 年代,福特一味地向高端汽车看齐,在没有对市场进行调查的情况下,盲目地收购一些豪华品牌,导致占用了很多资金。

20世纪80年代美国及世界经济和工业不景气，整个汽车市场的中心转移到了中低档车市场，对汽车的需求主要集中于经济型车，豪华品牌汽车的市场情况不容乐观，收购豪华车品牌给公司带来了沉重的负担，导致公司盈利能力低、发展缓慢。

美国本土市场与欧洲市场在从市场经济环境状况等方面都存在着很大的差异，福特公司作为美国本土企业仅通过收购欧洲豪华品牌来抢占欧洲市场是不理智的，这些品牌也很难打入美国本土市场。

公司的生产和经营管理方式无法跟上收购大量豪华品牌的需要，大量的汽车品牌也影响了福特的市场和品牌定位。

思考题：

中国汽车市场营销环境是怎么样的？

案例分析

目前中国的汽车市场营销环境

【人口环境】

在中国谈营销，谈市场，几乎可以说不存在容量够不够大的问题。这是一个拥有超过13亿人口的大市场，几乎每一种消费品类都拥有上百亿元的总需求量。对于每一家企业来说，中国市场都是潜力巨大的市场。因此，企业关键是要去摸清消费者的脉络，找准自己的目标群体。如果具备了足够的能力和资源去满足它的需求，容量将不是问题。

【中国消费者受广告影响大】

广告培育市场，广告撬动市场，广告打通通路，是过去10年中国市场的一大特色。以前，人们没有喝液态牛奶的习惯，受商家的大量广告“教育”之后，越来越多的人养成了早餐喝牛奶的习惯。近10年来中国发展较快的行业，也几乎都是广告的热门行业：饮料、保健品、手机、运动鞋等，都是利用广告成功地撬动了市场。

【中国消费者从众化倾向明显】

在中国消费市场中，存在着一个“势”场。中国的消费者和欧美国家的消费者相比，更加重视他人和社会的评价，从众倾向明显。中国的消费者更容易受到周围人的影响。在这种消费“势”场中，中国消费者在购买很多商品时，除了满足自己的需要，同时也是为了展示给别人看。比如购买高档服饰、豪华轿车等。

中国消费者受“势”的影响，消费品牌的同质化程度很高。

【经济环境】

中国市场是一个只有30年历史的年轻市场，总体上还是一个发展欠成熟的市场。

这主要体现在以下两个方面：一是我国国民收入的总体水平不高，人均消费能力相对发达国家较为不足；二是市场的运营及管理规则不健全、不规范，市场自身发展的状况不健康。

其中存在着让消费者比较困扰的诸多问题，如商品质量没有保障，假冒伪劣产品充斥着市场，消费者常常担心无法获得令人放心的商品；价格欺诈、虚假广告等现象大量存在，严重侵害了消费者权益，消费投诉仍然面临执行难的局面，消费者的合法权益不能得到保障……如何解决这些问题，赢得消费者的满意，也是品牌营销的一个方向。

当前随着人们收入水平的提高，以及中国城乡市场发展差距的缩小，中国居民的消费重点已经从基本的生活消费开始转向了以住、行为代表的新型消费领域，涌现出了许多新的消费热点：住房装修用品、汽车、通信工具、娱乐、文化用品等多种新型消费品的销售增长迅速；信用消费呈现快速增长势头,成为促进消费结构升级的重要力量;围绕春节、劳动节、国庆节、元旦等假日消费活动日趋活跃和成熟,成为商家的黄金时段;以连锁经营、物流配送、电子商务为重点的新型流通方式快速发展,在市场销售中的比重日益提高,成为消费品市场发展的新增长点。

【自然环境】

由于中国区域辽阔,消费者的收入水平、成长背景、生活习惯、文化程度、宗教信仰等各方面均存在着巨大的不同,并且,每一个不同的消费群体的绝对数量都比较大,因此,差异性大也就成为了中国市场的基本特征之一。

中国市场的差异性,不仅体现在不同的区域之间,如沿海和内地、南部和北部,即使在同一个区域之内,这种特征也会表现得极为显著。

中国沿海地区的经济实力较强,城市化规模发展较快,因此,其消费能力也更加突出,消费形式相对现代。

城市居民一般受教育较多,思想较为开放,容易接受新生事物;而农村相对闭塞,消费观念较为保守。

中国市场的差异性,带来了商品经营的多元化。传统摊贩、店铺、小生产自营和现代化商业共存和竞争;26 万余种商品,新品旧货、名品、精品、走私品、假冒伪劣品,都展现在同一个市场上。

【科学技术环境】

中国虽然在这几十年的发展过程中,科学技术发展很快,但是整个科学技术水平较欧美和日本这样的发达国家还有一段差距,因此有些技术科技含量过高的产品其实并不适合中国市场。同时,中国科技技术方面的模仿能力特别强,一些较低端的技术很快就会被市场中和,因此想在中国市场具有持久的竞争力,就需要快速地进行技术更新,同时对企业技术方面的要求比较高。

【政治法律环境】

中国现在仍然处于社会主义初级阶段,主要的任务还是发展经济,并且中国现在正在创建和谐社会,对环境保护方面的政策和法律在逐渐地健全,使得现在中国的市场发展受这方面的影响很大。

针对和谐社会,国家加大了对各个行业的环境指标的监管和对产品质量和环保因素的控制。同时,随着国民生活水平的提高,人们对产品的品质和质量要求越来越高,国家也加大了这方面的管理力度。

随着中国加入 WTO,整个中国市场对国外的开放度越来越高,同时贸易限制也逐渐降低,关于国际贸易的管理规则也越来越健全,政府对贸易监管方面也越来越密切,越来越透彻。

【社会文化环境】

中国具有 5 000 多年的发展历史,具有悠久的历史底蕴,中国人接受了如此久的文化洗礼,对权威、正统、主流意识的认同也积淀了几千年,深深地渗透到人们思想与行为的各个方面。

因此,我们不难理解许多目标消费群体窄、专业化程度高的企业为何也选择投放中央电视台这样强势的大众媒体,并且取得了很大的成功。比如统一润滑油。

在媒体特征上,细分化媒体弱,而大众化媒体强。这就是主流意识表现为人们普遍对国家主流电视媒体的权威性和可信度的高度认同。

优势:中国的人口众多导致中国市场有很大的销售机会,并且农村的潜在机会也很大;中国取消了养路费,这会导致更多的人去买车;中国市场正逐渐成为全球汽车市场的重心。中国汽车市场现在保持快速稳定发展,主要是经济、政策、产业发展等为此提供了有利的发展环境。首先,国民经济快速发展推动了汽车市场发展,经济的发展和居民收入的增长使得有更多的人能买得起车。其次,汽车产品的不断降价,使得有更多的车能被更多的人消费得起,汽车消费不仅仅在一线城市,在二三线城市也都有了不小的消费市场。

劣势:一些发达城市因为购车数量的日益增长导致一些人暂停了购车;中国技术落后于外国技术。

学习任务8.1 政治环境对汽车消费者的心理影响

8.1.1 政治环境概述

(1)政治的概念

政治是指上层建筑领域中各种权力主体维护自身利益的特定行为以及由此结成的特定关系,是人类历史发展到一定时期产生的一种重要社会现象。怎么理解这一概念?

第一,政治是上层建筑。

第二,政治是特定关系。

第三,政治与各权利主体的利益有关。

第四,政治是人类历史发展到一定时期的产物。

第五,政治是一种社会现象。

有人说,政治就是国家、政党、民族、阶级诸因素之间的关系,这种说法有一定道理。

(2)政治的特征

①政治作为一种社会现象和社会的上层建筑,出现在阶级对立和国家产生的时候。

②政治总是直接或间接地同国家相联系。

③政治同各种权力主体的利益密切相关。

④政治斗争总是为某种利益而进行的。

⑤政治运行的基本动力是权力的追求及达成某种心理满足。

⑥政治作为权力主体维护自身利益的方式具有不同程度的强制性、支配性和相互斗争性。

(3)政治与经济的关系

①经济是整个社会的基础,也是政治赖以存在和发展的基础。政治的发展最终取决于经济生活的状况,取决于社会生产力的性质和发展水平,以及社会生产力与社会生产关系之间的矛盾运动的状况。

②政治是经济的反映,是经济的集中表现。政治对于经济又有相对的独立性,它极大地影响经济的发展,并在一定的条件下决定着生产关系和生产力之间的矛盾运动的状况。政治对经济的作用通常通过国家权力来实现。

(4)政治与消费心理

1)政治政策(路线)对消费心理的影响

政治路线的正确与否，关系到党和国家事业的成败，也关系到广大人民群众的根本利益，影响着老百姓的消费心理。在过去一个相当长的时期内，特别是在“文化大革命”中，党的政治路线曾偏离了正确轨道。那个时候，由于不抓生产，物质匮乏。党的十一届三中全会，特别是“十三大”之后，党的政治路线始终是稳定在“集中全部精力发展生产力”上。由于政策路线正确，生产力发展了，人均 GDP 到了接近 4 000 美元的水平。老百姓再也不用凭票买东西了，因为物质丰富了。这个时候的消费心理跟 30 年前相比，“不可同日而语”。

2）财政政策对消费心理的影响

财政政策是指国家根据一定时期政治、经济、社会发展的任务而规定的财政工作的指导原则，通过财政支出与税收政策来调节总需求。增加政府支出，可以刺激总需求，从而增加国民收入，反之则压抑总需求，减少国民收入。财政政策包括税收政策、支出政策、投资政策、财政信用政策、补贴政策、固定资产折旧政策、国有资产政策和国家预算政策等。人们通常把财政政策分为积极的财政政策、消极的财政政策、中性的财政政策。

①积极的财政政策。这一政策就是增加财政支出，增加货币供应量，扩大社会购买力。这样做，有利于增加消费，从而对整个社会消费产生积极影响。2008 年以来，由于金融危机的影响，我国继续执行着积极的财政政策，国家拿出 4 万亿来搞固定资产投资，刺激了生产，刺激了经济，为我国及早摆脱金融危机的影响起到了不可替代的作用。

②消极的财政政策。这一政策就是指政府通过增加财政收入或减少财政支出，来抑制社会总需求增长的政策。这种政策的实施，会减少社会货币供应量，压缩购买力，降低全社会的消费，对整个社会消费产生消极影响。1988 年和 1993 年，我国曾经两次实行了这一财政政策，的确对当时的通货膨胀起到了抑制作用，并为我国经济的“软着陆”作出了特殊的贡献。

③中性的财政政策。这是指通过保持财政收支平衡实现社会总供给和总需求的平衡的政策。它对全社会消费起到稳定作用。

3）货币政策对消费心理的影响

狭义货币政策是指中央银行为实现既定的经济目标（稳定物价、促进经济增长、实现充分就业和平衡国际收支），运用各种工具调节货币供给和利率，进而影响宏观经济的方针和措施的总和。

广义货币政策是指政府、中央银行和其他有关部门所有有关货币方面的规定和采取的影响金融变量的一切措施，包括金融体制改革等。

扩张性的货币政策是指通过提高货币供应增长速度来刺激总需求，在这种政策下，取得信贷更为容易，利息率会降低。因此，当总需求与经济的生产能力相比很低时，使用扩张性的货币政策最合适。

紧缩性的货币政策是通过削减货币供应的增长率来降低总需求水平，在这种政策下，取得信贷较为困难，利息率也随之提高。因此，在通货膨胀较严重时，采用紧缩性的货币政策较合适。

货币政策又分为信贷政策、利率政策、储蓄政策、外汇政策、黄金政策等。

第一，信贷政策对消费心理的影响。信贷政策分为松的信贷政策和紧的信贷政策。紧的信贷政策意味着国家或政府金融机构紧缩银根，减少货币供应量，以此抑制社会购买力，降低消费。松的信贷政策的实施意味着国家或政府金融机构放松银根，增加货币供应量，以此扩大社会购买力，增加消费。说得通俗些，贷款一收紧，不管企业、机关、事业单位，还是个人，他们的消费就受到了根本性的限制。他们要想通过贷款的方式去买房、买车,就很难了。

第二,利率政策对消费心理的影响。利率高,个人也好,企业也好,就都愿意把钱放在银行吃利息,因为这没风险;要是把钱投到股市去,虽然有时候收益大,但风险更大。但是,当利率低的时候,许多老百姓就不愿把钱存到银行了,他们宁可把钱花出去,就像1987年、1988年的时候,那个时候由于通货膨胀率高,人民币贬值,存钱不合算,因此许多居民就去商场抢购日常生活用品,甚至抢购家用电器,有的把不制冷的冰箱也买回去了。因为他们觉得,以后再花钱去修一修也合算。

4)政治局势对消费心理的影响

政局稳定,人们安居乐业,就会带来良好的消费环境,人们就会从从容容地消费,踏实地消费;如果政局不稳,社会矛盾尖锐,秩序混乱,会对消费者心理产生负面影响,进而影响经济发展和人民的购买力。

5)方针政策对消费心理的影响

各个国家在不同的发展时期,都会根据需要颁布一些干预经济发展的方针政策,这些方针政策会影响消费者的心理取向,消费信心会有波动。具体的方针政策包括经济发展政策、税收政策、市场干预政策(进口限制、价格管制、外汇管制)、国有化政策等。

6)国际关系对消费心理的影响

国际关系对消费心理的影响不可小看。当中日关系紧张时,“抵制日货”是许多国人的消费心理,并且被认为很爱国,很普遍,很正常。当中法关系紧张时,自然地,国人又会提出“抵制法货”。相反,当中法关系朝着正常的方向发展时,中国就一次性购入一百多亿美元的空客。其实,每一次国际关系有风吹草动,都会影响到人们的消费心理。

8.1.2 政治环境对汽车消费的影响

(1)政治路线

政治路线会影响到生产,进而会影响到消费,包括汽车消费。例如,日本正是在20世纪六七十年代抓住了有利的时机,制订了正确的政治路线使经济得到了快速发展。

(2)政治局势

党中央提出:西藏和新疆第一位的任务是“维稳”,维护稳定的政治局面。只有政局稳定了,人心才能稳定;人心稳定了,经济才能发展,百姓才能安居乐业,群众才能从容消费。

(3)国际关系

汽车消费者都知道,我们国家目前的汽车生产,除了一部分国产车以外,其余大部分是在生产日系、德系的车。假如中日、中德关系紧张,中国的消费者联合起来抵制日系、德系的车,那么生产得再多又有什么用呢?当然,我们还是要奉劝中国的消费者,要理性消费,不要因一时冲动影响全局。

(4)财政政策和货币政策

通过前面的分析我们已经知道,一个国家的财政政策和货币政策,能直接影响到经济发展的规模和速度,也能影响到这个国家百姓的消费规模和水平。国家一紧缩银根,贷款难了,一些企业、机关事业单位,还有一部分个人,买车就成了问题。

(5)国家相关政策

如果现在实行的以旧换新、汽车下乡、小排量减征消费税等政策发生了变化,恐怕要影响相当一大批要买车的人。其实,这些政策是“多赢”的结果,不仅仅是老百姓受益。老百姓买小排量的车,对于降低环境污染,发展低碳经济有好处。百姓少花钱了,国家也受益了。车卖出去了,企业受益,国家也受益。

学习任务8.2　经济环境对汽车消费者的心理影响

影响消费者的经济环境因素

(1) 直接因素

直接影响消费者的经济因素,主要有消费者收入、消费者支出模式与消费结构变化、消费者储蓄与信贷变化等。

1) 消费者收入

说到消费者收入,有几种不同角度:可支配收入与可任意支配收入、绝对收入与相对收入、当期收入与预期收入等。

首先来看消费者个人可支配收入与个人可任意支配收入对消费心理的影响。个人可支配收入等于个人收入扣除向政府缴纳的所得税、遗产税和赠予税、不动产税、人头税、汽车使用税及交给政府的非商业性费用等以后的余额。个人可支配收入被认为是消费开支的最重要的决定性因素。因而,常被用来衡量一个国家生活水平的变化情况。个人可任意支配收入指个人可支配收入减去维持生活所必需的支出(食品、衣服、住房)和其他固定支出(分期付款、学费)所剩下的那部分收入。这部分收入是消费心理需求中最活跃的因素。它的多少影响到消费者的购买欲望,也影响到消费心理倾向。这部分收入一般用来购买高档耐用消费品、车、房、旅游、储蓄等。

其次再看消费者绝对收入变化和相对收入变化对消费心理的影响。中国的 GDP 增速虽是发达国家的好几倍,但工资增速却远落后于这个幅度。日本在经济快速增长时期,其工资的增长速度比美国快 70%,到 1980 年就已经与美国持平,这一过程大约用了 30 年时间;而从 1978 年到 2004 年,中国经济也高速增长了近 30 年,工资却只有美国的 1/20、日本的 1/24。在制造业,中国的劳动力价格甚至比 20 世纪 90 年代才开始快速增长的印度还要低 10%。毫无疑问,我们存在的问题是显而易见的。因此,党中央、国务院最近一个时期以来才越来越重视增加劳动者收入问题。但愿不久后出台的相关政策,能够给老百姓带来惊喜,而不是叹息。

绝对收入变化,是指劳动者所获得的货币及其他物质形式的收入总量的升降。一般来说,当货币收入增加时,人的消费欲望增强。相对收入变化,是指劳动者在绝对收入不变时,由其他因素(物价、分配)的变化引起的原有对比关系的变化,从而使收入发生实际升降。说得简单些,就是工资没涨,物价却涨了;自己这个行业没涨,其他行业涨了;老百姓没涨,当官的却变相地涨了(车补、房补、电话费,以及其他灰色收入)。

最后说说当期收入和预期收入对消费者心理的影响。所谓当期收入,是指在当时条件下的收入水平。所谓预期收入,是指以当期收入为基础,以当时的社会环境为条件,对今后收入的预计和估算。最近一个时期以来,网络上、报纸上有这样的报道,说有关部门正在研究“收入倍增”计划。日本曾经在经济快速增长时期,实行“收入倍增”计划,就是 5 年翻一番。如果中国在不久的将来也能实现“五年倍增”工资，对于现在来说，那个“倍增”后的工资，就是预期收入。

2）消费者支出模式和消费结构的变化

随着消费者收入的变化，消费者支出模式会发生相应变化，接着变化的是一个国家或地区的消费结构。一些经济学家用恩格尔系数来反映这种变化。恩格尔系数表明，在一定的条件下，当家庭个人收入增加时，收入中食物开支的增加速度要小于其他方面开支的增长速度。食物开支占总消费量的比重越大，恩格尔系数越高，生活水平越低；相反，食物开支所占比重越小，恩格尔系数越小，生活水平越高。

这种消费支出模式不仅与消费者收入有关，而且还与另外两个因素有关：一是家庭生命周期的阶段影响；二是家庭所在地点的影响。

3）消费者储蓄和信贷情况的变化

消费者不可能把每个月的收入都花光，除非是那些入不敷出的家庭。不都花光，就要有一部分存储起来，形成潜在的购买力。当收入一定时，储蓄越多，现实消费量就越小，但潜在消费量越大。我们提倡现实消费与储蓄相结合的消费方式。

在单元1里，我们分析了中国人的行为心理特征，其中之一就是节俭的特点。这一特点一辈传一辈，传到了今天。我国居民的储蓄，主要都被用于子女身上了。到2009年年底，我国城乡居民储蓄余额为26万亿元，国有资产总额不到40万亿元。就是说，用老百姓的储蓄要买国有资产的话，一多半都买下了。储蓄多是好，但也带来了另外的问题。这样会使企业目前产品价值的实现比较困难。东西生产出来了，卖不出去。从另一个角度看，若能开发新的目标市场，就能挖掘消费者潜在的需求。

（2）间接因素

间接影响消费者的经济因素，主要包括经济发展水平、经济体制、地区与行业发展状况、城市化程度等。

1）经济发展水平

首先，经济发展水平影响消费品的供应数量和供应质量。新中国成立60年来，经济发展上了几个台阶。1950年，中国人均GDP 29美元；1980年，人均GDP 312美元；2009年人均GDP 3 600美元。可以说，这几个台阶让所有的中国人都为之一振。

其次，经济发展水平形成不同的生活环境。20世纪50—60年代，中国的经济发展水平还很低，因此，绝大多数人口集中在农村，生活环境与现在的农村大不一样。那个时候的城市也跟现在不一样。由于工业没发展到今天的水平，城市的环境污染还不像今天这样。今天的城市，虽然高楼大厦多了，汽车多了，人口多了，但也带来了许多问题，诸如“城市病”，人们经常出现烦躁不安、精神厌倦等情绪，由此产生了野外郊游、重归大自然的愿望。

最后，经济发展水平影响着消费者的需求偏好。我国经济发展是不平衡的，中东部比较发达，西部比较落后。在经济发展水平比较高的地区，人们更看重产品的款式、性能和特色，更看重品质；而经济发展水平较低的地区，人们就更强调产品的功能及实用性，更看重商品的价格。

2）经济体制

经济体制是指在一定区域内（通常为一个国家）制订并执行经济决策的各种机制的总和，通常是一个国家国民经济的管理制度及运行方式，是一定经济制度下国家组织生产、流通和分配的具体形式，或者说就是一个国家经济制度的具体形式。

形成于一定生产力水平上的经济体制制约着消费者的总体消费活动，影响着消费者心理的形成、发展和变化。从新中国成立到20世纪90年代初,我国一直实行的是社会主义计划经济体制。邓小平南方讲话后,中国才逐步步入社会主义市场经济体制。经过近20年的奋斗,我国已经初步建立了市场经济体制。当然,我们还存在许多问题,但最大的问题就是内需不足。主要表现在以下方面:

①住房开支过大。现在,在一般城市,买一套住房,少则几十万,多则上百万;在一些大城市,百万买不到大房、好房。老百姓买完房子,基本上一辈子的积蓄全花光,有些还不够,得借钱买房、贷款买房。

②教育开支过多。从小学到大学,一个学生要花多少钱?这十五六年,平均每年一万,那就是十五六万。教育开支过大,势必要影响老百姓的消费能力,导致消费水平的下降。

③医疗开支过多。常听人说:不敢有病。因为什么?看病贵,看病难。老百姓有了病看不起,有些就硬挺着。人吃五谷杂粮,哪儿能不生病?因此,老百姓还得存一部分钱,留着看病。

有人把住房、教育、医疗比作"新三座大山",是有一定道理的。老百姓想翻过这三座大山,很难。

3)地区与行业发展状况

由于自然、历史、社会等原因,我国西部地区经济发展相对落后,人均国内生产总值仅相当于全国平均水平的2/3,不到东部地区平均水平的40%;另外,西部地区资源丰富,市场潜力大,战略位置重要。因此,党中央、国务院才在1999年提出了"西部大开发"。10年来,"西部大开发"虽然取得了巨大成果,但毕竟那不是10年就能解决的问题。就老百姓的消费水平来说,东部与西部还是有差距的。

我国的行业与部门的发展也有差距。我国的垄断行业主要包括电力、电信、石油、民航、铁路等部门。由于得天独厚的条件,他们与其他行业在收入方面有很大的差距。他们的购买力与其他部门的购买力不同,是双方心照不宣的"秘密"。我国的支柱产业主要包括建筑业、机械电子、信息产品制造、石油化工、汽车制造业等。这些支柱产业的发展,必将带动其他产业的发展。这些发展也必将给老百姓的消费心理带来一系列的影响。

4)城市化程度

城市化程度是指城市人口占全国总人口的百分比。在1950—1980年,中国内地城市化水平由11.2%上升到19.4%;2009年,这个数字达到了44.68%,城市数量已从新中国成立前的132个增加到2008年的655个。城乡之间在消费心理方面还有一定的差别。另外,随着大量农民工融入城市,他们也给城市带来了相当可观的消费需求。伴随着城市化程度的不断提高,居民的消费欲望也会越来越强烈,必将会带来一轮接一轮的消费高潮。

影响消费者买车的经济因素,主要有车的价格、用车成本、信贷成本、税费优惠、各项收入、支出模式等。

①车的价格。在一项调查中显示,已经购车的和将要购车的被调查者普遍认为,影响购车的第一要素还是价格。一位被调查者说:"如果能从降价中得到实惠,消费者自然乐意。"是呀,车太贵了,老百姓就买不起,就只能"望车兴叹"。消费者的普遍心理活动是:这车的价格肯定还有很大空间,得跟销售者讨价还价。因此,中国的消费者普遍对商品的价格画问号。有一个阶段,销售商竞相降价,老百姓就当起了"看客",持币待购了。现在,有些车型紧俏,销售商加5万元,还是有人排队买。这就是市场,这就是现实。

②用车成本。用车成本主要是说油价。如果汽油不断看涨,可以肯定的是,汽车消费者会

大幅度减少。在一项调查中,有8成消费者认为,油价是买车的首要因素。当油价达到7元时,半数消费者就不会买车;6成消费者将买车不开车。7元就是车市的原子弹。以2010年8月10日为准,全国90号汽油平均每升6元左右;93号汽油每升6.3~7.3元(各地差异);97号汽油每升6.6~7.6元。以宝来车为例,平时每行驶100 km,大约消耗8.5 L油,假设一年行驶2万km,成品油涨价前一年需要支付的油费为9 418元(93号汽油),涨价后则要支付油费10 251元,一年的油钱就增加了833元,平摊到每月,油费大约增长了70元。如果说7元是"消费红线"的话,那么,有些油价已突破红线,有些正在逼近红线,这对汽车厂家、商家来说,可不是什么福音,只能是"望油兴叹"了!

③信贷成本。随着主要消费群体的年轻化,提前消费观念正逐步被接受。多项调查显示,有贷款买车意愿的消费者超过50%,如果汽车贷款利率合理,贷款买车的比例将明显增加。但实际上,2009年,我国汽车消费贷款比例估计为10%~15%,远低于欧美日。原因除了我国传统的消费习惯外,主要就是融资成本高。有人算过,汽车贷款的终端利率实际上处在10%左右甚至更高。这就是说,有相当一部分消费者,一打听汽车贷款的实际利率,对买车就"望而却步"了。

④税费优惠。表面上看,税费优惠是政策方面的事,可是最后,还是要落实到经济上。我们国家对汽车消费的优惠,已经有两年的时间了。国家对汽车下乡、以旧换新、小排量减征购置税等几方面的优惠政策,大大地刺激了全国范围内的汽车消费,带来的经济效益是最初没有想到的。国务院常务会议定出2010年汽车优惠政策,与过去比有4点变化:汽车下乡政策延长实施至明年底;提高汽车以旧换新单车补贴金额至1.8万元;节能与新能源汽车示范推广试点城市由13个增加到20个,选择5个试点城市对私人购买节能与新能源汽车给予补贴;1.6 L及以下乘用车购置税减征政策延长至2010年年底。这就决定了汽车消费市场起码在2010年还会"很火"。当然,我们也看到了人们的担忧:优惠政策之后,汽车市场还会这么火吗?

⑤经济收入。消费者的各项经济收入,直接决定了他们的购买力。尤其是他们的可任意支配货币的多少,直接决定了汽车爱好者能否把美梦变成真。有的想买车已经好久了,可就是差在钱上。结婚、买房需要钱(青年人);孩子上学、就业需要钱。如果能尽快实行"五年倍增"的工资增长计划,那么,人们的可任意支配货币会更多,买车的人也会更多。

学习任务8.3　文化环境对汽车消费者的心理影响

8.3.1　文化概述

(1)文化的概念

文化的概念,有广义与狭义之分。广义的文化是指人类作用于自然界和社会的成果的总和,包括一切物质财富和精神财富;狭义的文化是指意识形态所创造的精神财富,包括宗教、信仰、风俗习惯、道德情操、学术思想、文学艺术、科学技术、各种制度等。

怎么理解这一概念?

第一,文化有广义与狭义之分。

第二,文化是人类作用于自然界和社会的成果。

第三,文化包括物质财富和精神财富。

第四,平日里所说的文化更多是指狭义文化。

(2)文化的分类

①从文化存在的形态来分,可分为物质文化与精神文化。物质文化是指为了满足人类生存和发展需要所创造的物质产品及其所表现的文化,包括饮食、服饰、建筑、交通、生产工具,以及乡村、城市等。精神文化是指人类在从事物质文化基础生产上产生的一种人类所特有的意识形态,是指属于精神、思想、观念范畴的文化,是代表一定民族的特点,反映其理论思维水平的思维方式、价值取向、伦理观念、心理状态、理想人格、审美情趣等精神成果的总和。

②按文化存在的区域来分,可分为东方文化与西方文化。东方文化主要是指亚洲地区,包括部分非洲地区的传统文化。中华文化是东方文化中最具代表性的思想和哲学体系。西方文化指的是西欧、北美的文化,包括西方世界中共同的标准、价值观、风俗等。

③按文化的所属关系分,可分为主文化和亚文化。主文化是指在一定族群中共同奉行并占主导地位或统治地位的文化,也称为主流文化。亚文化就是在这一范围内相对处于次要状态的文化,是只有少数成员认同的价值观及所采取的行为方式。

④按文化的内部结构分,可分为物态文化、制度文化、行为文化、心态文化。物态文化是人类的物质生产活动方式和产品的总和,是可触知的具有物质实体的文化事物。制度文化是人类在社会实践中组建的各种社会行为规范。行为文化是人际交往中约定俗成的以礼俗、民俗、风俗等形态表现出来的行为模式。心态文化是人类在社会意识活动中孕育出来的价值观念、审美情趣、思维方式等主观因素,相当于通常所说的精神文化、社会意识等概念。这是文化的核心。

⑤从文化的高低层次分,可分为高级文化、大众文化和深层文化。高级文化,包括哲学、文学、艺术、宗教等;大众文化,指习俗、仪式,包括衣食住行、人际关系各方面的生活方式;深层文化,主要指价值观的美丑定义,时间取向,生活节奏,解决问题的方式以及与性别、阶层、职业、亲属关系相关的个人角色。高级文化和大众文化均植根于深层文化,而深层文化的某一概念又以一种习俗或生活方式反映在大众文化中,以一种艺术形式或文学主题反映在高级文化中。

⑥还有人把文化分为信息文化、行为文化和成就文化。信息文化指一般受教育者所掌握的社会、地理、历史等知识;行为文化指人的生活方式、实际行为、态度、价值等,它是成功交际最重要的因素;成就文化是指艺术和文学成就,它是传统的文化概念。

⑦从文化存在的时空状态分,可把文化分为传统文化与当代文化。传统文化指一种反映民族特质和风貌的民族文化,是民族历史上各种思想文化、观念形态的总体表征,是居住在特定区域的民族及其祖先创造的、为特定民族世代继承发展的、具有鲜明民族特色的、历史悠久的、内涵博大精深的、传统优良的文化,如中国传统文化。当代文化是与传统文化相对应而言的、建立在传统文化基础之上的具有时代特质与风貌的文化。

(3)文化的特征

①文化是在人类进化过程中衍生出来或创造出来的。

②文化是后天习得的。

③文化是共有的。

④文化是一个连续不断的过程。

⑤文化具有特定的民族性和阶级性。

(4)文化的作用

1)文化的社会作用

文化作为一种精神力量,能够在人们认识世界、改造世界的过程中转化为物质力量,对社会发展产生深刻的影响。这种影响,不仅表现在个人的成长历程中,而且表现在民族和国家的历史中。先进的、健康的文化对社会的发展有巨大的促进作用;反动的、腐朽没落的文化则对社会的发展起着重大的阻碍作用。

2)文化在综合国力中的作用

当今世界,各国之间综合国力竞争日趋激烈。文化在综合国力竞争中的地位和作用越来越突出。文化的力量,深深熔铸在民族的生命力、创造力和凝聚力之中,成为综合国力的重要标志。

3)文化对人的作用

优秀文化能丰富人的精神世界。人创造文化,文化也在塑造着人。积极参加健康有益的文化活动,不断丰富自身的精神世界,是培养健全人格的重要途径。

优秀文化能增强人的精神力量。优秀文化作品,总能以其特有的感染力和感召力,使人深受震撼、力量倍增,成为照亮人们心灵的火炬,引领人们前进的旗帜。而由此产生的精神力量,往往历久不衰,激励人们不断创造美好幸福的生活。

优秀文化能促进人的全面发展。人的全面发展,表现在人的思想道德素质、科学文化素质和健康素质等方面得到全面提高。优秀文化为人的健康成长提供不可缺少的精神食粮,对促进人的全面发展起着不可替代的作用。随着物质生活需要逐步得到满足,优秀文化对促进人的全面发展的作用日益突出。

4)文化对消费的作用

首先,文化对人们的消费观的形成具有潜移默化的作用。“好雨知时节,当春乃发生。随风潜入夜,润物细无声。”一个民族的传统文化在无声无息地影响着人们。

其次,文化对人们的消费水平具有决定性作用。都说“知识改变命运”,现在,越来越多的人已经认识到了这一点。在许多部门与行业,受教育程度与经济收入成正比。有了经济收入,才有消费能力。在今天,那种“读书无用论”和“没文化照样挣大钱”的观念已经越来越没市场了。

再次,文化对人们的消费品位具有关键性影响。不可否认,文化低的人与文化高的人在消费品位上是截然不同的两种境界。这种差别,表现在人们生活中的方方面面。在吃的方面,怎么吃更有利于健康,怎么吃更科学、更有营养,这的确跟文化差异有关。在穿的方面,颜色搭配、款式选择等都有讲究。有的时候就会有“恰到好处”与“画蛇添足”之别。这“别”就是由文化差异造成的。

最后,文化对人们的消费是否恰当具有“一票否决”的作用。人们的消费,并不都是恰当的、科学的、必需的。许多时候,人的消费是感性的、不理智的、情绪化的。除了性格等心理因素以及外界刺激外,文化往往起到了“一票否决”的作用。

8.3.2 文化环境对汽车消费者的具体影响

(1)东西方文化的差异与汽车消费的差异

东西方文化的差异,主要表现在价值观方面的差异。西方价值观的要点:个人主义、分析、一元时间观、普遍主义、平等、赢得的权利、内部导向;东方价值观的要点:集体主义、整合、多元时间观、特殊主义、等级、赋予的权利、外部导向。建立在不同价值观基础上的汽车消费观也是有所差异的。"中国老太太"与"美国老太太"虽然说的是买房子,但在消费观方面,是以一见十、触类旁通的。在买车方面,也同样有"美国老太太"。提前消费、享乐主义、个人至上,这在西方是非常正常的,他们会认为"中国老太太"很不正常,很傻,不会享受,想不开。因此,文化的差异,决定了汽车消费观的不同。

(2)受教育程度与汽车消费观

前面分析过,由于汽车消费者的受教育程度不同,他们对买车有各自不同的看法。受教育程度也就是文化因素,也是文化环境因素之一。撇开经济因素,受教育程度(文化因素)的确影响着汽车消费观,这一点是不容置疑的。

(3)汽车消费者身边的文化"氛围"与汽车消费观

汽车消费者不是孤零零一个人,他们往往是某一个或几个群体里的一员。之所以说"几个",是因为人活在世上,在不同场合就有不同的身份,分属不同的群体。这些群体的文化氛围对每一个成员的影响都是潜移默化的。同样,这种氛围对他们的价值观、消费观、汽车消费观都会产生这样或那样的影响。比如,一个单位里有一个人要买车,关于车的颜色、外形、配置、性能等方面的问题,肯定要跟同事们说,同事们也会各抒己见。这些建议会影响甚至左右着要买车的人的最后决策。这就是文化氛围对汽车消费观的具体影响。

(4)汽车文化与汽车消费观

2010 年 8 月 11 日,看到了一篇题为"XL 消费观是具有中国特色的汽车文化"的文章。L 是大号的意思,XL 是加大的意思。XL 消费观是指中国汽车消费者喜欢那种加长加大的车型。有人更分析到,这是中国人"爱面子"的传统的民族心理特点的表现,因此,他们"买大不买小"。的确,加大加长版的车能够带来很大的优越感、很足的面子。XL 消费观的风行,有着较深的中国文化心理作支撑。另外,从中国的审美观的视角看,中国人也普遍存在"好大"的心理。因此,汽车外观的设计也相当重要,它能提升车型的"尊贵",相当符合中国人的心理。总之,我们在谈汽车消费观的时候,不能忘记汽车文化,特别是不能忘记中国的汽车文化。

(5)文化的变迁与汽车消费观的变迁

文化不是一成不变的。以美国的消费观变迁为例,过去,一谈到美国,一谈到美国式消费,人们的印象就是以刺激多消费、鼓励超前消费、追逐时髦等为特征的消费文化。以美国汽车消费文化为例,美国汽车厂商在市场饱和的情况下,通过不断翻新和变换花样,有计划地使原有产品过时,诱使消费者购买新产品,淘汰老产品。还有人从另一个视角看同样的问题,他们认为美国的消费观是实用主义的。一位美国的社会学家自己评价说,美国人的消费是,"必需品买最好的,不吝啬钱;非必需品买最少的,不浪费钱"。这种消费观念,来源于美国民族的传统本身。近 20 年来,美国人的消费观念出现了较大的转变,名牌意识被当今实际的价格意识取而代之。人们不再像过去那样挥霍钱财摆阔气,讲究的是精打细算,实惠耐用。

其实,中国的汽车消费观也在发生变化。人们的汽车消费更贴近自身经济能力,追求实用,而不再盲目追求国外名牌、追求高档次。中国人的汽车消费观念正在朝着成熟、理性、务实方面转变。

学习任务8.4 科技环境对汽车消费者的心理影响

8.4.1 科学技术概述

(1)科学技术的概念

科技是科学技术的简称。科学是人类在长期认识和改造世界的历史过程中所积累起来的认识世界事物的知识体系。技术是指人类根据生产实践经验和应用科学原理而发展成的各种工艺操作方法和技能,以及物化的各种生产手段和物质装备。

怎么理解这一概念?

第一,科学是知识体系。

第二,技术是工艺操作方法和技能。

第三,技术是生产手段。

第四,技术是物质装备。

(2)科学技术的社会作用

①科技是经济发展的原动力。目前,我国的劳动生产率只有发达国家的1/40。科学技术一旦转化为生产力将极大地提高生产效率,从而推动经济快速发展,其作用大大超过了资金、劳动力对经济的变革作用。

②科技是军事上的战斗力。当今世界,和平与发展是时代的主题,但“冷战”思维依然存在,霸权主义和强权政治仍是威胁世界和平与稳定的主要根源。科技强国已经成为现代国家的共同选择。

③科技是政治上的影响力。现代科学技术水平已成为国际政治斗争中的一个筹码和大国地位的象征。邓小平曾指出:“如果20世纪60年代以来中国没有原子弹、氢弹,没有发射卫星,中国就不可能叫有重要影响的大国,就没有现在这样的国际地位。”

④科技是社会进步的推动力。科学技术所开拓的生产力创造了高度发达的物质文明,但对科学技术的使用不当,又引发了世界范围内的环境问题。

(3)汽车新技术

如果用“与日俱增”“日新月异”来形容汽车新技术,可能是非常恰当的。过去总听说“只有你想不到的,没有人家做不出来的。”当今的汽车技术,有些是我们大多数人根本不敢想的。这些新技术的应用,虽然目前还仅限于中高档车,但可以肯定的是,这些技术会逐渐向中低档车转移。那个时候,大多数汽车消费者就都能和汽车新技术“与时俱进”了。

8.4.2 科技环境对汽车消费者的心理影响

(1)多数消费者对汽车新技术是“眼动心不动”

每一项新技术都有它的研究开发成本,这些成本肯定要计入汽车总成本之中的。因此,中高档车,特别是高档车利用了新技术,高层次的消费者也买得起,他们是眼动、心动、手动;而对大多数只能消费低档车的人来说，他们只能眼动。

(2)买车成本加上用车成本，使消费者担心

新技术虽好，但一是买车成本高，二是用车成本高。就拿混合动力车来说吧，电池平均一年就要淘汰，换一块就要一万元左右。如果是电动车，比如国产的比亚迪的电动汽车，追求的是大容量，只依靠电池可以行驶 100 km。但是，充放电几千次之后就要换电池。这样的成本使消费者担心。有的担心买不起，有的担心用不起。

(3)信息量少，使中国的消费者对汽车新技术认识较少

许多中国的汽车消费者，目前还遵循传统的消费模式：想买辆车了，问亲戚朋友，什么车好，什么车省油、舒适、安全、价低。很少有人去考虑汽车的新技术的应用。这也难怪，因为中国的消费者了解的信息量少，所以应加强信息的沟通，对消费者进行更多的教育，让他们了解新技术的利与弊，从而自己作出合理的判断。

(4)新技术的推广周期使消费者的态度滞后

有的报道说，汽车新技术消费者接受起来慢，因为新技术的推广需要一个相当长的周期。有的是新技术成本太贵，只能用于高档车；有的是还不稳定，需要磨合提高；有的则是宣传推广工作做得差。所有这些，使得新技术的推广周期很长。有人估计，混合动力车和电动车要想取代汽油车，最少还要几十年。这样一来，消费者对新技术的态度肯定要滞后了。首先在认知因素上，因缺乏了解，就难以判断。其次在情感因素上，缺乏了解又没有体验，很难说喜不喜欢。最后在意向因素上，不了解，没体验，怎么能有购买的意向？知、情、意的滞后，就决定了整个态度的滞后。

(5)新技术加优惠也许能使消费者心理平衡些

财政部、商务部联合印发的“双享受”政策，即从2010年1月1日起，符合有关条件的车主可同时享受汽车以旧换新补贴与1.6 L及以下乘用车车辆购置税按7.5%征收的政策。在南京举行的2010年江苏新能源汽车高层论坛上，国家发改委产业协调司李钢处长表示，发展新能源汽车并扩展其市场，现有汽车税政策需及时改革。虽然补贴对象从个人改为企业，个人购买新能源汽车将仅获使用权，所有权仍归企业，但这么做是促使企业对其产品负责，最终还是对消费者有利。所有的汽车新技术，需要一定的优惠政策。只有这样，消费者的心理才能得到平衡，汽车市场才能越做越大。

学习任务8.5 互联网快速发展对汽车消费者的心理影响

互联网带给汽车行业的冲击，在销售、流通领域已经有所显现。近两年，汽车电商成为行业最为热门的前沿话题之一，诸多互联网和汽车企业都已展开汽车电商方面的尝试。

8.5.1 互联网的涵义

互联网(internet)，又称为网际网络，或音译因特网(Internet)、英特网，是网络与网络之间所串连成的庞大网络，这些网络以一组通用的协议相连，形成逻辑上的单一巨大国际网络。通常 internet 泛指互联网，而 Internet 则特指因特网。这种将计算机网络互相连接在一起的方法可称为“网络互联”，在这基础上发展出覆盖全世界的全球性互联网络称为互联网，即是互相

连接一起的网络结构。互联网并不等同万维网,万维网只是一个基于超文本相互链接而成的全球性系统,是互联网所能提供的服务之一。

8.5.2 互联网环境下的中国汽车后市场6大趋势

(1)市场规模正呈现爆发式增长

一线城市限购、限行、限外迁等政策导致北上广等城市的二手车价格下跌,一二线城市新车多,4S体系强大,而三四五线市场老旧车型将不断增多,车主购买保险意愿低,保养不及时,维修力量薄弱,后市场在这里有很多创新机会。此外,高档车市场份额在增加,这类车主消费慷慨,专修此类车型的商业机会不容错过。大量涌现的报废车使得零部件再制造产业商机提前出现。

(2)保养维护比修理重要

随着车联网落地,车辆的电子系统越来越复杂,虽然可能导致故障率增加,但更重要的是,主机厂借助车载电脑和传感器,可以预先判断故障,这会大大降低非正常故障的发生率。保养和维修的智能化、个性化会改变现有的4S店的服务模式,但前提是厂商愿意迈出这一步。与此同时,由于车辆正越来越像一个会跑的电脑,这使得它发生故障的概率增加,智能化、及时的维修服务变得重要——车主对车联网系统的软件服务要求、频率,可能高于对车辆本身的服务要求,大量的抱怨可能由此而来,主机厂需要为此做好准备。

(3)互联网以及移动互联网在向后市场加速渗透

过去10年,中国汽车后市场车间里最大的变化是增加了更多高科技诊断设备,比如车载电脑诊断仪、四轮定位仪、专用示波器、专用电表、尾气检测仪等,4S体系普遍已经具备电子配件目录、网络化维修资料、智能诊断系统,一些厂商已经具备了远程诊断系统。随着移动互联网的爆发,车主对线上服务咨询、询价、发现最优服务商的需求在增长,这使得很多风险投资开始向后市场的O2O投资。主机厂、汽车门户和垂直网站、中小创业者都已经在尝试建立自己的O2O网站,试图建立配件商、服务商、车主的B2B2C平台,由于服务的非标准化,这类平台会受限于区域,短期内恐怕都难见全国性的成功范例。

(4)借助互联网的后市场连锁将挑战4S连锁体系

随着新车销售放缓,主机厂的4S店扩张也遇到瓶颈,盈利能力下滑困扰着大多数4S店。由于配件供给受制于厂商,4S店内的服务盈利能力必须定位高端用户群,这部分用户的品牌敏感度很高,虽然售后服务可能会贡献50%以上的利润,但如果未来不走向互联网,4S店的售后基本无力进行服务品牌营销;另外,过去10年多数全国性的快修连锁都以失败告终。但互联网在客户、服务商、竞价等领域可以发挥资源集约化优势,这使得困扰汽车后市场的众多问题有可能得到解决。由于已经质保期外的存量汽车规模已经大于新车和质保期内车辆,而这部分车辆的服务需求更强,互联网连锁服务体系一旦成功,有可能逆转5%的4S店获得50%的汽车后市场服务利润的现状。

(5)商用车和专业车队的服务外包需求将越发显著

过去10年,出租车、商用车车队、公务用车等非私家车的服务是以垄断性的定点维修或者集团采购方式完成的,由于供需双方地位不对等,或者由于公务车由政府或者机构埋单,都使得这部分的服务利润极高而公众并不知晓,创业者难以参与竞争。但随着整个社会对公平、透明的要求增高,专业的服务机构会更好地满足这类专业车队的需求。与此同时,随着物流卡车车队规模扩张,比如诞生1万辆卡车的物流车队。随着共享汽车、租车公司规模扩张,都会使服务于这类专业车队的机构有全新的商业机会。

(6)零部件企业后市场业务从B2B转向B2C

过去10年,由于新车市场高速增长,国内的零部件企业几乎都开足马力为主机厂提供OEM产品,对后市场采取了传统B2B零部件销售模式,由于批发商的存在,零部件生产企业对终端用户的需求一无所知,这就给了一些无缘OEM的零部件小厂生产"高仿"件的机会。比如途观一上市,就有零部件公司高价买来一辆拿回去拆解,仿制出齐全的附件和配件,比主机厂更迅速地进行市场铺货。哪款车型热销,这类小型零部件公司就会购车拆解仿制,能否在市场上买到某款车的高仿附件已经成为判断一款车热销与否的指标。

8.5.3 互联网快速发展对汽车消费的影响

(1)互联网使购物不受时间和地点的限制

几乎所有的消费者都在使用互联网辅助购车,尤其是考察汽车的特性和参数指标、考察整车制造厂商和经销商在客户公平与关爱方面的声誉,以及考察驾驶者的满意度水平,但经销商仍然是"最重要"的信息来源。在成熟市场(具有成熟的行业模式)及老年消费者(50岁以上)中,经销商得到认可的程度较高。

(2)社交媒体作用

整个购车和养车过程中,互联一代消费者利用互动网站收集和分享信息。越来越多的消费者(尤其是年轻人)相信由用户创建的信息,社交媒体上的正面评价"更有可能"促使他们购买某一特定品牌。

(3)网上购车的兴趣在逐步升温

成长市场的网上购车热情最高。例如,61%的中国消费者可能会网上购车,而只有34%的美国消费者可能这样做。尽管如此,在全部市场中,这一值得关注的消费者份额仍表现突出。消费者一致认为:网上购车的首要理由是价格优惠。对经销商而言,还有一个可喜的信号:网上购车的两大障碍是"指定地点试驾"和"观察、触摸及入内体验",而这正是亲临经销商展厅这种传统方式依然盛行的原因。

(4)消费者对"connected car(互联汽车)"越熟悉越渴望

消费者对"connected car(互联汽车)"的概念越熟悉,就越想拥有。哪些人最了解"connected car(互联汽车)"?有两种类型的消费者:年轻人和成长中的消费者。要将其变为忠实客户,整车厂商和经销商必须知道他们的偏好:他们更有可能购买一辆实现"connected car(互联汽车)"特性与服务最佳组合的汽车。

(5)在整个生命周期里,互联一代都非常渴望沟通

如今的购车者希望能够与OEM厂商和经销商接触、互动。这都是为了获取正确的信息:何时、何地、以何种方式表达需要;利用多触点、多渠道传递信息。

典型案例

2015年上半年中国汽车新政策

1.北京纯电动车不限行

执行时间:2015年6月1日至2016年4月10日

概述:2015年5月19日晚,北京市交管局在官网发布《关于纯电动小客车不受工作日高

峰时段区域限行措施限制的通告》，明确了电动车不限行的政策从6月1日起正式执行。时间是自2015年6月1日至2016年4月10日。通告中特别对享受该政策的纯电动车型进行界定，主要是指“以可充电电池作为唯一动力来源、由电动机驱动的小客车”。

2. 电动车充电将收取服务费

执行时间：2015年6月1日起

概述：2015年5月7日，北京市发改委发布了《关于本市电动汽车充电服务收费有关问题的通知》，决定自2015年6月1日起，允许市内的充电设施经营单位，在为电动汽车充电的同时，可以按照标准收取一定的服务费。充电服务费按充电电量收取，每千瓦时收费上限标准为当天北京92号汽油每升最高零售价的15%。

3. 使用新能源汽车免征车船税

执行时间：2015年5月19日起

概述：2015年5月19日，财政部、国家税务总局、工业和信息化部联合发出通知，对使用新能源车船免征车船税，免征范围包括纯电动商用车、插电式（含增程式）混合动力汽车、燃料电池商用车，以及符合要求的纯电动乘用车和燃料电池乘用车。同时，对节约能源车船，减半征收车船税。

4. 纯电动车企业新规，不得生产内燃机车

执行时间：2015年7月10日起

概述：2015年6月4日，发改委、工信部联合发布《新建纯电动乘用车企业管理规定》，2015年7月10日起实施。该规定对新建纯电动乘用车企业提出了多项硬性指标，还明确提出了纯电动乘用车企业仅能生产包括纯电动和增程式混动车在内的“纯电动乘用车”，不能生产任何以内燃机为驱动动力的汽车产品。

规定中明确新建企业生产的纯电动乘用车产品应使用该企业拥有所有权的注册商标和品牌，具有纯电动乘用车产品从概念设计、系统和结构设计到样车研制、试验、定型的完整研发经历。同时，新建企业应建立生产一致性管理体系，保证实际生产的产品与列入《车辆生产企业及产品公告》的产品相符。

5. 车辆购置税新规

执行时间：2015年2月1日起

概述：国家税务总局新修订的《车辆购置税征收管理办法》于2015年2月1日起正式施行。根据新规定，4S店经销商提供的市场价格信息，将作为车购税征收的重要核定依据，而消费者将车辆退回生产企业或者经销商后，也将能获得退还的税费。

6. 上海平行进口车正式实施

执行日期：2015年7月1日起

概述：2015年1月7日，上海市商务委发布了《关于在中国（上海）自由贸易试验区开展平行进口汽车试点的通知》，正式在上海自贸区启动平行进口汽车试点。至此，长期处于“灰色地带”的平行进口汽车终于有了正式“名分”。

7. 汽车维修新规打破配件垄断，去哪儿保养咱说了算

执行时间：2015年1月1日起

概述：《关于促进汽车维修业转型升级提升服务质量的指导意见》于2014年9月3日出台，意在改进汽车维修市场结构不优、发展不规范，消费不透明、不诚信等问题。此指导意见自

2015 年 1 月 1 日起正式生效，汽车生产及其授权销售、维修企业（包括进口汽车经营企业）不得以“汽车在三包期限内选择非授权维修服务”为理由拒绝提供维修服务。2015 年起，所有上市新车必须公开维修技术资料，允许授权配件经销企业向终端用户转售原厂配件。

任务工单

<table>
<tr><td rowspan="3">学习任务 8
项目单元 8</td><td>班级</td><td colspan="3"></td></tr>
<tr><td>姓名</td><td></td><td>学号</td><td></td></tr>
<tr><td>日期</td><td></td><td>评分</td><td></td></tr>
<tr><td colspan="5">1. 政治环境对汽车消费的影响有哪些？

2. 影响消费者的直接经济因素有哪些？

3. 影响汽车消费者的经济因素是什么？

4. 互联网快速发展对汽车消费者的心理影响有哪些？

5. 小组讨论：文化、科技因素对汽车消费者有哪些影响？</td></tr>
</table>

单元 9 汽车营销人员心理

学习目标

知识目标：了解销售人员类型；了解影响汽车销售人员执行力的因素；理解汽车销售人员的心理障碍；掌握克服障碍的方法。

技能目标：会运用规律分析汽车销售人员的心理障碍。

态度目标：使学生能理解消费者对销售人员的种种误解与偏见，站在销售人员角度去克服种种困难。

任务导入

卖鱼钩的故事

有个乡下来的小伙子去应聘城里"世界最大"的"应有尽有"百货公司的销售员。百货公司的老板问他："你以前做过销售吗？"小伙子回答说："我以前是村里挨家挨户推销东西最多的小贩。"老板很喜欢他的机灵劲儿，马上就录用了他："你明天来上班吧。等你下班的时候，我会来看一下的。"

第二天，小伙子按时来百货公司上班了。这一天的光景对这个乡下来的穷小子来说似乎有点漫长难熬了，但他还是熬了过来。

就在差不多该下班的时候，老板真的来了。见到小伙子后，老板直接问他："你今天做了几单买卖啊？"

"一单。"小伙子回答说。

"只有一单？"老板很吃惊地说，"我们这儿的销售员一天基本上可以完成20～30单生意呢。你一天才完成一单生意，还远远达不到我们公司的合格水平啊！那么，你卖了多少钱啊？"

"150万美元。"小伙子回答。

"啊，150万！你一单生意就卖了150万美元？你是怎么卖了那么多钱的？"老板非常惊讶，很好奇地问道，他迫切地想知道答案。

"是这样的,"乡下来的小伙子说,"今天早上,有一位男士来到我的柜台买鱼钩。我先是卖给了他一枚小号的鱼钩,然后是一枚中号的鱼钩,最后是一枚大号的鱼钩。接着,我卖给了他一根小号的渔线,然后是一根中号的渔线,最后是一根大号的渔线。在包裹鱼钩和渔线时,我问他要上哪儿去钓鱼。他说要到海边去。于是,我建议他买一条船。他采纳了我的建议,因此我就带他到卖船的专柜去,卖给了他一艘长约20英尺的有两个发动机的纵帆船。这时,他忽然说他的'大众牌'汽车可能拖不动这么大的船。于是,我便带他去汽车销售区,又卖给了他一辆丰田公司的新款豪华型陆地'巡洋舰'轿车。"

老板惊得后退了两步,脸上写满了难以置信:"仅仅想买几个鱼钩的客户,你是怎么说服他购买这么多产品的?"

小伙子笑着说:"不,老板,其实他只是从这儿路过,然后进来问我明天的天气会怎么样的路人。我当时说,明天的天气会很好,又是周末,您干吗不去钓鱼呢?然后,我就把钓鱼需要的产品介绍给他了!"

……

思考题:

从上述案例中你有什么体会?作为销售人员应该怎么做?

案例分析

如果想使你的业绩大幅度提升,仅靠被动地销售可能吗?显然不可能。要想拿到更多更大的订单,你就必须主动出击,寻找更多成交的机会。如果没有机会,就要创造机会。所有的销售高手和金牌销售,都是寻找成交机会和创造交易机会的行家里手。正所谓"货卖一张嘴!"如果你会说话,就能快速拿下订单,甚至能把小订单变成大订单!

随着汽车市场的发展,市场竞争也越来越激烈,汽车营销人才需求也在逐年增加。汽车营销人员已经成为汽车企业成功的重要因素之一。销售人员的心理状态及营销行为的高低是决定汽车企业发展潜力的重要指数。

学习任务9.1 汽车营销人员的类型及影响执行力的因素

美国盖洛普管理顾问公司将销售人员分成4种:竞争型、成就型、自我欣赏型、服务型。盖洛普认为,要提升销售人员的业绩,就要针对不同类型的销售人员采取不同的激励方式。

9.1.1 汽车销售人员的类型

(1)竞争型

这类销售人员在销售竞赛中会表现得特别活跃。对于此类竞争性很强的人,最简单的办法就是清楚地把成功的标准告诉他。他们需要各种各样的销售定额,他们也渴望通过成绩来证明自己,销售竞赛是激发其潜能最有效的方式。精明的销售经理能巧妙地挑起这类销售人员之间的竞赛。美国某知名公司一位销售高手:"刚开始做销售时,我在公司里连续5个月都是最佳销售人员,因此便自鸣得意、趾高气扬了起来,不久,公司新来了一位销售人员,我们的销售区域很相似,他开始超过我并成了当月最佳销售人员,这时,销售经理开始对我说,'嗨,大腕,新手就要打败你了,你要不赶上来,你的地盘就归他了',这席话大大鞭策了我,也激励了我的对手，于是，我便跟他暗自较起劲来，我们俩争先恐后，月月都想打败对方，结果，我们两人的业绩都获得了大幅度的提升，简直难分雌雄。”

（2）成就型

许多销售经理认为，成就型销售人员是理想的销售人员，他会给自己定目标，而且会把目标定得比别人更高。只要整个团队能取得成绩，他不在乎功劳归谁，他是一名优秀的团队成员，销售经理该如何激励这类已经能自我激励的销售人员呢？正确的方法是：确保他们不断受到挑战。比如，美国阿克里·沃斯公司总裁兰德尔·墨菲在其长期职业发展计划中指出：“跟成就型销售人员一起坐下来，弄清楚其工作中很关键的3个方面（擅长什么、哪些方面有待提高、哪些方面是不擅长而需要学习的），接下来，一起为该销售人员制订改善目标。”再比如，美国某知名企业培训总监认为：“激励成就型销售人员的最好办法就是放手让他去做，把大目标交给他们，放手让他们去干，这种管理方式对他们来说本身就是一种很大的激励”。

此外，激励成就型销售人员的另外一种有效方法是培养其进入管理层。“如果其对管理有兴趣，那就在其身上进行投资”，美国奥丽酒店副总裁如是说，“培养他们，拉他们走出销售圈子，开阔眼界，这样做一定会有回报，因为成就型销售人员有主人翁精神，能作战略性规划并承担相应的责任。”

（3）自我欣赏型

自我欣赏型销售人员需要的远不止奖牌和旅行，他们希望感到自己重要，精明的销售经理应该设法让他们如愿以偿，这是对此类销售人员最有效的激励方式。比如，美国优利公司销售总监菲希特曼说：“我们会让自我欣赏型的杰出销售人员带几个小徒弟，这类人喜欢被年轻人奉为大师。我们也乐意这样做，因为这样可以激励他们不断进取，如果新人完成任务，就证明他指导有方。”再比如，盖洛普公司总经理赞盖里认为：“最能激励自我欣赏型销售人员的方法是向其征询建议，比如，请其加入企业智囊团或就重大事项征询其意见。”

（4）服务型

服务型销售人员通常最不受重视，因为他们往往带不来大客户，他们的个性往往比较保守，不喜欢张扬，甚至缺乏野心。美国优利公司销售总监菲希特曼说：“我对这类人提不起兴趣，因为他们不出来争取新地盘，他们也许能在竞争中站得住脚跟并跟客户维持很好的关系，但他们却不能推动企业发展，他们更有点像默默无闻的英雄。”激励这类销售人员的最好办法是公开宣传其事迹。美国优利公司销售副总裁说：“我们在全公司通报表扬其优质服务，在公司大会上宣讲其事迹。”

9.1.2　影响汽车销售人员执行力的6大因素

（1）政策的问题

这里所说营销政策是一个大的概念，可以指营销过程中出台的各种相关营销政策，如销售政策、返利政策、奖励政策、防窜政策等；也可指各种营销方案，比如宣传推广、促销、产品上市、产品铺市等，不一而足。

政策的制订其主要目的就是要适应市场、指导销售、促进销售，它是全面性、权威性、指导性、前瞻性、效益性的集合体，就这个意义上来说政策的合理、清楚、易行就显得比较关键了。但是由于种种原因，政策往往存在很多问题。

1)不合理

政策的不合理主要指政策本身是错误的,或者存在很大的漏洞,执行难度过大。

比如一个不知名的香烟品牌的销售政策规定西北的一个相对不发达省年销售额过亿元,这就明显欠妥。因为这几乎是一个"不可能完成的任务",即使把销售经理累死也完成不了,进而如果要把这样的市场当作重点市场投入重金的话,就得不偿失了,给人的感觉就是有钱没地方花,败家子形象。

还有就是政策的制定者们对市场不了解,或了解不透,不是在充分调研市场的基础上根据市场的实际发展状况来制定政策,而是凭着自己的经验、想象,认为应该这样,应该那样,这就容易出台许多"形而上学"的政策,直接导致销售政策的变形,最后执行效果可想而知,这是政策不合理最主要的原因。

2)欠缺整体的规划和前瞻性

政策由于它具有特殊的权威性、全面性和指导性的特点,实施以后对市场的发展、产品的销售会产生很大的影响,甚至关系到这个产品在某个区域市场甚至全国市场的前途命运。

但是一些决策者出于各种原因,比如片面追求短期的个人业绩、自身综合素质偏低、对公司的忠诚度不高、个人工作积极性影响、市场环境比较恶劣、行业发展状况比较复杂等,制定出的政策更多体现的是典型的片面行为、短期行为和暂时行为,并没有考虑到一个品牌的长期良性发展,这就是常说的"头疼医头,脚疼医脚"。这种情况所带来的后果是很严重的,实施这样的政策,虽然能够解决一些眼前的问题,可以看到一种繁荣,但那是暂时的,它所造成的恶果是影响了产品在当地或整个市场区域的长远发展。

因此,政策的整体规划和前瞻性是非常重要的,中、长期发展规划有助于更好地把握市场、发展市场;短期销售计划有助于及时、更好地解决市场发展中存在的各种问题;考虑政策的市场前瞻性有助于有计划、有目标地发展,尤其是各种资源包括人、财、物的最佳组合应用,最终使产品茁壮健康地成长。

3)政策含糊或模棱两可

制定政策最根本的目的就是要人去执行,如果一个政策别人看不懂或理解不了,那执行起来就会产生很多偏差,最后的效果可想而知。首先,政策的措辞和说明方面,要言简意赅,尽量不用生僻的、含糊的和容易引起歧义的字句;其次,在对相关政策的解释方面,由于任何公司都存在着相对严密的上下等级制度,往往执行者在有理解偏差的时候,不敢问,会有很多顾虑。但是如果加强对政策的解释工作,比如指定专门电话、专门人员来专项解释,应该会起到很好的防偏、纠偏的作用;最后就是沟通体系的健全,加强沟通渠道的畅通和有效性,减少信息失真或缺失。

(2)制度问题

作为公司运作必不可少的制度体系来说,需要制订各种各样的规章管理,如考勤制度、薪酬制度、福利制度、日常管理制度、销售制度、升降级制度、考核制度、财务管理制度等。

制度化的管理对于一个正规化、规模化的公司运作来说是相当重要的。各种相关的管理制度把公司所有人员从低层到高层的所有行为都规范在公司既定的管理章程里;把所有的公司行为都规范在公司既定目标的允许范围内,然后加以衔接、协调,使各方面的力量形成合力,为实现公司目标而努力。

那么,在一个营销公司里,制度对于执行力的影响是相当大的,主要体现在以下几方面:

①制度不合理。

②制度不健全,不成体系。

③制度不够完善,有各种漏洞可钻。

④制度的贯彻实施存在尺度、宽紧不一的现象,严重影响员工积极性。

比如,公司没有规定或并没有详细具体地说明各级营销人员的工作职责、工作权限,那么就可能会出现营销人员在实际执行各种政策的时候,要么无所适从,要么胆大妄为,这对最后效果的影响是显而易见的。

再比如,公司对于员工的考勤管理不太严格,相对比较松散,那么员工就会很自然地养成自由散漫的生活、工作习惯,这样的营销队伍在执行政策上的专注程度及最后的效果可想而知。

关于制度化的管理从古至今的演变过程可以看出,到底是应该把员工看作自然人来管理还是看作社会人来管理,众说纷纭,但我认为,人首先是自然人,要把员工的自然属性约束到一定范围内,遏制他的自我膨胀和过度的自由化;然后,在公司制度的范围内,在公司既定目标的方向指引下,发挥他的社会属性。

因此,制度化的管理是民主化、人性化管理的前提,是基础,离开制度化的管理,谈其他的就会导致本末倒置,那是很危险的。同样,营销政策的执行效果也是无法保证的。

(3)管理问题

管理问题涉及面比较广,牵涉也比较多,包括行政管理、财务管理、生产管理、人事管理、物流管理、销售管理等。

管理就像以前的兵法战策一样,也称为“兵无常理,战无常式”,而且随着市场经济的不断深入,各种管理理论的不断发展,管理的艺术性已经发挥得淋漓尽致,因此说到管理,确实是一个非常难以细致化的问题。

①管理的原则:公平、公正、公开。

②管理的制度化:有“法”可依,有“法”必依,违“法”必纠,执“法”必严。

③管理的规范化。

④管理的系统化。

⑤管理的全面化。

⑥管理的细节化:防微杜渐,切记“千里长堤,毁于蚁穴”。

⑦管理的人性化:做事有理,做人有情。

(4)实施流程问题

任何政策的制定都是需要执行的,而执行实际就是一个过程,而整个执行的过程就像生产车间的流水线一样,是一环套一环的,非常讲求顺畅,如果流程不合理,或不畅通,就会直接影响实际的执行。

及时、迅速、准确地反馈既反映了流程的顺畅,也有力地保证了执行的效果。但在实际运作中,很多人都有过所发文件或方案石沉大海的经历,这对营销执行的伤害是非常大的。

在营销政策或营销方案的实际流程运作过程中,需要配合的部门众多,可以说牵涉了公司的所有部门,尤其在财务、仓储、销售管理等方面更为关键,如果哪一个环节没有协调好或出了问题,就会浪费很多时间。

众所周知,市场环境越来越复杂,市场发展越来越迅速,市场机会转瞬即逝。在营销业中,任何的工作实际上都是在抓机会,都是在抢时间,因此,说销售行业是与时间赛跑一点都不夸张。如果由于公司内部工作流程的堵塞而耽误时间,错过市场机会,影响产品的前期铺市、中期宣传推广、旺季销售,甚至影响产品的市场前途和命运就实在太可惜了,众多商战的失败案例也充分地证明了这一点。

因此,营销体系中的工作流程是非常重要的,一个合理、高效、低成本的工作流程将会有力地保证政策执行的有效性和效益性。

(5)监控机制问题

监控说起来实际上是一种前馈控制与事中控制相结合的控制方式,它的最大的好处是监督的时效性和即时性,可以把很多问题解决在萌芽之中,在很大程度上杜绝了时间的拖延,资源的无端浪费。

监控行为应该实实在在,贯穿到执行的每一个环节,每一个细节,只有这样,才能真正起到监控的作用。如果营销政策执行过程中的每一个环节,每一个细节,都在我们的有效监督、控制下,执行效果如果再有什么偏差,那就应该是一种不可抗力或实际困难太大造成的。

(6)执行者的问题

人的问题是最多的,同时也是最复杂的,实际上,上面论述了那么多,实际解决的也是人的问题,但它们解决的不是直接执行人。

不论我们的政策制定得多么完善,多么符合市场发展,规章制度多么健全,监控体系多么有效,如果解决不好执行人的问题,上面所说的都是空谈理想主义。

执行者的问题主要体现在以下几个方面:

1)能力素质问题

在中国,由于销售行业的发展时间相对较短(计划经济时期也用不着考虑产品销售问题),它是随着市场经济的逐渐深入才开始为社会所接受,为人们所接受,才开始发展起来的,因此,造成了中国销售行业人员的个人能力、综合素质普遍不如制造、金融等行业。

在营销政策的执行中,执行人的个人能力、个人综合素质问题决定了他是否能准确理解把握政策,正确及时执行政策,这是最关键的。

2)忠诚度问题

营销人员的忠诚度问题是许多公司非常头痛的问题,俗话说“铁打的营盘流水的兵”,在营销公司里更为突出。

因为营销行业工作性质相对的不稳定性,使很多的营销人员产生个人效益至上的观念,一旦公司所给予待遇低于某公司,他的思想就会发生波动,即使他的收入在行业中已经很丰厚,他们对公司的长远发展、个人的长远规划并不是特别感兴趣。我就经常听说过这样的话:不行就走嘛,凭我现在也不是找不到工作。实际上,这种观念本来也无可厚非,但它决定了营销人员的忠诚度普遍不高,这对营销政策执行的伤害是非常可怕的。

3)品质问题

员工的品质问题是个人问题,虽然这方面对政策执行会产生较大的影响,但作为公司来讲,只能加强思想教育,加大监控机制,加强奖惩制度的执行力度。

9.1.3　汽车营销人员对消费者心理的影响

(1)礼仪形象对汽车消费者的影响

1)专业的礼仪提升品牌形象

客户通过媒介或广告,对汽车品牌有了认知,有汽车购买需求的时候,会走进汽车展厅,去获取更多的信息和实地考察自己喜欢的车型。当客户走进展厅的时候,就是营销开始的时候,这个时候专业贴心的礼仪运用会让客户感觉这个品牌服务很到位、很全面。规范得体的营销人员服务礼仪,会提升品牌在客户心目中的地位。品牌认可度是客户在购买汽车的时候综合考量中很重要的一环,专业的礼仪会提升品牌形象,良好的品牌形象会促进销售的成功率。现在各个汽车品牌,尤其是国外的大品牌都制订了汽车营销服务规范和礼仪标准,就是为了提升品牌形象在汽车营销中的服务增值效应。礼仪服务增值效应的落实还是靠汽车营销人员和售后服务人员在对客户的服务中完成的,日常礼仪的运用和礼仪行为规范,直接影响着汽车的品牌形象和汽车销售业绩。

2)良好的礼仪会增强客户信任度

汽车营销中,客户所见、所感的每一个细节都是礼仪所注重的对象。干净整洁的营销展示大厅,会使客户增强品牌信任感。之后在与汽车营销人员交流中发现汽车销售人员穿着得体、整洁素雅,个人行为举止有度、彬彬有礼、端庄稳重、落落大方,对于问题的答对,从容不迫、真诚自然、挥洒自如让客户觉得专业,对销售人员的认可会让客户感觉到亲切,会增强信任感和亲切度,这样就为销售的促成形成了一个良好的开端。赢得了客户的信任和尊重,良好的沟通氛围,就为销售成功奠定了基础。

3)完善的礼仪服务体系可以促进连带销售

客户购买了品牌的汽车之后并不是营销活动的终结,在售后服务体系中,厂商和经销商也应该注重相关的服务礼仪。当客户来为汽车保养的时候,接待人员的穿着是否得当、用语是否规范,也会让客户对汽车品牌进行评价。一个穿着干净整洁和一个满身油污的售后维修人员会给客户不同的认可和认知。在售后电话回访中,客服的电话礼仪运用,亲切专业的话语同样会增加客户的认可度。持续完善的礼仪服务体系,会让客户对品牌的认可始终如一,并乐于成为该品牌的口碑传播者。购买汽车的客户会把这种通过礼仪服务认可的口碑传播给身边的亲戚、同事和朋友,往往这种客观的评价会成为汽车品牌的潜在客户在购车中的重要参考从而促成连带销售。

(2)服务态度对消费者的影响

目前,消费者的消费需求已由单纯的任务型消费转变为快乐型消费,消费者的逛街行为不再以单纯完成购买商品为目的,同时还追求情感享受,即消费者的惠顾意向会受到消费者情感感受的影响。与观看广告、购买产品、使用产品相比,消费者在服务消费过程中与服务人员接触更多、更加主动。因此,消费者在服务消费中的情感反应更为强烈。汽车4S店是服务密集型业态,消费者通过与服务人员、服务设施的接触,感受店铺为消费者提供的服务。

学习任务9.2　汽车营销人员应具备的能力及必克服的心理障碍

9.2.1　销售人员应具备的基本能力

销售人员的素质是由能力水平、职业态度和知识结构组成的。总的来说销售人员应具备4种最基本的能力。

(1)良好的语言表达能力

良好的语言表达能力,是胜任销售工作的基本条件。语言表达能力是指销售人员运用有声语言及行为语言准确迅速地传达信息的能力。语言是销售人员用来说服顾客的主要手段,每一次推销过程都要使用陈述、提问、倾听及行为语言等多种语言技巧。可以说,语言艺术是销售工作产生和发展的动力。没有语言艺术,就没有销售。

(2)敏锐的观察能力

敏锐的观察能力对销售人员来说很重要,它可以帮助销售人员深入了解顾客的心理活动和准确判断顾客的特征;敏锐的观察能力,还可以判断和使用恰当的销售技巧。顾客为了从交易过程获得尽可能多的利益,往往会利用其他的东西来掩盖自己的某些真实意图;顾客的每一个行动背后总有其特定的动机和目的;顾客在交易过程中也会或多或少地使用各种购买技巧。具备敏锐的观察能力,能帮助我们透过种种表面现象,看到问题的本质。这是深入了解顾客的心理活动,准确判断顾客特征的必要前提,没有敏锐的观察力,就难以判断和运用销售技巧。

(3)较好的自我控制能力

作为销售人员来说,一定要有比普通职业者更强的自我控制能力。销售人员大部分时间都是在企业之外独立从事销售活动,在多数时间处于一种无人直接管理的状态,如果没有自我管理、自我激励的能力,就无法完成销售任务;销售人员常年在公司外面能够接触到很多人,加上现在社会环境非常丰富多彩,很容易受到物欲的诱惑,如果不加强自我约束、自我监督,也许稍微分神就会做出对公司、对自己都很不利的事情;此外,销售人员每天要与不同的顾客打交道,会经常遭到冷遇和拒绝,因此销售人员必须能够承受各种压力,始终控制自己的意志和行为,不让失败把自己打倒。

(4)灵活的应变能力

应变能力是销售活动多样性、多变性对销售人员的客观要求。由于销售人员所要面对的是各种各样的人群,因此,销售人员要灵活地根据自己所接触的人来改变销售方法,不能用一种方法去面对所有的顾客,而且销售人员所销售的商品也不是固定不变的。企业不断地发展会使企业经营的范围越来越大,而顾客的需求变化也导致产品的不断变化,销售人员应该不断适应这些变化。同时每次销售活动也总会受各种因素的影响:顾客态度和要求的变化、竞争者的加入、企业销售政策的更改、对方谈判人员及方式的更换。也许在销售活动前你已做好充分的准备,但这些因素往往还是会使销售进程出现曲折,而销售人员对此必须采取灵活的应变措施,才能确保达成预订的目标。顾客是千差万别的,什么样的角色都可能出现,这就要求销售人员能适时改变销售方法,灵活运用。

9.2.2　销售人员必须克服的几种心理障碍

(1)害怕交易被拒绝,自己有受挫的感觉

这样的销售人员往往对客户不够了解,或者,他们所选择的达成协议的时机还不成熟。其实,即使真的提出交易的要求被拒绝了,也要以一份坦然的心态来勇于面对眼前被拒绝的现实。商场中的成败很正常,有成功就有失败。

(2)担心自己是为了自身的利益而欺骗客户

这是一种明显的错位心理,错误地把自己放在了客户的一边。应把自己的着眼点放在公司的利益上,不要仅以自己的眼光和价值观来评判自己的产品,而要从客户的角度来衡量自己销售的产品。

(3)主动地提出交易,就像在向客户乞讨似的

这是另外一种错位的心理。销售人员要正确地看待自己和客户之间的关系。销售人员向客户销售自己的产品,获得了金钱;但客户从销售人员那里获得了产品和售后服务能给客户带来许多实实在在的利益,提高了工作效率,双方完全是互利互惠的友好合作关系。

(4)如果被拒绝,会失去领导的重视,不如拖延

有的销售人员因害怕主动提出交易会遭到客户的拒绝,从而失去领导的重视。但是销售人员应真正明白,拖延着不提出交易虽然不会遭到拒绝,但是也永远得不到订单。

(5)竞争对手的产品更适合客户

销售人员的这种心理同样也反映了销售人员对自己的产品缺乏应有的信心。同时,销售人员的这种心理也往往容易导致一些借口:即使交易最终没有达成,那也是产品本身的错,而不是销售人员的工作失误。这样的心理实际上恰好反映了销售人员不负责任的工作态度。

(6)我们的产品并不完美,客户日后发现了怎么办

这是一种复杂的心理障碍,混合了几个方面的不同因素。其中包括对自己的产品缺乏应有的信心,面对交易时的错位和害怕被拒绝的心理,销售人员应该明白,客户之所以决定达成交易,是因为他已经对产品有了相当的了解,认为产品符合他们的需求,客户也许本来就没有期望产品会十全十美。

学习任务9.3　优秀的汽车销售人员应具备的心态

态度是一个人对待事物的一种驱动力,不同的态度将决定产生不同的驱动作用。好的态度产生好的驱动力,注定会得到好的结果,而不好的态度也会产生不好的驱动力,注定会得到不好的结果。同时,对待任何事物不是单纯的一种态度,而是各种不同心态的综合。作为庞大的销售队伍,又应该有什么样的心态呢?

(1)积极的心态

积极的心态就是把好的、正确的方面扩张开来,同时第一时间投入进去。一个国家、一个企业肯定都有很多好的方面,也有很多不够好的地方,我们就需要用积极的心态去对待。企业有很多不尽合理的管理,可是我们应该看到企业管理风格的改变。也许你在销售中遇到了很多困难,可是我们应该看到克服这些困难后的一片蓝天。同时,我们应该把正确的、好的事情在第一时间去投入,唯有第一时间去投入才会唤起你的激情,唯有第一时间投入才会使困难在

你面前变得渺小,好的地方在你眼前光大。

积极的人像太阳,走到哪里哪里亮。消极的人像月亮,初一十五不一样。某种阴暗的现象、某种困难出现在你的面前时,如果你去关注这种阴暗、这种困难,那你就会因此而消沉,但如果你更加关注着这种阴暗的改变、这种困难的排除,你会感觉到自己的心中充满阳光、充满力量。同时,积极的心态不但使自己充满奋斗的阳光,也会给你身边的人带来阳光。

(2)主动的心态

主动就是“没有人告诉你而你正做着恰当的事情”。在竞争异常激烈的时代,被动就会挨打,主动就可以占据优势地位。销售人员的人生不是上天安排的,是我们主动争取的。在企业里,有很多的事情也许没有人安排你去做,有很多的职位空缺。如果你主动地行动起来,不但锻炼了自己,同时也为自己争取这样的职位积蓄了力量,但如果什么事情都需要别人来告诉你时,你已经很落后了,这样的职位也挤满了那些主动行动着的人。

主动是为了给自己增加机会,增加锻炼自己的机会,增加实现自己价值的机会。社会、企业只能给你提供道具,而舞台需要自己搭建,演出需要自己排练,能演出什么精彩的节目,有什么样的收视率决定权在你自己。

(3)空杯的心态

人无完人。任何人都有缺陷,有相对较弱的地方。也许你在某个行业已经满腹经纶,也许你已经具备了丰富的技能,但是你对于新的企业,对于新的经销商,对于新的客户,你仍然是你,没有任何的特别。你需要用空杯的心态重新去整理自己的智慧,去吸收现在的、别人的、正确的、优秀的东西。企业有企业的文化,有企业发展的思路,有自身管理的方法,只要是正确的、合理的,我们就必须去领悟、去感受。把自己融入到企业之中,融入到团队之中,否则,你永远是企业的局外人。

(4)双赢的心态

你必须站在双赢的心态上去处理你与企业之间、企业与商家之间、企业和消费者之间的关系。你不能为了自身的利益去损坏企业的利益。企业首先是一个利润中心,企业都没有了利益,你也肯定没有利益。同样,我们也不能破坏企业与商家之间的双赢规则,只要某一方失去了利益,必定就会放弃这样的合作。消费者满足自己的需求,而企业实现自己的产品价值,这同样也是一种双赢,任何一方的利益受到损坏都会付出代价。

(5)包容的心态

作为销售人员,会接触到各种各样的经销商,也会接触到各种各样的消费者。这个经销商有这样的爱好,那个消费者有那样的需求。我们要为顾客提供服务,满足顾客的需求,这就要求我们学会包容,包容他人的不同喜好,包容别人的挑剔。你的同事也许与你有不同的喜好、不同的做事风格,你也应该去包容。

水至清则无鱼,海纳百川有容乃大。我们需要求同存异,我们需要接纳差异,我们需要包容差异。

(6)自信的心态

自信是一切行动的原动力,没有了自信就没有了行动。我们对自己服务的企业充满自信,对我们的产品充满自信,对自己的能力充满自信,对同事充满自信,对未来充满自信。自己是将优良的产品推荐给我们的消费者去满足他们的需求,我们的一切活动都是有价值的。很多销售人员自己都不相信自己的产品,又怎样说服别人相信自己的产品。很多销售人员不相信自己的能力,不相信自己的产品,又怎么能感染和影响顾客。

如果你充满了自信,你也就会充满了干劲,你开始感觉到这些事情是我们可以完成的,是我们应该完成的。自信是成功的基石,自卑是潮湿的火柴,潮湿的火柴永远也点不亮成功的火焰。

(7)行动的心态

行动是最有说服力的。千百句美丽的雄辩胜不过真实的行动。我们需要用行动证明自己的存在,证明自己的价值;我们需要用行动真正关怀我们的客户;我们需要用行动完成我们的目标。如果一切计划、一切目标、一切愿景都是停留在纸上,不去付诸行动,那计划就不能执行,目标就不能实现。因此我们要做语言的矮子,行动的巨人。

(8)给予的心态(就是舍得)

要索取,首先学会给予。没有给予,你就不可能索取。我们要给予我们的同事以关怀;我们要给予我们的经销商以服务;我们要给予消费者满足需求的产品。唯有给予是永恒的,因为给予不会受到别人的拒绝,反而会得到别人的感激。

(9)学习的心态

干到老,学到老。竞争在加剧,实力和能力的打拼将更激烈。谁不去学习,谁就不能提高,谁就不会去创新,谁的武器就会落后。同事是老师,上级是老师,客户是老师,竞争对手是老师。学习不但是一种心态,更应该是我们的一种生活方式。21 世纪,谁会学习,谁就会成功,学习成了自己的竞争力,也成了企业的竞争力。

(10)老板的心态

像老板一样思考,像老板一样行动。你具备了老板的心态,你就会去考虑企业的成长,考虑企业的费用,你会感觉到企业的事情就是自己的事情。你知道什么是自己应该去做的,什么是自己不应该做的。反之,你就会得过且过,不负责任,认为自己永远是打工者,企业的命运与自己无关。你不会得到老板的认同,不会得到重用,低级打工仔将是你永远的职业。

典型案例

电话营销

销售员:"您好,请问,李峰先生在吗?"

李峰:"我就是,您是哪位?"

销售员:"我是××公司打印机客户服务部章程,就是公司章程的章程,我这里有您的资料记录,你们公司去年购买了××公司的打印机,对吗?"

李峰:"哦,是,对呀!"

章程:"保修期已经过去了 7 个月,不知道现在打印机使用的情况如何?"

李峰:"好像你们来维修过一次,后来就没有问题了。"

章程:"太好了。我给您打电话的目的是,这个型号的机器已经不再生产了,以后的配件也比较昂贵,提醒您在使用时要尽量按照操作规程,您在使用时阅读过使用手册吗?"

李峰:"没有呀,不会这样复杂吧?还要阅读使用手册?"

章程:"其实,还是有必要的,实在不阅读也是可以的,但寿命就会降低。"

李峰:"我们也没有指望用一辈子,不过,最近业务还是比较多,如果坏了怎么办呢?"

章程:"没有关系,我们还是会上门维修的,虽然收取一定的费用,但比购买一台全新的还是便宜的。"

李峰:"对了,现在再买一台全新的打印机什么价格?"

章程:"要看您想要什么型号的,您现在使用的是××公司 33330,后续的升级的产品是 4100,你们一个月大约打印多少正常的 A4 纸张。"

李峰:“最近的量开始大起来了,有的时候超过10 000张了。”

章程:“要是这样,我还真要建议您考虑4100了,4100的建议使用量是15 000张一个月的A4正常纸张,而3330的建议月纸张是10 000张,如果超过了会严重影响打印机的寿命。”

李峰:“你能否给我留一个电话号码,年底我可能考虑再买一台,也许就是后续产品。”

章程:“我的电话号码是888××××转999。我查看一下,对了,您是老客户,年底还有一些特殊的照顾,不知道您何时可以确定要购买,也许我可以将一些好的政策给您保留一下。”

李峰:“什么照顾?”

章程:“4100型号的,渠道销售价格是12 150元,如果作为3330的使用者,购买的话,可以按照8折来处理或者赠送一些您需要的外设,主要看您的具体需要。这样吧,您考虑一下,然后再联系我。”

李峰:“等一下,这样我要计算一下,我在另外一个地方的办公室添加一台打印机会方便营销部的人,这样吧,基本上就确定了,是你送货还是我们来取?”

章程:“都可以,如果您不方便,还是我们过来吧,以前也来过,容易找的。看送到哪里,什么时间好?”

任务工单

学习任务9 项目单元9	班级			
	姓名		学号	
	日期		评分	

1. 销售人员应具备的能力有哪些?

2. 销售人员应具备的素质有哪些?

3. 销售人员必须克服的心理障碍有哪些?

4. 优秀销售人员应具备的心态有哪些?

5. 实战演练:分组演练,两人一组,一人扮演汽车销售人员,另外一人扮演顾客,选择汽车品牌进行销售演练。

参考文献

[1] 赵晓东. 汽车消费心理学[M]. 2 版. 北京:理工大学出版社,2014.
[2] 陶敏,王澄宇. 消费心理学及实务[M]. 北京:电子工业出版社,2015.
[3] 臧良运. 消费心理学"理论案例实训"一体化教程[M]. 北京:电子工业出版社,2015.
[4] 徐盈群. 消费心理与行为分析[M]. 沈阳:东北财经大学出版社,2015.
[5] 柳欣,李海莹. 消费心理学[M]. 大连:大连理工大学出版社,2014.
[6] 郭兆平. 消费心理学[M]. 北京:电子工业出版社,2014.
[7] 杨仪青,伍建军. 消费心理学[M]. 长春:东北师范大学出版社,2014.
[8] 刘萍,范琳. 消费心理学[M]. 北京:北京交通大学出版社 ,2014.
[9] 朱惠文. 现代消费心理学[M]. 杭州:浙江大学出版社,2014.
[10] 陈奇琦,张荻. 消费心理学[M]. 北京:中央广播电视大学出版社,2014.